젠더와 인권법

젠더와 인권법

| 차선자 저 |

gender & human rights law

전남대학교출판부

머리말

대학에서 여성과 법률과 여성인권 분야를 강의하기 시작한지 10여년이 넘었다. 2002년 처음 강의를 시작할 때는 학생들은 무엇을 배우는 과목인지 정확하게 인식하지 못하였다. 매 학기 학생들에게 수강신청의 동기를 질문하면 여학생들은 '여성'이라는 표현이 포함되어 여성들에게 유익할 것 같다는 응답이 있었고 남학생들은 같은 제목에서 법선 중심으로 구성된 법과대학 강의보다 재미있을 것 같다는 응답을 하기도 하였다. 반면에 강의를 하는 입장에서는 강의를 시작하면서 그리고 지금까지 강의를 하면서 매학기 학생들에게 무엇을 가르쳐야 하는지에 대하여 고민하게 된다. 이러한 고민 때문에 지난 10여년의 기간 동안 강의의 내용과 방식도 변화를 거듭해왔다.

그러나 이러한 변화 속에서도 변하지 않는 두 가지 원칙은 대학을 졸업하고 사회로 진출하게 될 학생들에게 실질적으로 도움이 되어야 한다는 것과 그러기 위해서는 추상적인 담론 그 자체가 아니라 이러한 담론이 나의 생활에 어떤 영향을 주는지 이해할 수 있도록 구성되어야 한다는 것이다. 이 원칙에 따라 법이 추구하는 정의이며 동시에 이 사회의 모든 구성원들이 자신의 모습으로 자유롭고 차별 없이 평등한 일상을 살아갈 수 있어야 한다는 아주 간단하고 보편적인 생각이 구체적인 개인의 삶에 진정으로 구현되고 있는지 질문하고, 만일 그러한 삶이 구현되지 못한다면 법이 그 지점에서 어떠한 역할을 하고 있는지 그리고 그 역할이 충분한지 검토하는 방법으로 교재의 내용을 구성하고자 하였다.

형식적인 면에서 개인의 자유와 평등 그리고 법의 관계를 수업하는데 교양으로 개설된 여성과 법률 수강생들이 법에 대한 선지식이 없는 점을 고려하여 먼저 법규범의 특성에 대한 것을 앞부분에 내용으로 추가하였다. 각 장마다 생각할 문제를 포함시켜 강의 내용을 다시 검토할 수 있도록 하였다. 마지막으로 우리가 이야기 하는 주제가 얼마나 삶의 현장에서 문제가 되는지 알 수 있는 중요한 기사 내용을 포함시켰다.

'가장 개인적인 것이 가장 정치적'이라고 했던 여성운동가 페트라 캘리의 구호는 여성에게만 적용되는 것이 아니라 이제는 모든 개인에게 의미 있는 보편적인 인식 틀이 되어야 하는 시대가 되었다. 더 많은 개인들이 자신의 삶과 타자의 삶에 관심을 가지고 자유롭고 평등한 생활을 일상에서 구현하기 바라며 이 책이 작은 보탬이 될 수 있기를 기대한다. 이 책의 저술은 개인적인 관심으로 그동안 해왔던 연구가 바탕이 되었고 또한 수많은 선행 연구들이 있었기 때문에 가능하였다. 처음에는 일일이 각주에 표시하였으나 교재의 가독성과 지면의 활용을 고려하여 마지막 참고문헌에 정리하였다. 선행연구를 해주신 분들에게 감사를 표한다.

또한 교재를 쓰는 시간동안 바쁜 나를 이해해준 나의 가족에게 감사한다.

2016. 1. 늘 햇빛이 좋은 연구실에서

목차

제2부 평등한 인간을 향한 여정

제5부 차별의 가중요소로서 여성

제1부 법과 성별

제1장

법과 성별의 관계

I. 법의 개념

법이란 무엇인가? 에 대해서는 손쉽게 답하기 어려울 것이다. 우리는 일상생활에서 "법"이라는 표현을 매우 자주 접하면서도 정작 법이 무엇인지 개념을 정의하는 것은 간단하지 않다. 그러나 우리는 입법부가 법을 제정하는 역할을 하고 있으며 국민은 입법부에서 제정된 법을 준수해야 한다는 것에 대하여 일반적 공감을 형성하고 있다. 그렇다면 일차적으로 법은 입법부를 통해 제정된 법전에 있는 법률규정으로 이해할 수 있을 것이다. 그러나 "법(法)"이라는 언어적인 의미는 물(水)이 흐르는 것(去)과 같이 자연스러운 상태를 의미한다. 즉 어떤 상황에서의 자연스럽게 인정되는 바른 원리를 의미하는 것이다.

법을 이러한 자연스러운 이치로 이해하게 된다면 자연스럽고 바른 이치로 인식되지만 법전에 법률의 규정으로 표현되지 않은 것은 법으로 이해할 수 없는 것인가 하는 의문이 제기된다. 법이 무엇인가에 대해 이와 같이 직접 정의하려고 하는 시도는 많이 있었지만 어느 것도 완전히 만족한 하나의 단일한 정의를 하는 것은 쉽지 않다. 때문에 법이 무엇인가를 이해하기 위해서는 도리어 법과 다른 사회규범이 어떤 차이가 있는지 비교를 통하여 간접적으로 법의 의미를 이해하는 것이 더 효과적일 것이다.

Ⅱ. 사회규범과 법규범의 특징

1. 다양한 사회규범과 법

사회에서 인간의 행동방식을 규율하는 것은 다양한 규범들이 있다. 즉 인간에게 어떠한 행동을 해도 좋은지 아니며 해서는 안 되는 것이지 결정하는 기준을 제공하는 것은 법규범 이외에도 다양하게 존재한다. 그렇다면 이러한 다양한 규범과 법은 어떤 관계를 가지고 있는가? 이것은 법규범의 개념과 특징을 이해하기 위해서 매우 중요한 것이다. 따라서 법규범 이외에 인간의 행동을 규율하는 다른 사회규범의 특징과 법규범의 특징을 비교해 보기로 한다.

(1) 법과 관습

인간은 공동체를 구성하며 생활하게 되면서 그 공동체의 특유의 다양한 생활규칙을 발전시킨다. 예를 들어 혼인을 하는 과정을 보면 사실상 법적으로 유효한 혼인을 성립시키는 것과는 무관하지만 누구에게 어떻게 혼수를 해야 하는지, 누가 집과 살림을 장만하는지 그리고 신랑측이 신부 측에게 보내는 함에는 어떤 문구가 포함되는지 등 인간의 행동방식을 규율하는 것이 존재한다. 이것은 인간이 공동체 속에서 생활하면서 발생한 것으로 오랜 시간을 통하여 비로소 그 공동체 구성원들의 행동방식을 결정하는 기준으로 자리 잡게 됨으로써 그 사회에서 생활하는 사람들의 준칙으로 자리매김한 것이다. 이러한 규범을 관습이라고 한다. 그런데 이러한 관습을 준수하지 않았다고 해도 이를 강제할 수 있는 특별한 강제수단은 존재하지 않는다. 그러나 강제수단이 존재하지 않는다고 해도 관습이 그 사회 구성원들의 행동방식을 규율하지 않는 것은 아니다. 우리 사회에서 여전히 의미가 있는 관습은 그 자체로 구성원들의 사고와 행동방식을 규율하고 이를 지키지 않을 경우 상당한 비난을 받는 경우가 적지 않다.

또한 법에서도 관습법(Gewohnheitsrecht)이라고 하는 영역이 있다. 관습법은 사실로서 관습에서 출발하지만 이러한 행위가 반복됨으로써 그 공동체의 구성원들이 반드시 지켜야 하는 법으로 인식할 정도의 확신을 가지게 되는 상태가 된 규범을 의미한다. 예컨대 우리나라에는 공동선조의 분묘수호, 제사, 종원 상호간의 친목을 도모하는 것을 목적으로 구성되는 자연발생적인 종중이라는 조직체가 있는데, 종중은 그동안 남성들만이 구성원으로 제사를 주관하는 역할을 해왔다. 그러자 법원은 이러한 관습이 오랫동안 반복되어 일반 국민들 사이에서는 종중조직의 구성원은 남성만 가능하며 여성은 종중의 구성원이 될 수 없다는 인식에 대하여 법적인 확신까지 있었다고 하여 이를 우리나라의 관습법이라고 확인해 왔다(대법원 1992. 12. 11. 선고 92다30153 판결). 그러나 2005년 대법원은 이러한 입장을 선회하였다. 대법원이 그 근거로 제시한 것은 그동안 종중과 관련하여 관습법의 형태로 확인되었던 내용이 "사회의 거듭된 관행으로 생성한 어떤 사회생활 규범이 법적 규범으로 승인되기에 이르렀다고 하기 위해서는 [헌법]을 최상위 규범으로 하는 전체 법질서에 반하지 아니하는 것으로 정당성과 합리성이 있다고 인정될 수 있는 것이어야 하고, 그렇지 아니한 사회규범은 비록 그것이 사회의 거듭된 관행으로 생성된 것이라고 할지라도 이를 법적 규범으로 삼아 관습법으로서의 효력을 인정할 수 없다"고 하여 관습법의 내용을 사실상 변경하여 여성도 종중의 구성원으로 인정하였다(대법원 2005. 7. 21. 선고 2002다1178 판결).

(2) 법과 도덕

도덕의 사전적 의미는 사회의 구성원들이 인간으로서 스스로 마땅히 지켜야 할 도리 및 그에 맞는 행동 준칙을 뜻한다. 일반적으로 법이 인간의 외부에 나타난 행동에 대해서 관계하며 강제력을 갖지만 반면에 도덕은 내면적인 원리로 작용된 것으로 도덕규범에 반하는 내면의 상태를 강제력을 가지고 교정할 수 있는 것이 아니다. 누군가 자신의 배우자가 아닌 자와 부적절한 관계를 맺는 생각을 한다면 이것이 실제 현실에서 실행되지 않고 단지 생각의 차원에 머무르고 있다면 법은 이를 규제할 어떤 강제력도 동원할 수 없으며 실제 그러한 내면의 단계에 대하여 처벌할 수도 없다. 이때 내면의 생각에 대하여 비난할 수 있는 것은 스스로의 도덕이다.

따라서 도덕은 자기 자신을 향한 자율적 규범이며 법은 외부적으로 향하여 타인에게 의무를 부여하는 타율적 규범이다. 그러나 법과 도덕의 이러한 차이가 엄격하게 항상 구별될 수 있는 것은 아니다. 아무리 도덕이 내면적 원리로 작용하는 규범이라고 하여도 도덕 또한 특정한 공동체에 적용되는 행위규범이 되기 위해서는 반드시 외부에 표현되고 이에 대한 구성원들의 공감이 형성되어야 한다. 또한 법규범의 많은 내용은 도덕규범으로부터 전환된 것이 있다. 예를 들어 과거에는 직장에서 원치 않는 성적 언동으로 타인에게 성적 굴욕감이나 혐오감을 주는 경우 이러한 행위를 가해자의 도덕적 일탈에 따른 문제 정도로 인식하고 적극적인 법적 규제를 가하지 않았다. 그러나 최근에는 이는 성희롱으로 명백히 법적 규제의 대상이 되었다. 또한 "살인하지 말라"는 도덕규범은 우리 [형법]에 규정되어 있는 범죄에 해당한다. 이처럼 법과 도덕은 서로 구별될 수 있기도 하지만 또한 함께 공유되는 지점이 있으므로 완전히 분리될 수 없는 행위규범이다.

(3) 법과 종교규범

고대 인류 사회에서 인간의 행동을 규율했던 가장 중요한 규범은 종교규범이었다. 예를 들어 살인, 간음 및 절도 등을 금지했던 모세의 십계명은 당시 사회의 종교규범이기도 하였지만 동시에 법규범이었다. 서구의 역사에서 고대사회의 이러한 특성은 중세가 되면서 기독교를 중심으로 하는 종교국가가 이루어지면서 한층 강화되었다. 또한 우리나라의 역사에서도 고려시대의 경우 불교가 국가의 대표적인 종교로 인정되었고 당시에는 불교의 교리가 인간의 행동 방식을 결정짓는 중요한 규범으로 존재하였다. 이후 조선이 개국하면서 부터는 유교가 우리 공동체 구성원들에게 허용되는 행위와 금지되어야 할 행위의 기준을 제공하는 규범의 역할을 하였다. 그리스도교가 사회에 가장 큰 영향을 미치던 중세 유럽에서는 혼인을 종교상의 성사에 해당하는 것으로 다루어 16세기 종교회의에서는 종교혼(宗教婚)만이 정당한 혼인으로 승인되기에 이르렀다. 그러나 근세에 종교 환속화 운동의 영향으로 혼인법은 교회의 규율 대상에서 국가의 규율대상으로 전환하였고 1791년 프랑스 헌법이 "법률은 혼인을 민사계약으로서만 인정한다."라고 함으로써 민사계약으로서의 혼인이 정착하게 되었다.

이처럼 기독교 중심의 중세시대가 지나고 인본주의에 기반을 둔 근대가 시작되면서 종교규범의 영향력은 상대적으로 축소되었다. 계몽주의에 근거한 근대국가의 법질서가 구축되면서 교회법은 교회 내부의 문제에 대해서만 적용되는 제한적인 것이 되었다. 근대국가에서는 정교분리가 이루어지게 되었다. 대부분의 국가는 [헌법]을 통하여 종교의 자유에 대한 것을 보장하고 있다. 우리 [헌법]도 제20조 제1항에서 "모든 국민은 종교의 자유를 가진다."고 규정하며 제2항에서는 "국교는 인정되지 아니하며, 종교와 정치는 분리된다."고 명시하고 있다. 이처럼 종교와 정치가 분리되고 모든 국민에게 종교의 자유가 인정됨에 따라서 종교 규범은 모든 국민에게 적용되는 일반적인 규범이라기보다는 특정 종교를 신앙으로 가지고 있는 사람들의 행동규범이 되었다.

2. 법규범의 특징

(1) 법은 당위적 사회규범이다

법은 "해가 동쪽에서 뜨고 서쪽으로 진다." 또는 "물이 높은 곳에서 낮은 곳으로 흐른다."는 원칙과 같이 자연 상태에 나타나는 존재(Sein)나 필연(Müssen)과 같은 자연법칙을 의미하는 것이 아니다. 법은 인간관계가 존재하는 사회에서 인간의 상호 생활관계를 규율하는 규점이기 때문에 사회가 존재할 때 비로소 법이 존재하게 된다. 인간이 존재하더라도 사회를 구성하지 않는 상황 즉 무인도에 인간이 혼자 남게 되면 여기서 상호 생활관계는 존재하지 않으므로 법규범은 의미가 없게 된다. 이처럼 법은 인간의 상호 생활관계를 규율하며 이들 사이에 갈등을 해결하기 위한 것이므로 자연법칙과 달리 인간이 어떻게 행동해야 한다는 당위성을 가지는 규범이다.

(2) 법은 강제규범이다

사회의 존재를 전제로 그 내부의 인간의 상호 생활관계를 규율하는 것이 법규범의 특징이므로 이를 가능하도록 하기 위하여 법은 강제성을 가지고 있다. 인간의 행동을 규율하는 규범은 법 이외에 도덕, 관습, 및 종교적 교리와 같이 다양하지만 도덕은 내면의 상태에 대한 스스로의 규제로서 의미를 가지고 있지만, 어떤 행위가 도덕적이지 않다는 것이 항상 법적인 규제를 수반하는 것은 아니며, 관습 또한 특정한 공동체의 일반적인 행위 방법을 결정하는 규범적인 기능을 하지만, 관습에 어긋나는 행위를 가지고 처벌은 하지 않는다. 종교규범은 스스로 특정 종교를 선택한 경우에 비로소 행위규범으로 작용한다. 이와 같이 도덕, 관습 및 종교와 같은 규범은 이를 준수하지 않았다고 하더라도 어떤 강제성을 가지고 이를 규제할 수 없다. 모든 국민에 대하여 보편적으로 적용되면서 이를 위반하게 될 경우 제재를 가할 수 있는 규범은 법이다. 이러한 의미에서 독일의 법학자 예링(Rudolf von Jehring)은 "강제가 없는 법은 타지 않는 불꽃과 같다."고 하였으며 켈젠(Hans Kelsen)은 법에서 강제는 본질적 속성이라고 보았다.

III. 법과 성별의 관계

2015년 6월 26일 미국 연방 대법원은 2013년 결혼을 이성 간의 결합으로만 인정한 [결혼보호법(Defense of Marriage Act 2013)]이 위헌이며 동성 결혼이 합헌이라는 역사적 결정을 내렸다. 이에 따라 미국 전역에서 동성 결혼이 합법화되었다. 이 결정으로 지금까지는 주 법원의 판결과 입법을 통하여 워싱턴 D. C.를 비롯한 36개 주에서만 동성 결혼이 허용돼왔으나 연방대법원의 결정으로 미 전국에서 동성 결혼이 허용되게 되었다. 이러한 변화가 의미하는 것은 여러 가지가 있다. 먼저, 우리가 생각하고 있는 혼인의 일반적인 정의, 즉 혼인은 일남과 일녀의 결합에 의한 것으로 이해하는 것은 우리와 다른 공간에서는 이미 더 이상 유효하게 되지 않았다는 것이다. 그렇다면 이러한 변화가 우리나라에서도 생길 가능성은 존재한다. 어쩌면 우리나라 입법부도 동성혼을 허용하는 법을 제정하거나 반대로 미국의 [결혼보호법]과 같이 혼인을 이성간의 결합만으로 인정하겠다는 취지의 법을 제정해야 하는 상황이 발생할 수 있을 것이다. 어떤 논의의 흐름이 어떤 입법을 촉구하는 방식으로 이어질지 여부는 현재의 시점에서는 잘 알 수 없다. 다만 여기서 우리가 상상할 수 있는 것은 우리가 사용하고 있는 법적인 개념과 제도들은 사회 구성원들의 사고방식의 변화와 상호관계하면서 정착되고 만들어진다는 점이다. 혼인을 일남 일녀의 결합으로 이해하는 것은 이성애자의 가치관에 기반을 두어 인정되는 것이다. 동성애의 성적 지향을 가지고 있는 자에게 이성애자의 가치관에 근거한 혼인은 정당하다고 인정할 수 없을 것이다.

1958년에 제정되어 1960년부터 적용되기 시작한 우리나라의 친족상속법은 "부부의 공동생활에 필요한 비용의 부담은 당사자간에 특별한 약정이 없으면 부(夫)가 이를 부담 한다."(제정[민법] 제833조)고 규정하고 있었다. 그러나 이 규정은 1990년에 "부부의 공동생활에 필요한 비용은 당사자 간에 특별한 약정이 없으면 부부가 공동으로 부담한다."(현행[민법] 제833조)로 바뀌게 되었다. 그렇다면 1960년대와 1990년대 부부의 공동생활의 모습이 획기적으로 변화하여 이제는 부부 모두가 경제활동으로 임금을 받고 생활비를 절반씩 부담하기로 했기 때문에 부부 공동생활비용을 부부가 공동으로 부담하는 것으로 개정된 것인가? 2011년 통계청 자료에 의하면 우리나라의 맞벌이 가구는 전체의 약 43.6%(507만 가구)이며, 외벌이 가구는 42.3%(491만 가구) 정도에 이르고 있다. 즉 맞벌이 부부의 숫자와 전업주부 가구의 숫자는 거의 비슷하다고 할 수 있다. 특히 연령별로 맞벌이 부부가 많은 쪽은 40-50대이며 육아의 부담을 가지고 있는 20-30대는 전업주부가 많은 것이 현실이다. 그렇다면 전업주부는 생활비 공동 부담을 하지 않았기 때문에 법규범을 위반한 것인가? 누구도 이에 대해서 긍정할 수 없을 것이다. 육아를 부담하는 20-30대 부부의 경우 부부 일방은 경제활동을 통한 생활비용을 부담하지만 육아를 담당하는 타방은 육아와 가사운영 등으로 공동생활비용을 부담하는 것이기 때문이다. 즉 가사와 육아를 담당하는 것은 실제 현금으로 제공하는 생활비용은 아니지만 명백히 생활비용에 기여하는 것이다. 그럼에도 불구하고 1958년 우리나라의 [민법]이 "부부의 공동생활에 필요한 비용의 부담은 당사자 간에 특별한 약정이 없으면 부(夫)가 이를 부담 한다."고 규정하였던 것은 대부분 여성들이 담당하고 있던 가사와 육아를 생활비용 부담의 형태로 인정하지 않았기 때문이다. 그리고 그것은 당시 우리 사회구성원들의 일반적인 인식, 좀 더 명확히 표현하면 당시 우리나라에서 법을 만들고 통과시킨 입법부를 구성하고 있던 남성들의 생각에 기초한 것이다.

이처럼 법은 제정과정에서부터 우리 사회 구성원들이 가지고 있는 기본적인 인식을 전제로 만들어진다. 때문에 법을 제정하는 사람들이 어떠한 가치관을 가지고 있는 존재인지 여부는 법의 내용에 직접적인 영향을 준다. 또한 인간의 행동을 규율하는 규범은 법 이외에도 종교, 도덕 및 관습과 같이 다양하다. 누군가에게는 동성혼이 평등의 관점에서 우리 사회가 당연히 인정되어야 할 내용으로 생각하지만 다른 누군가에게는 종교와 관습 등의 가치관으로 받아들이기 어려운 것이다.

서구역사에서 종교 중심의 중세시대에 개인들은 위계적 공동체의 구성원으로서만 의미를 가지고 자신에게 주어진 역할을 수행하는 개체로서, 즉 공동체를 구성하는 하부 조직으로서만 의미를 가지고 있었다.

그런데 계몽주의에 영향을 받는 근대가 열리면서 인간들이 이러한 공동체의 구속을 벗어나 공동체와 무관한 독자적이고 자유로운 주체인 개인으로 탄생하였다. 이것이 의미하는 것은 개인은 더 이상 외부의 간섭이나 제도 혹은 전통에서 벗어나 그것들을 자신을 중심으로 재구성할 수 있다는 것을 뜻한다. 이러한 의미에서 근대적 시민은 스스로 생각하고 행동하고 책임지는 주체적 개인으로 자율적인 자아 정체성을 가지고 있는 존재이다. 그리고 이들은 특정한 목적이나 상황으로부터 독립되어 있는 무연고적 존재로서(unencumbered self) 자신이 속한 사회와 각자가 처한 맥락과 상황으로부터 독립하여 자발적 선호에 의하여 규범과 합의가 도출된다고 본다.

그러나 1958년 제정된 우리법이 부부공동 생활비용을 부가 부담하는 것으로 규정하는 것과 같이 오늘날에도 우리는 여전히 우리를 둘러싼 공동체의 가치관, 관습 및 개인의 종교적 신념에 영향을 받고 규점을 도출한다. 이렇게 볼 대 근대적 개인을 자율적인 무연고적 자아를 가진 존재로 이해하는 입장은 인간의 정체성과 경험에서 공동체의 구성원으로서의 지위의 중요성을 과소평가 하는 것이다. 즉 개인의 정체성은 사회적으로 구성되며 개인의 목적도 문화적 환경에 의하여 형성되는 것이기 때문에 인간의 자아는 공동체의 역사, 문화, 또는 관계로부터 무관하게 선험적으로 주어지는 존재가 아니라 공동체에 의해 구성되는 연고적(緣故的)인 것이다. 1985년 미국 캘리포니아에서 21세의 Kong Moua라는 동남 아시아계 이민자가 18세의 Xieng Xiong의 저항에도 불구하고 성관계를 가진 경우 이것을 몽(Hmong)족의 억류혼(marriage by capture) 풍습에[1] 따라 전통적인 혼인을 한 것으로 인정해

[1] 라오스의 몽(Hmong)족은 억류혼(marriage by capture)의 풍습이 있는데, 이에 의하면 여성은 그녀의 정숙함을 표시하기 위하여 성적인 행위에 대항해야 하고

야 하는지 아니면 강간으로 판단해야 하는지에 대한 것이다. 이들 둘은 모두 라오스에서 태어났고 10대에 미국으로 이주하였다. 서구인들에게는 구두에 의한 여성의 저항은 충분히 명확한 거절의 의사로 이해되지만 몽족 남성에게 여성이 구두로 한 저항은 동의를 표현하는 것으로 해석되므로 Kong은 Xieng이 자발적으로 성관계에 동의하였다고 믿었음을 주장하였다. 성관계 후 Kong은 몽족의 풍습에 따라 혼인을 했다고 주장하였으나 Xieng은 명백하게 이러한 억류혼의 전통을 거절하였고 강간을 당하였음을 주장하였다.

우리는 모두 한 국가의 법규범에 대하여 많은 기대를 가지고 있다. 법규범이 종교, 도덕 및 관습과 같은 다른 사회규범과 달리 강제성을 가지고 있다는 것은 그만큼 사회내의 분쟁을 해결하는데 가장 핵심적인 것이다. 그러므로 사람들은 법이 공정하게 각자의 문제를 해결해 줄 것으로 기대한다. 그런데 법이 제정 때부터 그리고 집행하는 단계마다 관련된 사람들의 역사와, 문화, 관습과 같은 것에 영향을 받아 만들어지고 집행된다면 긍정적인 점도 있지만 자칫하면 이러한 과정에 참여할 기회가 없었던 집단은 법으로부터 기대할 수 있는 보호를 받지 못할 수 있다. 우리가 법에서 성별의 문제를 이야기 하는 원인은 법을 만들고 집행하는 주체인 개인이 공동체의 역사, 문화, 관습 및 개인의 도덕과 종교 등의 다양한 규범에 의하여 영향을 받는 연고적인 존재이기 때문이다. 또한 분쟁을 만들어 내는 주체들 또한 이러한 다양한 행위규범에 영향을 받는 존재이기 때문이다. 성별은 오랜 인류의 역사에서 개인이 스스로 선택하지 않은 상태에 의하여 이유 없이 차별을 받아온 중요한 기제이다. 따라서 법이 성별의 문제에 대해서 어떠한 이해를 전

남성은 여성의 남편감으로 가치가 있음을 보여주기 위하여 여성의 대항에도 불구하고 성적인 행위를 계속해야 한다.

제로 제정되었는지 그리고 법이 성별에 따라 존재하는 행동양식과 사고방식의 차이점이 적절하게 반영되어 집행되고 있는지 여부는 우리 모두의 삶에 직접적 영향을 주는 중요한 것이다.

제2장

법규범의 이념과 체계

I. 법의 이념

법의 이념이란 법이 무엇을 위하여 존재하는지에 대한 물음이다. 법은 사회가 있는 곳에 존재하는 것으로 인간 사이에 발생하는 분쟁을 해결하기 위한 강제규범이다. 법은 강제력이 있기 때문에 개인의 자유를 구속할 수도 있고 지불하기 원하지 않는 보상을 강제할 수 있는 규범이다. 그렇다면 법규범이 가지는 강력한 강제력은 어디에서 그 정당성을 가질 수 있는지 의문을 제기하게 된다. 우리는 이러한 강제력이 부정한 목적을 위하여 사용된다면 그것이 정당성을 인정하기 어려울 것이다. 즉 법규범이 가지는 강제력에 정당성이 부여될 수 있는 것은 법이 무엇인가 정당한 것을 추구하기 위한 규범이라는 것이 전제될 경우에 비로소 인정될 수 있는 것이다. 이것이 법의 존재하는 목적이다. 구체적으로 여기에는 정의, 합목적성, 법적 안정성, 그리고 인권의 보장 등이 포함된다.

1. 정의

정의(justice, Gerechtigkeit)란 무엇인가 하는 질문은 철학의 가장 오래된 문제의 하나이다. 그만큼 정의를 정의하기 위한 다양한 노력이 이루어졌다. 인본주의 철학과 민주주의를 정초한 고대 그리스에서 소크라테스는 법과 정의를 동일한 것으로 보고 법과 정의가 인간의 본성에서 발생하는 것이라고 하였다. 이후 플라톤은 사회를 하나의 유기적 조직체로 보고 정의의 본질은 공동생활 속에서 스스로의 역할에 충실한 것을 의미한다고 하였다. 그러나 정의의 개념을 이론적으로 정립한 최초의 사람은 아리스토텔레스이다. 아리스토텔레스는 정의를 단순한 개인의 도덕이 아니라 사회 내에서 타인과의 관계에서 실현되어야 하는 것으로 이해하였다. 그는 정의를 광의와 협의로 나누었는데, 전자는 인간의 심정 및 행동을 공동생활의 일반원칙에 적합하게 하는 것, 즉 아테네의 법을 준수하는 것이라고 하였다. 반면에 후자인 협의의 정의는 다시 평균적 정의와 배분적 정의로 나눠진다고 하였다. 평균적 정의는 절대적인 평등을 요구하는 것이다. 오늘날 선거권이나 국민투표권과 같이 권리 주체의 특징을 고려하지 않고 일정한 연령 조건에 해당할 경우 모두에게 획일적인 동등한 권리를 주는 것 또는 물건을 구입하는 자의 재력과 관계없이 동일한 물건 값을 지불하는 것이 그러한 예에 해당할 것이다.

반면에 배분적 정의는 비례적 평등을 의미한다. 아리스토텔레스는 이러한 배분적 정의를 “같은 것은 같게, 다른 것은 다르게” 취급하는 것이라고 하였다.

2. 합목적성

아리스토텔레스가 주장한 정의의 본질은 “같은 것을 같게, 다른 것을 다르게” 취급하는 것이다. 오늘날 현대 사회는 정의의 본질이 이러한 평등의 원리에 있다고 보는 것이 일반적이다. 그러나 구체적 상황에서 같은 것과 다른 것을 판단하는 것은 매우 어려운 일이다. 예를 들어 남성과 여성은 같은 인간으로서 명백히 같은 존재이지만 구체적인 상황에서 남성과 여성이 항상 같다고 볼 수 없는 특징들이 존재한다. 장애인과 비장애인 또한 인간으로서 같은 존재이고 평등하지만 그렇다고 해서 하체 장애가 있는 사람과 비장애인이 함께 동일한 출발선에서 마라톤을 하는 것이 정당하다고 생각하는 사람은 없을 것이다. 이처럼 구체적인 상황에 마주하게 될 경우 우리는 같음과 다름의 본질적 판단과 다음 단계로 같게 그리고 다르게 취급하는 행위규범을 만들어 내는 것이 쉽지 않음을 알게 된다. 때문에 구체적인 정당성을 실현시킬 수 있는 이념이 필요하며 합목적성은 이에 기여하는 것이다. 법에서 합목적성이란 어느 국가의 법질서가 어떠한 표준과 가치관에 의하여 구체적으로 제정·실시되는 원리를 의미한다.

우리국가의 법질서가 추구하는 가치관은 [헌법] 전문에서 나타난다. 우리 [헌법] 전문에는 “… 자유민주적 기본질서를 더욱 확고히 하여 정치·경제·사회·문화의 모든 영역에 있어서 각인의 기회를 균등히 하고, 능력을 최고도로 발휘하게 하며, … 안으로는 국민생활의 균등한 향상을 기하고 밖으로는 항구적인 세계평화와 인류공영에 이바지 함으로써…”라고 우리 국가의 법질서가 추구하는 가치관을 명시하고 있다.

3. 법적 안정성

사회가 있는 곳에서 법이 발생하는 이유는 사회구성원들 사이의 분쟁을 해결하기 위함이다. 즉 법은 분쟁해결의 기능으로 사회의 질서를 유지하고 구성원들이 안정적으로 생활하는 것을 가능하도록 한다. 따라서 이러한 기능을 충실하게 하기 위해서는 국민들이 법규범이 어떤 행위를 금지하고 있는지 알 수 있어야 이를 따를 수 있다. 또한 어떤 행위에 대한 법규범의 평가를 예측하는 것이 가능해야 이를 준수할 수 있다. 우리국민은 일반적으로 절도행위를 하게 되면 법에 따라 처벌을 받게 된다는 것을 알고 있다. 즉 우리 [형법]은 남의 물건을 훔치는 행위를 금지하여 만일 이러한 금지된 행위를 하게 되면 처벌을 받게 된다는 예측이 가능하다.

그런데 이러한 법이 지나치게 자주 변경되게 된다면 국민들이 자신의 행위가 법을 준수하고 있는 것인지에 대한 예측가능성이 축소되게 되므로 법적 안정성이 침해되게 될 것이다. 또한 법적 안정성이 유지되지 않는다면 분쟁해결을 위한 중요한 수단이 제 기능을 하지 못하게 되므로 사회질서 유지 또한 어렵게 될 것이다. 따라서 법적 안정성이 유지되고 법질서가 제 기능을 하는 것이 가능하도록 하기 위해서는 먼저 법의 내용이 국민들이 이해할 수 있도록 명확해야 하며, 법이 지나치게 쉽게 변경되어서는 안 될 것이다. 또한 법이 지나치게 추상적 차원의 도덕률을 추구하는 이상적인 것으로 제정되기 보다는 우리사회 구성원들의 일반적인 의식을 토대로 만들어져 실행이 가능해야 할 것이다.

4. 인권의 수호

법은 정의와 인권을 수호하는 기능을 한다. 근대 시민 혁명에서 시민들이 정의와 인권을 법의 형식으로 약속받았던 것에서 볼 수 있듯이 전통적으로 법의 역사는 인권을 보장하는 것을 지향해야 하며 그것이 곧 정의의 구현이기 때문이다. 따라서 법이 보장하는 재판제도나 청원제도 등은 정의와 인권을 수호하기 위한 제도적 장치라고 할 수 있다.

II. 대한민국 법의 체계

국민의 생활에 영향을 주는 법은 체계에 따른 통일성을 가지고 조직되어 있으며 이를 법의 체계라고 한다. 국가는 각자의 역사적인 발전과정을 통하여 스스로에게 적합한 법질서를 형성해왔다. 예를 들어 영국이나 미국과 같은 국가에서는 입법부에서 제정한 법규정을 분쟁해결의 근거로 사용되는 것 보다는 일정한 법률문제에 동일한 취지의 법원의 판결이 반복됨으로써 일정한 방향성이 확정되면 이것이 그 자체로 법규범으로 분쟁을 해결하는 수단으로 사용한다. 이러한 법을 판례법이라고 한다. 그러나 독일, 프랑스 및 우리나라에서는 의회가 인위적으로 제정한 법이 분쟁을 해결할 때 가장 중요한 근거를 제공하는 수단이 된다. 이들은 다양한 종류의 법을 제정하여 하나의 성문화된 법전의 형태로 가지고 있는 성문법 국가이다. 성문법 국가인 우리나라는 다음과 같은 종류의 법을 체계화하고 있다.

1. 국제법과 국내법

국내법은 한 국가가 입법 작용을 통하여 제정한 것으로 그 국가 내에서 적용되는 것이다. 여기에는 기본적으로 국가와 국민의 관계를 규정하는 법과 개인 상호간의 권리와 의무관계를 규정하는 법이 있다. 이에 반하여 국제법은 국가 상호간의 권리와 의무 및 국제기구에 관한 것을 내용으로 하는 법이다. 국제법은 직접 국내 개인에게 적용되기 보다는 국가가 비준한 경우에 비로소 효력을 가지게 된다. 우리 [헌법] 제6조 제1항은 "헌법에 의하여 체결·공포된 조약과 일반적으로 승인된 국제법규는 국내법과 같은 효력을 가진다."고 하여 국회를 통하여 승인된 국제법은 국내법과 같은 효력이 있게 된다.

국제사회는 2차례의 세계대전을 겪으며 인간의 존엄성이 훼손되는 경험을 하였고 이에 대한 우려로 전 인류가 지향해야 할 가치를 내용으로 국제인권법규를 제정하였다. 이러한 예로 [세계인권선언], [시민적및정치적권리에관한국제규약], [경제적·사회적및문화적권리에관한국제규약], [여성차별철폐협약], [여성폭력철폐선언], 및 [장애인권리협약] 등이 성별에 따른 차이를 극복하고 평등을 보장하기 위하여 제정되었다. 현재 우리나라는 [경제적·사회적및문화적권리에관한국제규약]은 1990년 3월 16일 국회비준 동의를 거쳐 1990년 7월 10일 조약 제1006호로 효력이 발휘되었고, [시민적및정치적권리에관한국제규약]은 같은 날 조약 제1007호로 효력이 발휘되었다. [여성차별철폐협약]은 1985년 1월 26일부터 적용되기 시작하였고 [장애인권리협약]은 2008년 12월 협약 비준, 2009년 1월 10일부터 발효되었다.

2. 공법과 사법

대한민국의 국내법 체계는 공법과 사법으로 나뉠 수 있다. 그런데 무엇이 공법 또는 사법인지 이를 구분하는 방법에 대해서는 여러 가지 학설이 주장되고 있다. 현재는 일반적으로 법률관계의 주체를 표준으로 국가 기타 공법인이 법률관계의 주체로 규율하는 법을 공법이라고 하며 私人 상호간의 법률관계를 규율하는 것을 사법이라고 한다. 공법의 종류에는 우리나라의 통치조직과 국민의 기본적 권리와 의무를 규정하고 있는 [헌법]이나 범죄의 종류와 범죄행위에 대한 처벌을 규정하고 있는 [형법]과 같은 것이 해당한다. 또한 법률분쟁이 발생하여 법원에서 소송을 진행하는 경우 적용되는 [민사소송법]과 [형사소송법]이 공법에 해당한다. 사법의 종류에는 개인들 상호간의 권리와 의무관계를 규율하는 [민법]과 상인 상호간의 법률관계 규율을 위한 [상법]이 있다.

3. 사회법

근대국가의 성립 이후 만들어진 성문법에는 개인과 개인의 법률관계는 사법의 영역에서 규율하는 것이 원칙이었다. 예를 들어 사용자와 근로자의 관계는 국가가 개입되는 관계가 아니라 평등한 개인들의 관계였기 때문에 이들의 법률관계는 [민법]과 같은 사법영역에 해당하였다. 그러나 산업혁명 이후 자본주의가 점차 발달하면서 지나친 빈부의 격차로 인하여 자본가와 근로자의 관계가 결코 평등한 개인으로 계약을 체결하는 것이 어렵다는 것이 나타났다. 때문에 고용과 같은 개인과 개인의 법률관계에 국가가 개입하여 근로자들에게 "인간다운 생활"을 보장할 수 있는 최소한의 권리를 보장하도록 하는 새로운 영역의 법이 발생하였다. 이를 사회법 영역이라고 하며 여기에는 근로자들의 권리를 보장하기 위한 [근로기준법]과 모든 국민을 빈곤으로부터 보호하고 생존을 보장하는 [사회보장법]과 같은 법이 해당한다.

이상 여성의 인권과 관련된 우리 법체계를 나타내면 다음과 같다.

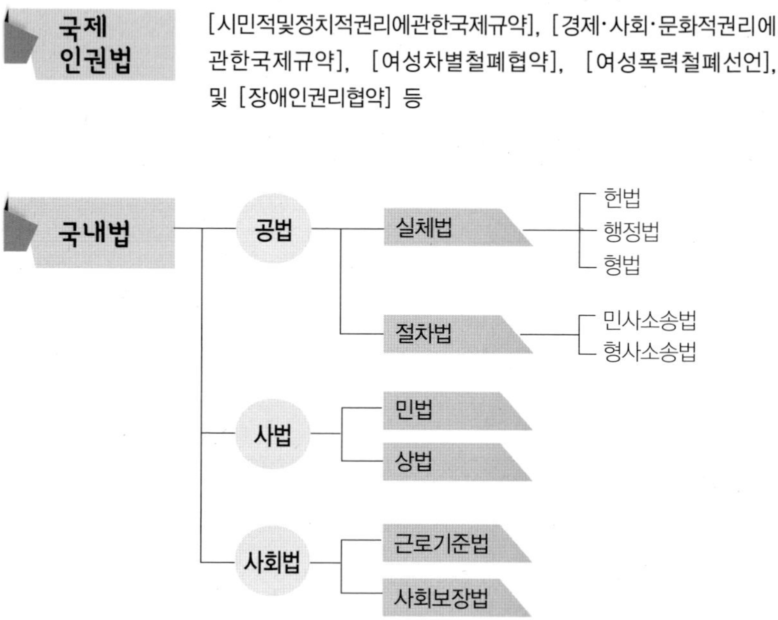

III. 국민의 기본적 권리와 평등

1. 국민의 기본적 권리로서 평등

종교 중심의 중세시대에 개인들은 위계적 공동체의 구성원으로서만 의미를 가지고 자신에게 주어진 역할을 수행하는 개체로서, 즉 공동체를 구성하는 하부 조직으로서만 의미를 가지고 있었다. 그런데 18세기 후반 미국과 프랑스 등에서 나타나기 시작한 계몽주의에 근거한 자유주의 사상의 영향과 함께 근대시대가 되면서 인간은 이러한 공동체의 구속을 벗어나 공동체와 무관한 독자적이고 자유로운 주체인 개인으로 스스로를 인식하기 시작하였다. 이처럼 개인이 자신의 독자적 자아를 인식하게 되면서 절대군주의 권력과 같은 국가권력이 개인의 자유를 침해하거나 제한하는 것은 부당하다고 여기게 되었고, 이를 제한하는 국가권력에 대항하여 개인의 기본적인 자유를 보장 받기 위하여 투쟁하였다. 1779년 [버지니아주 권리장전] 및 [미국의독립 선언] 그리고 1789년 프랑스의 [인간과 시민의 권리선언]등은 공동체의 구속을 벗어난 개인은 하늘이 부여한 천부적 권리를 가진 존재로서 국가권력이 제한할 수 없는 국민의 기본적인 권리를 가지고 있음을 선언한 것이다.

1789년 프랑스의 [인간과 시민의 권리선언]은 제1조에서 "인간은 자유롭고 평등하게 태어나며 생존한다. 사회적 차별은 공동이익에 기초한 경우에 한해 행해질 수 있다."고 규정하고 있으며 제6조에서는 "법률은 보호하든가 처벌하든가 간에 만인에 대해서 평등해야 한다. 법률 앞에 평등한 모든 시민은 덕성과 재능에 의한 차별 이외에는 누구나 그의 능력에 따라서 공적인 고위직, 지위, 직무 등에 동등하게 임명될 수 있다."라고 하였다.

우리 [헌법]도 국민이 기본권으로 제10조에서 "모든 국민은 인간으로서의 존엄과 가치를 가지며, 행복을 추구할 권리를 갖는다. 국가는 개인이 가지는 불가침의 기본적 인권을 확인하고 이를 보장할 의무를 진다."라고 하여 국가가 국민이 가지은 기본적 인권을 보장해야 할 의무가 있음을 명백히 하고 있다. 또한 [헌법] 제11조 제1항에서는 "모든 국민은 법 앞에 평등하다. 누구든지 성별·종교 또는 사회적 신분에 의하여 정치적·경제적·사회적·문화적 생활의 모든 영역에 있어서 차별을 받지 아니한다."라고 규정하여 성별에 따른 차별이 금지됨을 명시하고 있다.

특히 [헌법]은 모든 국민을 대상으로 하는 일반적인 평등권을 규정하는 [헌법] 제11조 제1항에서도 성별에 의한 차별금지를 명시적으로 규정하였고 나아가 가족과 노동의 영역에서 평등의 원리를 다시 한 번 강조하는 규정을 두고 있다. 구체적으로 [헌법] 제36조 제1항 에서는 "혼인과 가족생활은 개인의 존엄과 양성의 평등을 기초로 성립되고 유지되어야 하며, 국가는 이를 보장한다."라고 규정하여 사회의 기초적 단위인 혼인과 가족생활이 양성평등에 의하여 성립되고 유지되어야 함을 강조하고 있다. 또한 동조 제2항에서는 "국가는 모성의 보호를 위하여 노력하여야 한다."라고 규정하고 있다. 따라서 모성의 지위를 가지는 여성은 혼인 여부와 무관하게 모성이라는 그 자체로서 국가가 보호해야 하는 존재이다. 이것은 2세에 대한 재생산이 우리 국가의 존립을 가능하도록 한다는 것을 고려할 때, 당연한 국가의 의무이다.

나아가 [헌법] 제32조 제4항에서는 "여자의 근로는 특별한 보호를 받으며, 고용·임금 및 근로조건에 있어서 부당한 차별을 받지 아니한다."라고 규정하고 있다. 이 조항은 산업혁명 초기 여성근로자가 저임금에 건강에 치명적인 노동환경에서 받았던 인권 침해 상황을 염두에 두고, 특히 모성으로서 여성을 이러한 노동조건으로부터 보호해야 할 실질적 필요성이 있기 때문에 여자의 근로를 특별히 보호하도록 하고 있으며, 나아가 여성근로에 대하여 고용·임금 및 근로조건에 대하여 부당하게 차별하는 것을 금지함을 강조한 것이다. [헌법]의 동 조항은 [근로기준법]에서는 남녀동권을 내용으로 구체화하고 있으며([근로기준법] 제6조), [남녀고용평등법]에서도 남녀차별의 정의를(동법 제2조 제1호) 두어 구체화 하고 있다.

2. 기본권의 효력과 제한

이러한 국민의 기본권은 국민 개개인이 주장할 수 있는 것으로 국가권력으로 제한해서는 안 되는 초국가적인 자연권적인 성격을 가지는 인권의 종류이다. 기본권이 초국가적 자연권의 성격을 가지므로 원칙적으로 모든 국가권력을 직접 구속하는 직접적 효력이 있다. 따라서 입법부는 기본권의 내용을 침해하는 입법을 할 수 없으며 사법부의 재판과정과 판결내용이 기본권을 침해할 수 없다. 이처럼 기본권은 원칙적으로 국가권력을 구속하는 효력을 가진다. 그러나 기본권의 침해가 반드시 국가권력에 의해서만 발생하는 것은 아니다. 오늘날에는 국민의 기본권이 국가권력 뿐만 아니라 개인 상호간에 또는 사회적 집단에 의하여 침해되기도 한다. 이럴 때 기본권이 오직 대국가적 효력만 갖는다면 기본권 침해를 당한 자는 피해를 주장할 수 없을 것이다. 때문에 최근에는 기본권의 대사인적 효력의 인정여부가 주장되고 있다. 이에 의하면 개인 상호간에 자유나 평등과 같은 국민의 기본권을 침해가 발생한 경우 개인의 기본권 침해를 당한 자는 헌법적인 구제를 요청할 수 있다는 것을 의미한다.

기본권 침해를 주장할 수 있는 대상이 국가에서 개인으로 까지 확장되는 것이 최근의 흐름이며 또한 기본권이 천부인권의 성격을 가지고 있다는 것은 명백하지만 이것이 기본권이 무제한적으로 허용된다는 것을 의미하는 것은 아니다. 국민의 기본권은 절대적으로 보장되는 것이 아니라 일정한 요건에 따라 제한이 될 수 있다. 우리 [헌법] 제37조 제2항은 "국민의 모든 자유와 권리는 국가안전보장·질서유지 또는 공공복리를 위하여 필요한 경우에 한하여 법률로써 제한할 수 있으며, 제한하는 경우에도 자유와 권리의 본질적인 내용을 침해할 수 없다."

라고 규정하고 있다. 여기서 법률은 국회에 의하여 제정된 것을 의미하며 이러한 제한이 가해져야 하는 상황은 국가안정보장, 질서유지 또는 공공복리를 위하여 필요한 경우에 국한한다. 또한 이러한 제한이 필요한 경우에 한하여(필요성의 원칙) 최소한으로(비례의 원칙) 제한되어야 한다.

3. 기본권 침해에 대한 구제

기본권이 침해된 경우 어떤 방법으로 그에 대한 구제를 할 것인지 여부는 기본권이 누구에 의하여 어떤 방법으로 침해되었는지에 따라 다르게 된다. 예컨대 국민의 기본적 권리로서 평등권을 보장하는 입법이 부재함으로써 평등권이 실질적으로 보장되지 않는 경우 국민은 입법청원을 하거나 입법부작위에 대한 헌법소원을 청구할 수 있을 것이다. 반면에 1962년 제정된 [선원법] 제92조 제1항은 "선박소유자는 15세 미만자와 여자를 선원으로 사용하지 못한다."라고 법률에 명시적으로 특정성별을 배제하였는데, 이러한 방법으로 기본권 침해가 발생하게 되면 피해를 받은 국민은 위헌법률심사를 청구할 수 있다.

그러나 어떠한 법규정이 국민의 기본권을 침해하는지 여부는 그 시대를 살아가고 있는 국민들의 의식, 관련 법규정이 무엇을 입법의 목적으로 하는지 등과 관련하여 종합적으로 판단하는 것이다. 예를 들어 우리 [형법]은 제22장 성풍속에 관한 죄의 항목에서 "배우자있는 자가 간통한 때에는 2년 이하의 징역에 처한다. 그와 상간한 자도 같다."(제241조 제1항)라고 규정하여 혼인하여 배우자가 있는 자가 자신의 배우자 이외에 다른 사람과 성관계를 갖게 될 경우 이를 범죄로 규정하여 자유형에 처할 수 있도록 하였다. 그런데 이 규정이 헌법 제10조에서 보장하고 있는 개인의 인격권과 행복추구권에 전제된 개인의 자기운명 결정권의 하나로서 성적 자기결정권을 침해하는 것이라는 주장이 계속 되어 왔다.

즉 [헌법] 제10조에서 파생하는 자기결정권은 국가권력으로부터 간섭 없이 일정한 사적 사항에 관하여 스스로 결정할 수 있는 자의적 권리를 의미하는데, 관련된 [형법]의 간통죄에 관한 규정은 개인이 배우자 아닌 자와의 성적으로 관계하는 것을 범죄로 규정하므로 국가권력이 자기결정에 개입하는 것이며, 따라서 기본권을 침해하는 규정이라는 입장이다. 이에 대하여 헌법재판소는 지속적으로 합헌이라는 입장을 취하였으나 2015년 2월 26일 비로소 동 조항이 위헌으로 결정하였다.

간통죄 위헌여부에 대한 판단 경과

1. 간통죄를 합헌으로 판단한 결정

헌법재판소는 1990년대 2건(1990. 9.10., 89헌마82;1993. 3.11., 90헌가70), 2000년대 2건(2001.10.25., 2000헌바60; 2008.10.30., 2007헌가17·21)의 4건을 심사하였고 매번 간통죄 규정이 합헌이라고 결정해왔다. 당시 간통죄를 합헌으로 인정한 다수의 논거는 간통죄 조항은 혼인관계를 보호하고, 사회질서를 유지하기 위한 것으로 정당한 입법목적 달성을 위한 적절한 수단이며, '형벌'의 제재 규정이 지나친 것인지 문제되나, 이는 기본적으로 입법형성의 자유에 속하므로 입법자의 판단이 자의적인 것이라 할 수 없다고 하였다. 나아가 "간통 행위를 한 자를 2년 이하의 징역에 처할 수 있도록 규정한 형법 제241조의 규정은 성적 자기결정권에 대한 필요 및 최소한의 제한으로서 헌법 제37조 제2항에 위반되지 않으며, 이 사건 법률조항으로 인하여 침해되는 사익은 특정한 관계에서의 성행위 제한으로 경미함에 비하여 달성되는 공익은 높은 중요성이 있어 법익균형성 역시 인정되므로 이 사건 법률조항이 과잉금지원칙에 위배하여 개인의 성적 자기결정권, 사생활의 비밀과 자유를 침해한다고 볼 수 없다."고 하였다.

2. 간통죄 위헌 결정

(1) 간통죄 위헌에 대한 다수의결

2015년 2월 26일 헌법재판소는 이제까지의 입장을 선회하여 간통죄가 위헌임을 결정하였다. 다수의견은 형법의 간통죄 조항은 개인의 성적 자기결정권을 제한하고, 개인의 성생활이라는 내밀한 사적 생활영역에서의 행위를 제한하므로 헌법 제17조가 보장하는 사생활의 비밀과 자유를 제한한다고 보았다. 과잉금지원칙과 관련하여서 간통죄 조항은 선량한 성풍속 및 일부일처제에 기초한 혼인제도를 보호하고 부부간 정조의무를 지키게 하기 위한 것으로 그 입법목적의 정당성은 인정된다고 보았다. 그러나 수단의 적절성 및 피해의 최소성은 갖추지 못하였다고 보았다. 그 근거로 첫째, 사회구조 및 결혼과 성에 관한 국민의 의식이 변화되고, 성적 자기결정권을 보다 중요시하는 인식이 확산됨에 따라, 간통행위에 대하여 이를 국가가 형벌로 다스리는 것이 적정한지에 대해서는 이제 더 이상 국민의 인식이 일치한다고 보기 어렵게 되었다는 것, 둘째, 국가형벌권의 행사는 중대한 법익에 대한 위험이 명백한 경우에 한하여 최후의 수단으로 필요 최소한의 범위에 그쳐야 하므로 비록 비도덕적인 행위라 할지라도 본질적으로 개인의 사생활에 속하고 사회에 끼치는 해악이 크지 않거나 구체적 법익에 대한 명백한 침해가 없는 경우에는 국가권력이 개입해서는 안 된다는 것, 셋째, 현재 간통행위가 처벌되는 비율, 간통행위에 대한 사회적 비난의 정도에 비추어 보아 형사정책상 일반예방 및 특별예방의 효과를 거두기는 어렵게 되었으며, 간통행위의 처벌비율이 매우 낮아지고 있어, 간통죄규정은 형벌로서의 처단기능이 현저히 약화되었다는 것, 넷째, 이미 간통죄를 폐지한 여러 나라에서 간통죄의 폐지 이전보다 성도덕이 문란하게 되었다거나 이혼이 증가하였다는 통계는 나타나고 있지 않으며, 이 사건 법률조항이 일부일처제의 혼인제도와 가정질서를 보호한다는 목적을 달성하는데 적절하고 실효성 있는 수단이라고 할 수 없다. 다섯째, 간통죄가 유책의 정도가 훨씬 큰 배우자의 이혼수단으로 활용되거나 일시 탈선한 가정주부 등을 공갈하는 수단으로 악용되고 있기도 하다는 것 등을 근거로 제시하였다.

(2) 간통죄 위헌에 대한 반대의견

배우자 있는 자의 간통 및 그에 동조한 상간자의 행위는 단순히 윤리와 도덕적 차원의 문제라고만은 볼 수 없고, 간통이 사회질서를 해치고 타인의 권리를 침해한다고 보는 우리 사회의 법의식은 여전히 유효하며, 간통죄를 형사처벌 하도록 한 입법자의 판단이 자의적인 것이라고 보기는 어렵다. 다만 부부공동생활이 파탄되어 회복될 수 없을 정도의 상태에 이르러 더 이상 배우자에 대한 성적 성실의무를 부담한다고 볼 수 없는 경우 간통행위는 사회윤리 내지 사회통념에 비추어 용인되는 사회상규에 위배되지 아니하는 행위로서 위법성이 조각될 여지가 있다. 심판대상조항은 징역형만을 규정하고 있으나 법정형의 상한 자체가 높지 않고, 죄질이 가벼운 간통행위에 대하여는 선고유예까지 할 수 있으므로 지나치게 과중한 형벌을 규정하고 있다고 볼 수 없고, 경미한 벌금형에 의할 경우 간통행위자에 대하여 위하력을 가지기 어려우므로 형벌체계상 균형에 반하는 것이라고 할 수도 없다.

이렇듯 간통죄는 아직까지 우리 사회에서 존재의의를 찾을 수 있고, 심판대상조항으로 인해 선량한 성도덕의 수호, 혼인과 가족제도가 보장됨에 반해, 그로 인한 행위규제는 특정한 관계에서의 성행위 제한에 불과하므로, 심판대상조항이 합리적인 비례관계를 일탈하였다고 할 수 없다. 또한 현행 민법상의 제도나 재판실무에 의하면 부부가 이혼할 경우 가정내 경제적·사회적 약자에 대한 보호가 미흡하고, 부모의 이혼으로 인한 자녀양육에 대한 책임과 파괴된 가정에 대한 사회적 안전망이 구축되지 않은 상태에서 간통죄를 폐지할 경우에는 혼인관계에서 오는 책임과 가정의 소중함은 뒤로 한 채 오로지 자신의 성적자기결정권과 사생활의 자유만을 앞세워 수많은 가족공동체가 파괴되고 가정내 약자와 어린 자녀들의 인권과 복리가 침해되는 사태가 발생하게 될 것을 우려하지 않을 수 없다.

간통은 일부일처제에 기초한 혼인이라는 사회적 제도를 훼손하고 가족공동체의 유지·보호에 파괴적인 영향을 미치는 행위라는 점에서 개인의 성적자기결정권의 보호영역에 포함되어 있다고 보기 어렵다. 결국 심판대상조항은 성적자기결정권을 제한한다고 보기 어려울 뿐만 아니라 과잉금지원칙에 위반된다고 할 수도 없으므로 헌법에 위배되지 아니한다.

생각할 문제

1. 법이 발생하는 전제조건은 무엇인가?
2. 관습과 관습법은 어떻게 다른가?
3. 공동선조의 분묘수호, 제사, 종원 상호간의 친목을 도모하는 것을 목적으로 구성되는 자연발생적인 종중이라는 조직체의 구성원에 대하여 대법원(1992. 12. 11. 선고 92다30153 판결)은 입장을 전환하였는데 그 내용은 무엇인가?
4. 사회 구성원들이 인간으로서 스스로 마땅히 지켜야 할 도리 및 그에 맞는 행동 준칙으로서 인간의 내면적인 원리로 작용하는 것을 무엇이라고 하는가?
5. 법규범의 특징 2가지를 설명하시오.
6. 오늘날 선거권이나 국민 투표권과 같이 권리 주체의 특징을 고려하지 않고 일정한 연령

조건에 해당할 경우 모두에게 획일적인 동등한 권리를 주는 것 또는 물건을 구입하는 자의 재력과 관계없이 동일한 물건 값을 지불하는 것과 같은 것은 어떤 형태의 정의가 구현되는 것인가?

7. "같은 것은 같게, 다른 것은 다르게"로 설명되는 정의의 유형은?
8. 어떤 행위에 대한 법규범의 평가를 예측하는 것이 가능해야 이를 준수할 수 있다. 우리 국민은 일반적으로 절도행위를 하게 되면 법에 따라 처벌을 받게 된다는 것을 알고 있다. 이처럼 법이 예측 가능해야 하는 이유는 법의 이념 중 무엇이 기여하기 위함인가?
9. 성별에 따른 차이를 극복하고 평등을 보장하기 위하여 제정된 국제법의 종류에는 어떤 것이 있는가?
10. 공법관계를 설명하고 그 예를 들어보시오.
11. 사법관계를 설명하고 그 예를 들어 보시오.
12. [헌법] 제11조는 성별에 다른 차별금지를 규정하고 있다. 그 이외에 [헌법]이 여성에 대하여 특별한 규정을 두고 있는 것은 어떤 것이 있는가?
13. 기본권의 대 사인적 효력이란 무엇인가?
14. 기본권 침해에 대한 구제 방법은 어떤 것이 있는가?

제2부 평등한 인간을 향한 여정

제1장

평등과 여성

모든 것은 나와
他者의 삶에 대한 관심에서 시작한다.

Ⅰ. 서구사상의 흐름과 여성의 평등

1. 플라톤의 이상 국가에서 여성 … 플라톤은 여성주의자인가?

플라톤은 [국가]에서 분업의 원리가 도시 국가 성립의 원인라고 하였고 그 분업의 원리를 사람들의 소질에도 적용하여 사람들의 적성과 소질, 욕구가 단일하지 않고 다양하며, 그것들 사이에 우열이 있다고 주장하였다. 이처럼 플라톤은 인간 본성에 차이가 있음을 역설하며[2], 그는 한 사람이 모든 것을 자급자족하는 것보다 자신이 소질 있는 전문 직종에 충실함으로써 그 잉여 생산물을 다른 사람들과 교환하는 것이 훨씬 더 능률적이라고 하였다. 그래서 플라톤은 의식주를 해결하는데

2 플라톤 [국가] "우리는 저마다 나면서부터 서로 다른 것처럼 소질도 다르고, 각기 다른 일을 하는데 적합하다"(제2권 370a9-b1) ; "사람마다 타고난 대로 각자가 자기 일을 하지 않으면 안 된다"(제5권 453b).

있어 전문적 분업을 통한 상호교환을 가능하게 하는 '정치체제'가 필요하다고 주장하는데, 정치체제가 이루어지는 경우 외부로부터 국가공동체를 지키며 그 공동체가 분업의 원리를 잘 수행하도록 통치하는 사람이 추가로 필요하게 되며, 그 결과 경제적 필요에 의해서 시작된 분업은 군사, 정치적 필요까지 채우는 분업으로 나아가게 된다고 한다. 플라톤에 따르면, 모든 사람에게 동일한 권리나 의무, 재화를 주는 것은 바람직하지 못하며 각자에게 적합한 것을 각자에게 주는 것을 정의로운 것이라고 하였다. 플라톤이 정의를 '각자가 각자의 일을 하는 것'이라고 규정하는 까닭도 바로 여기에 있다.

그럼에도 불구하고 플라톤은 [국가] 제5권에서는 남성을 방위자로 만드는 교육과 여성을 방위자로 만드는 교육은, 특히 여성의 타고난 천성이 남성 방위자와 같은 경우에 서로 다를 것이 없으며(제5권 456c-d), 많은 일에서 남성보다 뛰어난 여성도 많으며 국가를 다스리는 직업 중에 여성이라고 해서 여성에게, 또 남성이라고 해서 남성에게 속하는 직업은 없으며, 오히려 타고난 천성은 양쪽 성인에게 고르게 나뉘어져 있다고(제5권 455d) 언급하였다. 나아가 [국가] 제7권에서는 남성만이 아니라 여성 중에서도 훌륭한 성품을 타고난 사람이 있다면 남성과 똑같이 그런 여성을 대우해 주어야 하고 그런 여성은 남성과 마찬가지로 모든 일을 분담할 수 있다(제7권 540c)고 하였다. 이처럼 플라톤은 여성의 타고난 본성이 남성과 같을 때 남성과 같은 일을 공유할 수 있다는 입장에 있었다고 볼 수 있다. 즉 플라톤은 이러한 분업의 기초를 성별에서 찾지는 않았다. 플라톤은 이러한 역할의 분담을 성향에서 찾고 있다고 볼 수 있으며, 이에 따라서 동일한 성향을 가진 자는 동일한 자는 동일한 역할이 부여되는 것이 적절하다는 결론에 이르게 된다.

이와 같이 성향에 따라서 여성도 남성과 같은 국가를 수호하는 역할을 담당할 수 있으므로 이들에 대한 교육 또한 남자와 똑같은 생활 양식을 가지고 똑같은 훈련을 받는 것이 당연하다고 본다(국가 제5권 457c).

2. 고전시대의 여성의 지위

플라톤의 이와 같은 생각이 다양하게 해석될 수 있지만, 현실은 당시 그리스 사회의 여성이 결코 남성과 평등한 지위를 보장받고 있다고 할 수 없다. 이미 여성은 그리스 시대부터 남성과의 관계에서 종속적인 지위에 처하고 있었다. 호메로스의 작품에서는 나타나는 여성은 남편과의 관계에서 그의 상속자인 적자의 어머니이며 주부이고 여자 노예를 감독하는 자에 불과하였고 여성은 합법적인 후사를 보기 위하여 아버지가 남편에게 넘긴 존재에 불과하였다.

그리스 사회는 폴리스라는 '공적'영역을 오이코스(oikos) 혹은 가정이라는 '사적'영역과 구분 지었다. 공적영역은 재산과 경제적 지위로 시민권을 양도 받은 자유로운 남성이 집단적인 통치에 참여하는 부문이었고 사적영역은 경제적이고 생물학적인 생존을 도모하는 세속적인 부문이었다. 아내들, 어린이들, 노예들은 사적영역에 거주하며 보살핌을 주는 남성에 종속된 보조자로서 삶을 영위하였다. 도리어 고전기 아테네에서의 민주화의 진전은 여성을 공적 영역으로부터 배제해가는 과정과 어느 정도 궤를 같이하고 있었다고 할 수도 있다. 예컨대, Solon은 귀족들의 재력과 세의 경쟁적 과시 풍조에 대한 억제책의 일환으로, 장례식 등 공적 행사에 여성의 참여를 제한하고 심지어 외출 시의 수칙까지 입법화하였다.

또한 아테네에서는 일단 남아로 가계가 계승되지만 없을 때는 딸을 무남 상속녀로 하여 그 남편 되는 사람을 양자로 한다. 딸도 없을 때는 재산이 친족에게 넘어가는 데 피상속자의 형제간과 사촌과 그 자식까지를 우선으로 한다. 그들도 없을 때는 아내의 친족에게 넘어간다. 즉 아내의 재산 상속의 순위는 남편의 친족보다도 낮은 것이었다.

반면에 공화정 후기와 제정호기 로마 사회는 아테네와 비교하여 여성의 지위가 상대적으로 우위에 있었다는 입장이 있다. 당시 로마 여성은 그리스의 여성들과 달리 공적인 장소에 모급을 나타낼 수 있었던 것으로 공적 가시성을 확보하고 있었다고 한다. 그러나 로마 여성들이 공적 가시성이 있었다는 것이 공공집회에서 발언하는 단계까지 이른 것은 아니었다.

여전히 로마시대의 여성은 법적으로 완전한 행위능력자가 아니었다. 여성은 공법생활에서 배제된 것 뿐 아니라 사법의 영역에서도 배제되었다. 초기 로마사회에서 혼인은 여성의 공간이 단순히 남성의 집으로 이동한다는 차원이 아니라 법적, 종교적 귀속을 의미하며 여성 자신에 대한 통제권의 본질적인 변화를 의미하는 것이었다. 혼인으로 여성은 남편과 동일한 조상에 제례를 행하는 친족집단의 새로운 일원이 되는 한편 친정의 조상숭배 및 친족집단과의 모든 연관을 끊게 되었다. 또한 로마의 가부장적인 가족구조로 인하여 남성만이 가장(paterfamilias)이 될 수 있었으며, 여성은 가장권의 주체가 될 수 없었다. 여성이 가장권이나 남편의 夫權에 종속되어 있는 경우에는 가장이나 부가 여성에 대한 권리를 독점하였으므로 여성에 대한 후견이 따로 필요하지 않았지만 가장권이나 부권에 복속되지 않은 자유권자인 여성은 연령의 구분없이 종신후견권에 복속되게 되어 있었다. 이와 같은 여성에 대한 종신후견은 헬레니즘 철학의 영향으로 흔히 여성이 분별력이 약하고 성정이 경솔할 뿐 아니라 외부의 행위에 대하여 무지하다는 보수적인 고대의 맹목적이고 소박한 감정을 근거로 정당화 되었다.

3. 중세 종교공동체 사회에 여성의 지위

로마시대 말기가 되면 도덕적 해이가 사회적인 문제가 되면서 기독교가 중요한 도덕적 가치관을 제공하는 근거가 되었다. 기독교는 일면 신에 대하여 평등주의 사상을 근간으로 하였기 때문에 노예제도를 금지시켰고 일부일처제를 확립시켰다. 이러한 점에서 기독교의 전파는 아내의 역할이 성과 출산의 도구적 수준에 있었던 그리스 시대의 여성의 지위와 달리 동반자로서의 지위를 인정받는 것이 가능하도록 하였고 이것은 상대적으로 여성의 지위를 향상시키는데 기여하기도 하였다. 그러나 본질적으로 성서는 여성을 원죄의 근원으로 보았고 이러한 견해는 중세시대 동안 유지되었다.

때문에 원죄의 근원인 여성에게는 순종과 희생 부드러움과 따뜻함 등을 강요되었고 여성이 유일하게 인간적인 존재로 존경을 받을 수 있는 것은 모성적인 존재로서의 마리아와 같은 경우에 국한되었다. 이 때문에 모성이외의 것을 초월하도록 강요받았고, 모성의 거부를 악이나 타락으로 간주하였다. 모성의 강조는 필연적으로 여성의 임무는 자식을 낳아 기르고 가족구성원을 돌보고 남편과 자식을 위하여 헌신하는 것으로 귀결되었고 이 과정이 오랜 기간을 통하여 견고한 모성이데올로기로 고착되게 되었다.

또한 기독교 중심의 보편적인 세계관이 확립되면서 혼인의 해소할 수 없는 것으로 인식하였다. 따라서 이혼은 원칙적으로 인정되지 않았지만 예외적으로 배우자 일방이 간통을 하였거나 근친혼인 경우에는 이를 인정하여 엄격한 요건을 전제로 제한적으로만 가능하였다. 그러나 교회법에서는 이혼의 사유가 남녀 모두에게 적용되는 것으로 보았으나 보통법에서는 남성에 대한 이혼 사유는 없고 여성들이 이혼을 당하게 될 사유만이 언급되어 있었다. 또한 재혼에 대해서도 남성과 여성은 차이가 있었다. 이혼한 홀아비의 재혼은 상속자와 피상속자의 상속권에 제3자가 개입함으로써 야기될 상속의 몫 배분과 그로부터 발생할 분쟁과 같은 가족내부의 문제와 관련된 것일 뿐 본질적으로 영주나 주군과의 문제는 아니었다. 그러나 과부의 재혼은 가족구성원의 합의 못지않게 영주의 허락도 필요로 하였다.

4. 근대가 발견한 개인과 여성

종교와 계급이 지배하는 중세와 근대사회는 매우 다른 모습으로 존재하였다. 교회를 통한 종교공동체로서의 특징과 봉건영주의 봉토를 기반으로 하는 장원경제 중심으로 구성된 중세사회와 달리 근대 국가의 형성은 공동체의 공개적 영역 이외에 국가의 업무라고 하는 공적 영역이라는 부분을 만들었고 사적 영역은 국가나 국가의 업무 이외의 영역이라는 대비가 형성되면서 공사 분리의 윤곽이 더욱 공고하게 자리 잡게 되었다. 공사 영역의 분리는 이후 근대국가가 정비되는 과정을 통하여 법체계의 구성에도 영향을 주며 공법과 사법의 이원화의 기초가 되었다.

가정은 19세기가 되어서 비로소 사적인 영역의 중심으로 자리 잡게 되었다. 그리스 시대에 이미 공·사영역의 분리가 있었으나 중세시대는 도리어 산업생산과 가사노동이 분리되지 않은 형태로 가정이 생산역할을 담당하였다. 그러나 중세 후반부터는 경제활동 방식이 달라지면서 다시 공·사 영역 분리의 흐름이 시작되고 이것이 산업혁명과 함께 공존하며 가정은 더 이상 산업생산의 기초를 차지하지 않고 사적영역인 친밀함을 확인하는 소비적 공간으로 변화하게 되었다. 동시에 여성의 지위가 가정내로 국한되면서 생산의 주체에서 소비의 주체로 점차 전환하게 되며 이는 여성의 지위에도 영향을 준다.

산업혁명의 결과로 중세의 봉토를 소유한 영주의 장원 경제 구조가 노동자와 자본가로 경제적 주체가 전환되면서 신흥 부르주아는 근대의 중심세력이 되었다. 이들은 경제적 기반을 토대로 귀족과의 신분적 격차를 줄이기 위한 노력을 했고, 교육의 기회를 통하여 귀족과의 평등을 위하여 인간의 평등을 주장하게 되었다.

산업혁명 이후의 정치사상의 흐름은 인간의 평등을 천부적인 것으로 수용하는 입장으로 정리될 수 있다. 그러나 이러한 평등원리에 예외적인 존재는 여성이었다. 만인의 천부인권을 신봉한 존 로크의 <통치권에 관한 두 번째 논문(Second Treatise of Government, 1690)>은 천부인권설의 토대를 만든 것으로 그는 이 논문에서 "자연의 국가에는 그것을 지배하는 자연의 법이 있다. 그것은 모든 사람들에게 의무를 지운다. 이성이 그 법이 되어 … 만인은 평등하고 독립적이기 때문에, 어느 누구도 생명과 건강과 자유와 재산에 있어서 다른 사람을 해칠 수 없다."(Ⅱ.6)고 주장하였다. 또한 "인간의 천부적 자유는 지상의 어떤 상위 권력으로부터도 자유로우며 인간의 의지나 입법적인 권위 아래 존재하지 않고, 자기 규제를 위한 자연의 법만을 가지고 있다."(Ⅳ. 22, p. 411)고 언급하였다.

그러나 로크는 논문의 후반부에서 남편에게는 그의 아내와 자식에 대한 권위가 허락되어 있으며 이것이 절대적인 권위는 아닐지라도 그가 그 권위의 한계를 똑똑히 설명할 필요는 없다는 의미를 표하고 있다 즉 "…그러나 남편과 아내는 불가피하게 때때로 서로 다른 의지를 가지게 된다. 이럴 때에는 … 이에 대한 지배권이 누군가에게 부여되어야 하는데 그것은 자연스럽게도 보다 유능하고 힘이 센 남성의 역할로 주어지게 된다."(Ⅶ. 82, p. 435)고 하였다.

로크는 자기 결정의 중요한 인자로, 군주적인 강요로부터 보호받는 영역을 획득하는 수단으로 사유재산의 중요성을 강조했다. 그러나 이 사유재산의 보호 주장의 중심은 (남성) 재산권의 보호에 있었다. 이것 때문에 일부일처제와 아내에 대한 남편의 지배권은 가장 중요한 것이 되었다. 이처럼 로크와 그 추종자들은 생명과 행복과 재산을 보호하기 위한 사회적인 계약을 만드는 개인은 가정의 남성 우두머리이다. 이 영향은 [미국의 권리장전(united States Bill of Rights)]에 언급된 개인이란 의미 또한 그 초안자에게는 가족의 남성우두머리이며, 그 우두머리는 가족의 이익을 대변하기 위한 것으로 이해되었다.

5. 인간 평등의 선언과 여성의 불평등

고대와 중세 시대의 인간은 공동체와 연결된 그 구성원으로서 의미를 가지고 있었다면 근대가 되면서 부터는 비로소 공동체에서 독립한 '개인(individual)'을 독자적으로 인식하게 되었다. 이처럼 근대가 되면서 비로소 개인은 발견되었다고 평가할 만큼 전화적인 변화가 있었고 여기에 근대의 위대함과 혁명성은 존재한다. 개인의 발견 이후 개인은 이제 자신을 중심으로 움직이는 국가와 사회를 판단하고 평가하는 단위로 역할을 하게 된다.

이러한 개인의 발견이라는 토대위에 구축된 근대를 배경으로 하는 프랑스 혁명은 인간의 자유와 평등이라는 보이지 않는 가치를 현재화시키려는 사상의 제도화 작업의 분수령을 이룬다. 프랑스 혁명은 부르주아지와 귀족 그리고 부르주아지와 빈민계층의 투쟁이라는 이원적인 성격을 가지고 있었으며 그에 따라서 그 체제도 입헌군주제(1790-1791)에 이어 지롱드파가 지도하는 온건공화정(1792-1793)을 거쳐 자코뱅파의 급진적 공화정으로 이행되기에 이른다. 혁명이 진행되면서 사회개혁 과정에서 남녀평등에 대해서 긍정적 견해를 보였던 집단은 온건한 혁명당 지롱드파였다. 지롱드파이자 철학자인 콩도르세는 남녀에게 동등한 교육을 시켜야 함을 역설하였고, 경쟁을 원칙으로 하면서 여성을 배제하는 일은 어리석은 일이라고 하였다. 자녀 교육을 여성이 담당하기에 더욱더 여성은 교육을 받을 필요가 있다고도 주장하였고, 나아가 여성의 정치적 권리도 역설하였다.

그러나 급진 자코뱅파가 정권을 장악하고 국민공회가 성립되자 여성의 권리와 사회참여 문제는 급격하게 괴멸되기 시작 하였고 여성단체에 대한 대대적 탄압운동이 시작되었다. 여성의 정치참여는 여성으로 하여금 여성 본연의 의무로부터 멀어지게 할 뿐이며, 여성은 정치적 특성도 지니지 못했다는 것이 그 이유였다. 모든 여성단체들이 불법화되고 강제해산 되면서, 이에 저항한 여성 지도자들은 단두대에서 처형되거나 추방당하게 된다.

혁명이후 처음으로 여성의 회의 참여가 금지되고, 지롱드파 부르주아 페미니스트였던 올랭프 드 구쥬는 [여성과 여성시민의 권리선언(1791)]에서 "여성이 단두대에 오를 권리가 있다면, 의정의 단상에도 오를 권리가 있다."(제10조)라고 주장한 결과 2년 후 실제로 단두대에서 처형되었다. 1795년 5월 20일 경제의 파국으로 인한 격렬한 거리시위 이후부터, 국민공회는 모든 여성이 특별한 명령이 없는 한 주소지로 돌아가야 하며, 다섯 명 이상의 여성들이 떼 지어 거리를 돌아다니는 여 경우 강제해산 하거나 체포될 것임을 포고하였다. 이처럼 프랑스 혁명이 가치로 내세운 인간의 자유와 평등은 보편주의로 정착하지 못하였고, 혁명은 제한적인 평등을 구현하는데 그쳤고 인간의 평등은 프랑스 혁명의 중요한 이념이었으나 여성은 여전히 불평등한 존재로 남겨졌다.

[여성과 여성시민의 권리선언(1791)] – 올랭프 드 구즈

전문

어머니들, 딸들, 자매들, 그리고 프랑스 인민의 대표들은 국민의회로 구성될 것을 요구한다. 여성의 권리들에 대한 무지, 망각 또는 멸시가 공공의 불행과 정부의 부패에 대한 유일한 원인들이라고 간주하여, 여성들은 엄숙한 선언을 통해 자연적이고 양도할 수 없으며 신성한 여성의 권리를 제시하기로 결의하였다. 그리하여 이 선언이 사회의 모든 구성원에게 항시 제시되어 그들이 자신들의 권리와 의무들을 끊임없이 상기하도록 하고, 여성의 입법권과 행정권의 행위들과 남성의 입법권과 행정권의 행위들이 매 순간마다 모든 정치제도의 목적과 비교됨으로써 존중받도록 하고, 이제 단순명백한 원리들에 입각한 시민들의 요구들이 언제나 헌법, 유익한 도덕, 만인의 행복에 이바지 할 수 있도록 하고자 한다. 따라서 출산의 고통 중에 보여지는 용기에서와 같이 미에서 우등한 여성은 최고 존재의 앞에서 그리고 그 비호아래 다음과 같은 여성과 여성시민의 권리들을 승인하고 선포한다.

제1조. 여성은 자유롭게 그리고 권리에서 남성과 평등하게 태어나며 그렇게 존속한다. 사회적 차별은 오직 공동의 유용성에 입각할 때만 가능하다.

제2조. 모든 정치적 결사의 목적은 여성과 남성의 자연적이고 소멸할 수 없는 권리들을 보존하는데 있다. 이 권리들은 자유, 소유권, 안전, 그리고 특히 압제에 대한 저항이다.

제3조. 모든 주권의 원리는 본질적으로 국민에게 있으며, 이 국민은 여성과 남성의 결합에 다름 아니다. 명백하게 국민으로부터 유래하지 않은 권위는 어떠한 단체나 개인도 행사할 수 없다.

제4조. 자유와 정의는 타인에게 속한 모든 것을 회복하는 것으로 구성된다. 따라서 여성의 자연권 행사에 대한 유일한 제한은 영구적인 남성의 폭정이다. 이러한 제한은 자연과 이성의 법률에 의해 개혁돼야 한다.

제5조. 자연과 이성의 법은 사회에 해로운 모든 행위를 금지한다. 이러한 현명하고 신성한 법률에 의해 금지돼지 않은 모든 것은 방해될 수 없으며, 또 누구에게도 법이 명령하지 않은 것을 하도록 강요할 수 없다.

제6조. 법은 일반의지의 표현이어야만 한다. 모든 여성과 남성 시민은 직접, 또는 그 대표를 통하여 그것의 형성에 기여해야 한다. 법은 모든 사람에게 똑같아야 한다. 남성과 여성 시민은 법 앞에 평등하므로, 그들의 능력에 따라서 또 그들의 덕성과 재능 이외에는 어떠한 차별도 없이 평등하게 모든 공적인 위계, 지위, 직무에 오를 수 있다.

제7조. 어떤 여성도 법이 정한 경우가 아니면 고소, 체포, 구금될 수 없다. 여성은 남성과 마찬가지로 엄격한 법에 복종한다.

제8조. 법은 엄격하고 명백하게 필요한 형벌만을 규정해야 하며, 누구도 범법행위 이전에 제정, 공포되고 또 합법적으로 여성에게 적용된 법에 의하지 아니하고는 처벌될 수 없다.

제9조. 일단 어떤 여성이든 유죄로 선고되면, 완전한 엄격함이 법에 의해 행사돼야 한다.

제10조. 누구도 자신의 기본적 의견에 대해 침묵할 것을 강요받아선 안 된다. 여성은 교수대에 오를 권리를 가졌다. 마찬가지로 여성은 법이 규정한 공공질서를 어지럽히지 않는 한, 연단에 오를 권리를 가져야 한다.

제11조. 자유로 인해 아버지들이 자기 자녀에 대한 인정을 보장받기 때문에, 사상과 의견의 자유로운 소통은 여성의 가장 고귀한 권리들 중 하나이다. 따라서 어떤 여성 시민이든 진실을 숨기려는 야만적인 편견에 강요받지 않고 나는 당신 아이의 어머니라고 자유롭게 말할 수 있다. 다만 법이 정한 경우에 그 자유의 남용에 대해서는 책임을 져야 한다.

제12조. 여성과 여성 시민의 권리들의 보장은 주요한 이익을 포함한다. 이러한 보장은 그것을 위탁받은 자들의 특수한 유용성을 위해서가 아니라 만인의 이익을 위해서 설치된 것이어야 한다.

제13조. 공공의 무력과 행정 비용을 위한 여성과 남성의 기여는 평등하다. 여성은 모든 의무와 모든 힘든 임무를 공유한다. 따라서 여성은 지위, 고용, 직무, 명예와 직업의 배분에서 똑같은 몫을 공유해야 한다.

제14조. 여성과 남성 시민은 스스로 또는 그 대표를 통해 공공의 기여의 필요성을 검증할 권리를 갖는다. 이것은 여성이 재산뿐만 아니라 공공행정에서 그 액수, 근거, 징수, 기간을 결정하는데 있어 동등한 공유를 보장받아야만 적용될 수 있다.

제15조. 전체 남성을 목적으로 한 세금에 참가하는 전체 여성은 어떤 공직자에게나 그들의 행정에 대한 책임을 물을 권리를 갖는다.

제16조. 권리들의 보장이 확보되어 있지 않고, 권력의 분립이 정해지지 않은 모든 사회는 헌법을 갖고 있지 못하다. 헌법은 국민을 구성하는 개인들의 다수가 그 기초에 함께 하지 않았다면 무효이다.

제17조. 재산은 함께 있거나 헤어졌거나 남성과 여성 둘 다에 속한다. 남성과 여성 각각에게 그것은 불가침의 신성한 권리이므로, 누구도 합법적으로 확인된 공공의 필요성이 명백히 요구하는 경우가 아니고서는 그리고 정당한 사전 보상의 조건이 이루어지지 않고서는 그것을 빼앗길 수 없다.

생각할 문제

1. [국가]에서 제시된 플라톤의 사고체계를 볼 때, 플라톤은 양성평등을 주장한 것으로 볼 수 있는가?
2. 양성의 평등을 주장하는데 플라톤의 정의관과 교육방법은 어떤 긍정적인 영향과 부정적인 영향을 줄 수 있을까?
3. 그리스 사회에서는 이미 사적인 영역과 공적인 영역이 구별되고 있었는데 이 기준이 오늘날 우리가 일반적으로 인식하는 공·사영역의 분리와 어떤 점이 다른가?
4. 혼인을 통하여 형성되는 로마시대의 가정의 모습과 오늘날 우리 가정의 모습과 비교하면 어떤 유사점과 차이점이 있는가?
5. 혼인을 해소할 수 없는 것으로 인식하는 기독교의 종교관은 오늘날에도 여전히 유효한 규범력을 가지고 있는가?
6. 여성이 생산주체가 아니라 소비주체로 전환하게 되었다는 것은 어떤 현상을 표현하는 것이며 이것이 가지는 의미는 무엇이라고 생각하는가?
7. 미국의 권리장전에 언급된 개인의 의미가 그 초안자에게는 가족의 남성우두머리이며 그 우두머리는 가족의 이익을 대변하는 것으로 전제되었다. 이러한 가치관이 가족공동체와 그 구성원들에게 어떤 긍정적 영향과 부정적 영향을 줄 수 있을까?
8. 근대 개인의 발견이라는 표현은 어떠한 상황을 설명하는 것인가?
9. 프랑스 혁명 이후 정권을 장악한 자코뱅파는 여성의 사회참여를 금지하고 여성단체에 대한 탄압을 하였는데 이러한 행동을 정당화하는 근거를 무엇으로 제시하였는가?
10. 올랭프 드 구즈가 선언한 [여성과 여성시민이 권리선언]에서 사회적 차별이 가능한 경우는 언제인가?
11. [여성과 여성시민의 권리선언]을 읽고 이 선언의 사상적 배경과 여성의 의식에 끼친 영향을 생각해 보시오.
12. [여성과 여성시민의 권리선언]의 제반 내용 중 오늘날 여성인권에도 여전히 의미를 가지는 것은 어떤 조항들이 있을지 검토해 보시오.

Ⅱ. 여성주의 이론과 성 불평등의 원인

계급이 존재하던 그리스·로마 시대부터 계급이 사라진 근대 이후 서구사회에 이르기 까지 어느 시대에도 여성은 평등한 인간으로 취급되지 않았다. 그리고 이러한 여성에 대한 불평등은 문화적 배경과 다른 역사를 가지고 있는 한국사회에서도 동일하였다. 그렇다면 여성은 왜 불평등의 대상이 되었을까? 여성주의 이론은 여성이 불평등한 원인을 천착하고 양성평등을 위한 대안을 제시하려고 한다. 이하에서는 양성 불평등의 원인들과 각각의 대안들 및 그 한계점은 없는지 검토한다.

1. 자유주의 여성주의

(1) 울스턴크래프트의 사상과 여성의 교육

구즈의 [여성과 여성시민의 권리선언] 이후 1792년 1월 메리 울스턴크래프트는 페미니즘 이론의 최초의 주요 업적으로 꼽히는 [여권옹호론(A vindication of the Rights of women)]을 완성하였다. 이 책에서 울스턴크래프트는 남성 중심의 왜곡된 여성상이 사회화를 통해 지속적으로 재생산된다는 점을 지적하며 이러한 것을 극복하고 여성에게 인간다운 삶을 살도록 하기 위해서는 교육의 기반이 필요함을 주장하였다. 당시의 시대적 사상인 계몽주의의 영향을 받은 울스턴크래프트는 여성도 남성과 마찬가지로 자신의 이성의 행사에 의해 유덕한 존재로 될 수 있음에도 여성에게 이러한 권리가 인정되지 않는다는 것을 지적하였다. 그녀는 루소가 그의 교육서인 에밀에서 남성인 에밀에 대한 교육과 여성인 소피에 대한 교육의 방향을 달리하여 소피에게는 감성 중심의 교육을 제시한 것을 강력하게 비난하였고 여성에게도 남성과 동일한 이성에 의한 교육이 이루어 져야 함을 주장하였다. 울스턴크래프트는 전통적으로 여성에게 부여된 역할이 곧 여성의 본성에 합치되며 여성의 본분이라는 것을 수용한다. 때문에 여성의 모성적 특징을 무력화하는 것은 무엇이든 여성을 본분으로부터 떼어내는 것이라고 하였다. 그러나 훌륭한 어머니에게는 판단력과 마음의 독립성이 요구되는 바, 이는 남편에게 전적으로 의지하도록 길러진 여성으로서는 구비할 수 없는 덕목이라고 하였다. 여성이 모성적 특징을 발현하여 훌륭한 어머니가 되는 것은 남편과 독립적인 관계에 있는 여성만이 가능하다고 하였다.

(2) 밀과 테일러의 공리주의와 여성의 평등

계몽주의의 이성적 교육을 받은 존 스튜어트 밀은 그의 사상 전반에 합리성을 관철하였다. 그는 「자유론」에서 인간의 개별성을 강조하고 개인의 자유보장을 주장하였다. 그러나 그의 합리적 사고에 따라 자유의 권리는 모든 사람이 예외 없이 누릴 수 있는 것이 아니라, 충분한 합리성을 결여한 미성년자나 야만인에게는 제한된다고 한다. 즉 밀은 자신의 행위에 대해 생각하고 판단할 수 있는 성숙한 성인들이 자유를 누릴 수 있는 주체라고 전제하고 있는 것이다. 그러한 합리적 인간형의 설정은 그의 공리주의 이론과도 상통하는 점이 있다. 밀은 이러한 태도를 여성의 자유에 대해서도 유지하여 "남성과 여성을 둘러싼 오늘날의 사회적 관계-다시 말해 한쪽이 다른 한쪽에 법적으로 종속되어 있는 상태-를 만들어낸 원리는 그 자체가 잘못된 것이고, 인간사회의 발전을 가로막는 중대한 장애물 중 하나이다. 이것은 완전 평등의 원리로 대체되어야 마땅하다. 어느 한쪽에 권력이나 특권을 주면서 그 반대편의 권리는 박탈하는 일은 다시는 없어야 한다."고 주장하였다.

밀은 양성의 차이로서 신체적 차이가 유일하다고 주장한다. 신체의 특징상 육체적 힘은 남성보다는 대체로 약하지만 다른 능력은 타고나면서 근본적으로 다르지 않다는 점을 역설하였다. 여성은 본성적으로 남성과 다르지 않으며, 교육과 환경에 의해 인위적으로 달라진다는 것이다. 자유롭게 여성이 할 수 있는 일을 하고 자신의 능력을 발휘할 수 있다면 여성 자신뿐만 아니라 사회전체가 발전할 수 있게 될 것이고, 그러기 위해서는 법적·사회적 차별이 철폐되어야 함을 밀은 강조한다.

또한 밀은 남녀 불평등을 도덕이 아니라 정치적 권력관계의 측면에서 분석하였다. 밀은 남녀평등의 타당성, 가정 안에서 부부관계를 중심으로 한 남녀평등, 사회에서 여성의 참여에 대한 남녀평등으로 나타나는 이점 등을 피력하며, 여성이 평등한 권리를 누려서 법적으로나 사회적으로 남성에 종속되지 않아야만 인간사회가 발전한다고 주장하였다. 「여성의 종속」 제1장에서 밀은 자유와 평등은 선험적으로 자명한 원리이고 여성도 이러한 권리를 누릴 수 있어야 한다고 선언한다. 여성은 남성에 비해 그 자체로 열등한 것이 아니라 편견, 불리한 환경과 관습 등 때문에 종속화 된다고 한다. 특히 어린 시절부터 자율성과 자유의지보다 복종하고 남의 명령에 따르는 것이 더 낫다는 교육을 통해 여성은 남성에 대한 종속을 습득하게 된다.

근본적으로는 인류의 절반인 여성이 평등한 사회적, 법적 권리를 보장받는다면, 사회의 진보와 사회전체의 이익 증진에도 기여한다고 밀은 주장한다. 즉, 사회 전체의 역량 증대, 해방된 여성이 누리는 행복의 증대, 인류 전체의 자유로운 삶의 향유 등, 남녀평등으로 인해서 두 배로 인류 전체가 행복을 누릴 것이라고 한다.

밀의 자유주의 이론은 자유주의 페미니즘에도 큰 영향을 미쳤다. 20

세기 반부터 본격적으로 전개되기 시작한 자유주의 페미니즘(liberal feminism)은 서구 자유주의의 전통에 뿌리를 둔 여성주의 이론으로, 개인의 자율성(autonomy)과 평등을 중시하는 이론이다. 밀은 남성뿐만 아니라 여성에게도 자율성이 보장되어야 한다고 하며 이에 따른 여성의 평등한 권리보장을 주장하였다. 여성은 한 인간으로서 남성과 동등하므로, 남성과 같은 권리를 누려야 한다는 것이다. 이에 자유주의 페미니스트들은 여성과 남성이 동등한 법적·사회적 권리를 누려야 한다고 강력하게 주장하였다.

(3) 자유주의 여성주의 입장의 결과와 한계

계몽주의의 영향에 의한 혁명의 물결이 유럽과 미국을 가로지르는 동안 여성은 여성들만의 평등을 위한 투쟁과 이론적 작업에 몰두하게 된다. 울스턴크래프트로부터 시작된 여성 교육에 대한 관심은 결국 평등교육에 대한 권리를 주장하기 시작하였으며 여성에 대한 교육과 정치참여를 통한 여성의 목소리를 전달할 기회가 주어진다면 남성만큼 여성도 공적인 영역에서 역할을 다할 수 있고 양성의 평등에 한발 다가갈 수 있을 것으로 주장하였다. 또한 이들은 여성의 정치참여가 가능해야 여성이 평등하게 될 것임을 주장하였다. 교육과 참정권으로 상징되는 여성의 발전을 저해하는 차별적인 법률과 정책이 제거된 후에 남성과 여성이 형식적으로 똑같이 경쟁할 수 있다면 양성평등은 달성될 수 있는가?

남자와 동등한 능력과 자격을 갖춘 여성이 서로 경쟁하게 될 경우, 남성과 여성 누가 채용될 가능성이 많다고 보는가? 이러한 사례에서 남성상사가 남성을 직원으로 채용한다면 채용되지 못한 것은 전적으로 여성 개인의 문제인가 아니면 구조의 문제로 접근해야 하는가? 이를 구조적인 문제로 본다면 어떤 해법을 제시할 수 있을까?

이러한 해법으로 복지자유주의 페미니스트들은 사회가 여성의 과거의 불의에 대하여 보상을 해야 할 뿐만 아니라 오늘날 여성의 발전을 저해하는 법적 및 사회적 경제적 장애물을 제거해 주어야 한다고 주장한다. 따라서 이들은 학교나 직업 선발 과정에서 (1) 동등한 자격이 있는 남성 지원자들 보다 여성이 우선적으로 선발되거나 (2) 여성지원자가 적절한 수행능력을 갖춘 경우 더 나은 자격을 갖춘 남성보다 우선적으로 선발되어야 한다고 주장하였다.

2. 마르크스주의 여성주의

(1) 마르크스주의의 가설들

마르크스주의는 인간을 인간으로 만드는 것은 생존수단을 생산해 내는 것에 있다고 본다. 이처럼 인간의 존재의 본질적인 기초를 물적 토대를 만들어 내는데 있다고 보기 때문에, 마르크스는 "물적 생활의 생산양식이 사회적, 정치적, 지적 생활의 일반 과정을 조건지우며 인간의 의식이 인간의 현존을 결정짓는 것이 아니라 인간의 사회적 현존이 인간의 의식을 결정짓는다."라고 기술했다. 또한 마르크스주의는 가진 자와 가지지 못한 자가 그들 자신들을 계급으로 인식하게 될 때 계급투쟁은 불가피하게 생겨나고 궁극적으로 이러한 계급을 만들어 낸 체계를 전복시키게 된다고 하였다. 마르크스주의 사회이론은 소외의 개념을 사회인식의 틀로 상정하였는데, 이것은 노동자들이 그들의 노동의 산물로부터 소외되고, 노동을 가능한 한 빨리 끝내야 하는 불쾌한 것으로 경험할 때 그들 자신으로부터 소외되며 자본주의 경제구조가 직장에서 서로를 경쟁의 대상으로 보도록 장려함으로써 다른 사람들로부터 소외되어 있으며 노동자들이 하는 일의 종류나 노동 상황이 자신들로 하여금 자연을 노동자들의 생존에 장애물로 인식하도록 함으로써 자연으로부터 소외되었다고 하였다.

(2) 마르크스 여성주의의 입장

마르크스 여성주의자들은 이러한 가설에 대하여 동의하며 여성들은 각자의 위치에 따라 유산계급 남성의 부인과 무산계급 남성의 부인과 같이 서로의 위치가 다르지만 가사가 진정한 노동으로 인정되어야 한다고 역설함으로써 이들이 하나의 노동자 계급이라는 의식을 공유할 수 있다고 한다. 또한 마르크스 여성주의는 이러한 노동자의 위치를 이해하는 틀인 소외의 개념이 여성에 대해서도 적용이 가능하다고 보았다. 이러한 입장에서 앰 포만은 "남성은 가정뿐만 아니라 사업이나 산업의 사회권에 존재하므로 이 다른 영역들에서 그 자신을 표현할 수 있다. 그러나 여성의 자리는 가정내이다. 남성들은 그들의 노동의 산물을 박탈당함으로써 산업 안에서 이루어지는 남성의 대상화는 소외의 형태를 취하게 된다. 그러나 여성들의 생활이나 의식에 미치는 소외 효과는 한층 더 억압적인 형태를 취한다. 남성들은 여성들과의 관계를 통하여 소외로부터 위안을 구하지만, 여성들은 이 친밀한 관계들이 바로 여성 압제의 본질적 구조이기 때문에 위안이란 존재하지 않는다."고 하였다.

가사를 중심으로 계급과 소외를 분석의 틀로 여성의 지위를 인식한 마르크스 여성주의자들은 여성이 육아와 가사 의무로부터 자유로워지지 않는 한, 여성이 임금노동시장에서의 참여의 기회가 증가하였다고 해도 그에 상응하여 여성의 자유가 증가하지는 않을 것이라고 하였다. 따라서 여성이 집밖의 일에 똑같이 접근할 수 있다는 것이 여성 해방의 전제조건이지만 그 자체로 여성의 평등을 보장하는 것으로는 충분하지 않으며 결국 이러한 구도 속에서 여성은 이중노동에 부담을 부담하게 될 것이라고 한다. 결국 이것은 노동이 여성에 고유영역이라고 지칭되는 가정내 무임금의 가사노동과 임금노동이 성별에 의하여 구별되는 되므로 나타나는 현상이다. 때문에 마르크스 여성주의자들은 육아와 가사노동의 사회화가 여성의 평등을 구현하기 위하여 중요함을 역설하였다.

최근 마르크스 여성주의자들은 가정내의 성별분업보다 작업장에서 이루어지는 성별 분업에 더 관심으로 기울이며 여성이 공적 영역에 투입되어도 남성의 노동에 비교하여 임금과 영역 등에서 차별을 받고 있음을 지적하고 있다. 이를 근거로 사용자들이 직업에서 발견되는 요소 (1) 지식과 기술 내지 그 일을 수행하는데 필요한 정보의 총량이나 솜씨 (2) 정신적 부담 내지 그 일에 필요한 의사결정의 요구 정도 (3) 책무 내지 그 일에 수반되는 감독의 양 (4) 그 일이 물리적으로 얼마나 안전한가와 같은 작업 상황에 대한 가치 점수들에 초점을 맞추어 고용인들을 객관적으로 평가할 것을 촉구 한다.

3. 급진적 여성주의

(1) 케이트 밀레트 [성의 정치학]

여성 억압의 근원이 가부장제의 성/성별 체계에 깊이 뿌리박고 있다고 주장한 최초의 급진적 여성주의자이다. [성의 정치학]에서 남성-여성 관계는 모든 힘의 관계의 패러다임이기 때문에 성은 정치적이라고 주장하였다. 밀레트에 의하면 가부장제 이데올로기는 남성과 여성의 생물학적 차이를 과장하여, 남성은 항상 지배적 또는 남성적 역할을,

그리고 여성은 항상 종속적 또는 여성적 역할을 담당하도록 확정한다고 한다. 그리고 이러한 이데올로기는 학교, 교회, 가정과 같은 제도를 통하여 남성에 대한 여성의 예속을 정당화하고 강화시켜서 그들이 억압하는 여성으로부터 분명한 동의까지도 확보하고 있다고 주장하였다.

(2) 슐라미스 파이어스톤 [성의 변증법]

파이어스톤은 여성의 예속과 남성 지배의 성적/정치적 이데올로기를 위한 물적 토대가 남성과 여성의 생식 역할들에 뿌리박고 있다는 점에서 밀레트와 동일한 입장을 취하였다. 파이어스톤은 그 해결을 위한 방법으로 여성 (그리고 남성)의 섹슈얼리티를 자녀출산의 생물학적 요구로부터 자유롭게 하고 인공적인 재생산이 자연적인 출산을 대체하도록 하는 것이 필요하다고 주장하였다. 그녀는 엥겔스가 역사적 추동력을 생산에서 찾은 것에 대비하여 재생산이 역사적 추동력이라고 주장하였다. 이를 토대로 노동자의 해방이 경제적 혁명을 필요로 하듯 여성해방은 생물학적 혁명을 필요로 하며 무산계급이 경제적 계급체계 타파를 위하여 생산수단을 장악해야 하듯 여성은 성적계급을 타파하기 위해서는 재생산 수단을 장악해야 한다고 주장하였다. 파이어스톤은 여성들이 많은 교육적 법적 정치적 평등을 획득하게 되고 아무리 많은 공적 산업에 투입되더라도 자연출산이 규칙으로 남아있고 인공적 또는 보조적 재생산이 예외로 남아있는 한 여성은 근본적인 것은 결코 변화되지 않을 것이라고 하였다.

(3) 급진적 여성주의의 입장

성 평등에 급진적 여성주의 입장은 성/성별 체계가 여성 억압의 근본원인이라는 점에 동의하는 것을 의미한다. 구체적으로 그 주장은 아래와 같은 것을 내용으로 포함한다.

여성은 역사적으로 최초의 피지배 집단이다.

여성 억압은 사실상 모든 사회에 존재하는 가장 보편적인 현상이다.

여성 억압은 근절하기가 가장 어려운 억압형태로, 계급사회 철폐와 같은 다른 사회 변화들에 의해서 제거될 수 없는 아주 뿌리 깊은 것이다.

여성 억압은 양적, 질적으로 피해자에게 가장 극심한 고통을 야기하나 그 고통이 압제자나 피해자 모두의 성차별적 편견으로 인해서 종종 인식되지 못한 채 진행되는 경우가 많다.

여성 억압은 … 모든 다른 억압 형태를 이해할 수 있는 개념적 모델을 제시한다.

이러한 입장에서 게일 루빈은 성/성별 체계는 "한 사회가 생물학적 섹슈얼리티를 인간 활동의 산물로 변형시킬 때 작용하는 일련의 조처들" 이라고 정의하였다. 급진주의 여성주의자들은 가부장 제도화된 어머니 역할이 여성의 예속을 강화하는 기재로 작용한다는 입장을 수용하였기 때문에 대리모의 문제에 대하여 관심이 집중되었다. 이들은 대리모 제도는 경제적 특권의 여부에 따라 여성을 분열 시키는 것으로 반대하는 입장을 취하기도 하지만 반대로 대리모 제도가 적절하게 다루어진다면 여성들을 한층 더 분열시키기보다는 그들을 더 밀접하게 통합시킬 수 있다는 입장을 취하기도 하였다.

4. 사회주의 여성주의

(1) 이리스 영의 여성노동의 주변화론

영은 노동의 성별분업을 역사적으로 분석하면서 여성의 지위가 자본주의 이전시대 경제에서 자본주의 시대 경제로 이동하면서 상대적으로 하락하는 과정을 추적하였다. 영은 자본주의 이전시대에는 결혼이 협력관계이었고 아내들은 일반적으로 자신의 재산을 보유했고 가정에 근거를 둔 남편의 사업을 남편과 공동으로 운영하거나 배우자와 동등한 조건으로 동업조합인 길드에 가입하기도 했지만 자본주의가 출현하면서 남편과 아내 사이의 경제적 협력관계는 해체되고 일터와 가정이 분열되어 여성을 제2노동력으로 가정에 제한하게 되므로 노동예비군으로 지위가 변화되었다고 보았다. 영은 여성의 주변부화 그리고 그런 이유로 인한 제2 노동력으로서의 기능하는 것이 자본주의의 본질적이고 근본적인 특징이라고 지적하며, 자본주의와 가부장제가 연결되어 있으며 자본주의는 현재도, 과거에도 미래에도 항상 본질적으로 근본적으로 가부장적일 것이라고 하였다.

(2) 사회주의 여성주의의 입장

사회주의 여성주의자들은 마르크스 여성주의가 자본주의가 작업장을 가정과 유리시키게 된 방법이나 이유는 설명했지만 자본주의가 우선적으로 무엇 때문에 여성은 집, 남성은 작업장에 배당하였는지에 대해서는 설명하지 못했다고 역설하였다. 이러한 전제하에 사회주의 여성주의자들은 여성해방은 자본의 타도에 달려있다는 마르크스 여성주의자들에 동의하기는 하지만 가부장제도 타도되지 않는 한 자본주의는 붕괴될 수 없으며 여성의 해방을 위해서는 자본주의와 가부장제도 두 가지로 부터 해방을 필요로 한다고 주장하였다.

5. 문화적 여성주의

(1) 콜버그의 도덕발달 6단계론과 여성

콜버그는 어린 아이가 도덕적 행위자가 되기까지의 단계를 연구하여 어린이는 여섯 단계의 측량 가능한 과정을 거쳐 도덕적 행위자로 발전하게 된다고 주장하였다. 구체적으로 여기에는 다음과 같은 단계가 포함된다고 한다.

제1단계 : 처벌과 복종 성향 - 처벌을 피하고 보상을 받기 위하여 시키는 대로 한다.

제2단계 : 도구적 상대주의자적 성향 - 제한적인 상호성의 원칙에 의존하여 자기 자신과 타인의 욕구를 만족시키는 역할을 한다

제3단계 : 사람과 사람사이의 조화 내지 착한 소년-훌륭한 소녀 성향 - 청소년은 타인의 인정을 추구하기 때문에 지배적 관습에 순응한다.

제4단계 : 법률과 질서의 성향 - 청소년은 의무를 수행하기 시작하고 권위에 대하여 존경심으로 나타내며 기존 사회질서를 그 자체를 위하여 유지한다.

제5단계 : 사회계약이 법률존중 성향 - 성인은 본질적으로 실용적인 도덕적인 관점을 채택하는데, 그 관점에 의하며 개인들은 그들이 원하는 바를 행하는 도중에 다른 사람들에게 해를 입히는 행위를 삼가면 그 행위를 하도록 허용된다.

제6단계 : 보편적 윤리원칙의 성향 - 성인은 모든 관습적 도덕성에 대한 비판으로 이용될 수 있을 만큼 충분히 보편적인 도덕적 관점을 제고하여 주는 본질적으로 칸트식의 도덕적 관점을 채택한다. 성인은 더 이상 사리사욕, 타인의 견해, 또는 법적 관행의 세력에 지배당하지 않고 그 대신 독자적인 개인 인간의 위

엄성에 대한 존경, 정의, 상호성과 같이 스스로 제정하고 스스로 부과한 보편적 원칙에 의하여 지배된다.

질리건은 이러한 콜버그의 도덕 발달론에 이의를 제기하였는데, 왜냐하면 이 기준에 의하면 소녀와 여성들은 대체로 3단계 이상의 척도를 넘어서기 어렵기 때문으로 판단했기 때문이다. 질리건에 의하면 남성은 분리와 자율을 강조하게 되면서 정의, 공평함 및 권리들을 역설하는 도덕적 추론과 스타일을 발전시키는 반면 여성은 연결들과 관계를 강조하게 되면서 욕망, 욕구 및 특정 사람들과의 이해관계를 역설하는 도덕적 추론 스타일을 발전시킨다고 주장하였다.

(2) 캐롤 질리건의 [다른 목소리로]

질리건은 콜버그의 연구 방법의 설정이 남성 중심으로 설정된 것에 문제가 있다고 주장하면서 여성들의 도덕적 결정 방식을 검토하기 위하여 낙태 또는 출산 여부를 결정하기 위한 29명의 임신 여성을 대상으로 경험주의적 연구를 하였다. 연구 결과 사회계층, 결혼유무, 나이 여부를 떠나 여성은 남성과 다른 도덕발달의 척도를 보이는데 여성들은 누구의 권리가 더 무게가 나가는지, 즉 태아의 권리와 여성의 권리 양자를 비교하여 분석적으로 접근하지 않고, 그 문제를 인간관계 문제로 접근하는 것으로 나타났다. 즉 태아의 운명뿐이 아니라 그들의 파트너, 부모-친구 등과 관련하여 그들에게 어떤 영향을 미칠 것인지 중요하게 생각하는 것이다. 대체로 이들은 세 가지 도덕적 추론 사이에서 이동하였는데, 첫째는 낙태 결정에 대해 확실하게 해결하지 못한 여성들은 도덕적 동인이 자신의 이해관계를 과도하게 강조하는 제1의 도덕적 추론단계에 고착되어 있거나, 아니면 도덕적 동인이 타인의 이해관계를 과도하게 강조하는 제2의 도덕적 추론단계에 고착되었거나, 아니면 자신들의 이해와 타인의 이해관계 사이에 균형을 이루는 제3의 도덕적 추론단계를 나타낸다고 하였다. 이러한 연구결과로 추론할 수 있는 것은 결국 여성의 도덕발단 단계는 낮은 것이 아니라 남성의 그것과 비교하여 다를 뿐이라는 것이다.

이후 질리건은 [다른 목소리] 이후 쓴 글에서 이성적으로 도덕적인 사고를 하는 사람은 결국 정의의 윤리보다 보호의 윤리를 선호하는 경향을 보일 것으로 암시하였다.

생각할 문제

1. 울스턴크래프트는 계몽주의 사상의 영향을 받아 여성의 평등을 주장하였는데 여기서 계몽주의 사상의 내용은 무엇인가?
2. 울스턴크래프트는 남성과 여성에 대한 서로 다른 방식의 교육을 주장한 루소의 교육관을 비판하며 훌륭한 어머니로서의 덕목에 남편과의 독립적인 관계를 가져야 함을 조건으로 제시하였다. 오늘날 우리 사회에서의 어머니로서의 덕목을 논의한다면 울스턴크래프트의 주장은 어떤 의미를 가질 수 있을지 논의해 보시오.
3. 밀은 양성의 평등을 주장하기 위한 근거가 되는 논리를 어떻게 설정하였는가?
4. 밀은 양성의 평등을 구현하기 위하여 어떠한 사회적인 조건들이 형성되어야 함을 주장하였는가?
5. 밀은 여성의 종속화의 원인이 무엇에 기인하는 것으로 보았는가?
6. 자유주의 여성주의자들은 여성에게 교육과 참정권을 통한 정치참여에의 길이 확보된다면 양성의 평등이 구현될 것으로 생각하였다. 그런데 교육의 기회를 통하여 남자와 동등한 능력과 자격을 갖춘 여성이 서로 경쟁하게 될 경우, 남성과 여성 누가 채용될 가능성이 많다고 보는가? 이러한 사례에서 남성상사가 남성을 직원으로 채용한다면 채용되지 못한 것은 전적으로 여성 개인의 문제인가 아니면 구조의 문제로 접근해야 하는가? 이를 구조적인 문제로 본다면 어떤 해법을 제시할 수 있을까?
7. 마르크스주의 여성주의자들은 무산계급 남성의 부인과 유산계급 남성의 부인은 각자의 입장과 처지가 서로 다르지만 하나의 노동자 계급이라는 의식을 공유할 수 있는 공통점

이 있다고 하였는데 이것은 무엇인가?

8. 마르크스 여성주의자들은 여성이 임금노동시장에서의 참여의 기회가 증가하였다고 해도 그에 상응하여 여성의 자유가 증가하지는 않을 것이라고 하였는데 그 원인은 무엇인가?
9. 최근 마르크스 여성주의자들은 성별분업의 문제점을 제기해 왔는데 성별분업의 본래의 의미는 무엇이며 최근에 문제가 되는 노동시장에서의 성별분업이란 무엇을 뜻하는가?
10. 급진적 여성주의자들이 주장하는 가부장제의 의미는 무엇이며 현대사회에서 가부장제는 어떤 현상에서 찾을 수 있을까?
11. 파이어스톤은 여성예속과 남성지배의 이데올로기 토대가 남성과 여성의 생식역할에 뿌리박고 있다고 전제하고 해결방법으로 인공적인 재생산이 자연적인 출산을 대체할 필요가 있다고 하였다. 여성이 더 이상 재생산 기능을 하지 않게 된다면 양성은 평등하게 될 수 있을까?
12. 사회주의적 여성주의자 영은 어떤 논리에서 자본주의가 가부장적일 것으로 주장하였는가?
13. 질리건은 [다른 목소리]에서 여성의 도덕발달이 남성과 다름을 주장했고 배려의 윤리의 중요성을 주장했다. 만일 법질서가 궁극적으로 추구해야 할 가치가 정의가 아닌 배려라고 한다면 이러한 관점의 전환이 인권보장에 어떤 영향을 줄 수 있을까?

III. 여성주의와 평등의 의미

1. 형식적 기회의 평등과 실질적 기회의 평등

인간이 공동체의 구속으로부터 자유로운 독립적 자아를 인정하기 시작한 근대 이후 평등은 모두에게 중요한 기본적인 인권의 내용을 구성하였다. 이러한 근대 개인의 발견은 여성에게도 영향을 주었다. 명백히 여성주의의 모든 이론은 성별에 따른 불평등을 제거하고 모든 성별을 평등하게 대접하는 것을 추구한다. 남성과 비교하여 정치·경제·사회·문화 모든 영역에서 명시적인 배제와 차별을 경험해야 했던 근대의 여성주의의 목표는 남성과 동등한 법적 사회적 대우를 받는 것이었다. 당시에는 여성은 비이성적이고 열등한 존재라고 하는 편견에 근거하여 여성의 사회적 활동이 제한되었다. 때문에 여성들은 이러한 편견을 극복하고 자신들에게 남성과 동등한 기회가 제공된다면 스스로의 능력으로 남성과 동등하게 될 수 있을 것으로 생각하였다.

당시에 여성들은 정치 참여의 기회가 없었고 스스로의 이름으로 재산을 소유할 수도 없을 정도로 기회가 주어지지 않았기 때문에 기회의 평등에 대한 주장은 참정권 투쟁과 교육의 권리에 대한 주장으로 나타나게 되었다. 모든 사회적 참여로부터 명시적으로 배제되었던 당시 사회에서 동등한 기회에 대한 주장은 여성의 지위를 일보 평등하도록 하는데 기여를 하였다.

그러나 여성에 대한 명시적인 차별과 배제가 상당부분 개선된 오늘날 여성이 실질적으로 기회의 평등을 가지고 있는지에 대해서는 여전히 회의적이다. 형식적인 면에서 우리나라의 여성들은 남성과 동등하게 참정권을 가지고 있으며 경제활동을 하는데 있어서도 여성이라는 이유 때문에 명시적으로 기회가 차단되는 것은 점차 줄어들고 있다. 그러나 2015년 7월 여성의 경제활동 참가율은 52.6%, 남성경제활동 참가율은 74.7%로 남성은 여성보다 경제활동 참가율이 높은 것으로 나타나고 있다. 또한 2013년 우리나라 상장기업의 이사회 내 여성임원비율은 1.9%로 일본 1.1%에 이어 가장 낮은 수준인 것으로 조사되었다.

형식적인 기회의 평등은 어느 정도 달성되었음에도 불구하고 이러한 차이가 나타나는 이유는 무엇인가? 이러한 상황을 우리는 기회의 평등이 실질적으로 달성되었다고 평가할 수 있는가? 이러한 현실이 나타내는 것은 특정한 사회활동에서 여성을 명시적으로 배제하는 것이 사라졌다고 해서 여성이 실질적으로 기회의 평등을 향유하고 있다고 볼 수 없다는 것이다. 실질적으로 여성에게 기회의 평등이 주어지기 위해서는 이들을 둘러싼 제반 조건을 평등하게 변경하는 노력이 수반되어야 한다. 즉 여성이 임금노동시장에서 남성과 동등하게 경제활동에 참여하고 임금이나 승진 등에 있어서 실질적으로 평등한 대우를 받기 위해서는 여성을 둘러싼 양육의 책임과 가사노동이라는 조건을 남성과 동일하게 조정해야 한다.

2. 결과의 평등

여성에게 실질적 기회의 평등을 부여하기 위해서는 조건의 불평등을 극복하는 과정이 동시에 진행되어야 하는 것은 명백하다. 그러나 이에 의하면 구체적 사안에서 여성이 불평등한 취급을 받고 있는지 여부를 판단하기 위해서는 형식적인 기회의 평등이 보장되었지만 조건의 불평등이 존재하였기 때문에 실질적으로는 불평등한 취급을 받고 있다는 것을 입증할 수 있어야 할 것이다. 그러나 불평등한 조건은 매우 다양하기 때문에 무엇이 여성의 불평등한 현 상황에 직접적인 영향을 끼친 것인지 판단하기 어렵다. 결국 이러한 방식으로는 실질적 평등을 구현하는 것은 어려울 것이다.

결과의 평등은 기회의 평등이 가지는 한계를 극복하는 개념으로 이해할 수 있다. 결과의 평등은 역사적으로 오랜 기간 동안 차별을 받았기 때문에 현재 심각하게 열등한 상태에 처해 있는 사람들을 평등하도록 만들기 위해서는 단순히 기회를 제공하는 차원을 넘어서 결과적으로 이들이 평등한 상태에 이르렀는지 여부를 판단해야 한다는 것이다. 따라서 역사적으로 오랜 기간 동안 차별을 받은 흑인, 여성 및 특정 소수민족과 같은 존재는 우월한 집단과 같은 지위에 접근하도록 하기 위해서는 일정한 조건하에 적극적으로 이들을 우대하는 조치를 적용해야 비로소 동등하게 될 수 있다는 것이다. 이러한 평등개념에 의하여 [여성차별철폐협약]이 "남성과 여성 사이의 사실상의 평등을 촉진할 목적으로 당사국이 채택한 잠정적 특별조치는 본 협약에서 정의한 차별로 보지 아니하나, 그 결과 불평등한 또는 별도의 기준이 유지되어서는 결코 아니 된다. 기회와 대우의 평등이라는 목적이 달성되었을 때 이러한 조치는 중지되어야 한다."라고 명시한 것은 이러한 사고를 반영하는 것이다.

생각할 문제

1. 오늘날 우리 사회는 여성에 대한 법적 사회적 제약이 제거된 기회의 평등이 어느 정도 보장되고 있다. 그러므로 우리사회의 양성평등은 달성되었다고 할 수 있는가? 긍정과 부정의 근거를 각각 제시해 보시오.
2. 오늘날 여성들은 참정권과 교육의 평등이 어느 정도 달성되었음에도 불구하고 여전히 노동시장과 정치 등에서 낮은 참여율을 보인다. 그 원인은 무엇인가?
3. 집단과 같은 지위에 접근하도록 하기 위해서는 일정한 조건하에 적극적으로 이들을 우대하는 조치를 적용해야 비로소 동등하게 될 수 있다는 것이다. 이처럼 일정한 조건하에 역사적으로 소외받은 집단을 적극적으로 우대조치를 하는 것은 정당한가? 긍정과 부정의 근거를 각각 제시해 보시오.

제2장 인권개념의 다양화와 여성인권

I. 근대이후 인권과 여성인권 개념의 발전

근대이후 인권의 개념은 크게 두 가지의 방향에서 나타났다. 첫째는 상공업의 발전과 함께 부를 축척하면서 구체제에 대항하여 근대적인 시민 사회를 건설하고자 했던 부르주아들의 사상적인 근거를 제공한 고전적 자유주의 사상과 밀접하게 관련된 것으로, 이들은 개인의 자율성을 강조하며 모든 인간이 자연적으로 평등하다는 전제에서 개인의 자유를 강조하는 입장이다. 근대 이후 나타난 부르주아 계층은 산업혁명이라는 물결을 통하여 부를 축척한 집단으로 이들에게 최대의 문제는 국가의 구성원으로서 평등하게 정치적, 법적 권리를 행사할 수 있는 자격을 확보하는 것이었다. 따라서 이들에게 인권은 국가의 개입으로부터 자유로울 수 있는 기본적인 권리가 개인들에게 광범위하게 인정되어야 하며 국가가 국민의 자유를 침해해서는 안 된다는 것을 그 내용으로 한다. 또한 개인의 자율성을 강조하여 스스로의 존엄성을 유지할 수 있는 중요한 수단으로서 생존권과 재산권에 대한 보장을 인권의 중요한 내용이라고 하였다.

근대 이후 발전한 인권 개념의 두 번째는 과학 기술의 산업적 활용으로 산업혁명이 시작되면서 나타난 노동자들의 인권 보장을 위한 사회권 중심의 인권 개념이다. 산업혁명은 일면 부를 축척한 부르주아라는 계층을 탄생시키기도 하였지만, 반면 노동자라는 계층도 출현시키게 된다. 산업혁명 초기 기계는 효율을 높이고 인간의 노동을 경감시키기 위해 도입되었지만, 도리어 기계의 도입은 더 이상 숙련된 힘 있는 남성 노동자를 필요로 하지 않게 되었고, 결국 산업현장에서의 노동은 성인 남성이 아니라 여성이나 아동을 대거 투입하는 결과로 이어지게 되었다. 그 결과 여성과 아동은 혹독한 노동 현장에서 착취의 대상이 될 뿐이었다.

당시 사회의 이러한 현상은 근대 자유주의자들이 주장한 평등한 자유권과 국가의 개입의 금지 및 재산권의 보장 등을 내용으로 하는 자유권이 현실적인 불평등과 착취의 구조에서 아무런 힘을 가질 수 없으며 약자인 여성과 아동을 보호하는데 역시 한계가 있음을 지적하였다. 결국 이들은 진정한 인권이란 사회권을 통하여 자유권을 실질적으로 보장하기 위해서는 경제적인 불평등의 문제를 극복할 수 있는 생존의 물적 토대를 보장받아야 한다는 것으로 내용으로 하였다.

그러나 인권의 개념이 점차 폭넓게 다양하게 전개되었지만 여성들의 삶과 경험에 근거하는 인권의 의미를 포괄하기에는 한계를 나타내었다. 즉 자유권과 사회권으로 포괄되는 인권의 개념은 여성들에게 가해지고 있는 존엄성의 침해 또는 차별의 문제를 드러내는데 한계를 보인다는 것이다. 이 과정에서 여성들은 기존의 인권개념이 남성 중심적이라는 문제를 제기하였다. 예를 들어 기존의 인권의 개념에 의하면 온전히 보장되어야 하는 사적 영역의 범위로서 가족내의 사생활에 대한 권리는 도리어 여성들에게는 가정폭력이 은폐되는데 기여하는 역할을 한다는 것이다. 이러한 모순적인 현상이 나타나는 원인은 이미 그리스 사회에서부터 공고화된 공·사영역의 분리의 전통이[3] 근대 자유주의자들이 인권개념을 확립하였던 프랑스 혁명이후에도 크게 달라지지 아니하였고 사적영역인 혼인이나 가족관계에서 정의의 원칙을 적용하는 것은 적절하지 않다는 것이 일반적인 입장을 취하였기 때문이다. 이러한 입장에서는 가족을 애정에 기반을 둔 친밀성을 공유하는 사적 영역으로 이해하였기 때문에 가족내부에서 발생하는 폭력과 같은 문제에 대해서도 법의 개입은 소극적이었다.

이처럼 여성의 삶의 경험에 비추어 기존의 인권의 개념과 범주를 검토하면 여성인권이 차별성을 가지는 지점이 나타난다. 여성인권은 이를 토대로 구축되었다. 대체로 여성인권을 논의하는 범주는 크게 소극적 개념과 적극적 개념 두 가지가 있다. 소극적 개념은 기존의 인권 논의가 여성이 경험하는 인권침해를 인식하지 못하는 한계를 가지고 있다고 전제한다. 즉 근대 이후 인권침해 문제의 중요한 축을 이루는 시민적·정치적 권리들은 국가와의 관계에서 공적 영역에서 발생하는 것이 대부분이지만 여성에 대한 인권침해는 도리어 사생활에 대한 권리라는 명분아래 국가의 개입이 자제되는 사적 영역에서 발생한다는 것이다. 실제로 가정폭력이나 친족에 의한 여성의 인신매매 등과 같은 문제는 사실상 여성의 경험을 수용하기 전에는 인권의 의제에 등장하지 않았다. 따라서 이러한 사적 영역에서 발생하는 여성인권 문제를 인권

3 그리스인들은 폴리스라는 '공적' 영역을 오이코스(oikos) 혹은 가정이라는 '사적' 영역과 구분 지었다. 로마인들도 공동체의 관심사인 공물(res publicae)을 개인 및 가정의 관심사인 사물(res privatae)과 구분 지었다. 공적영역은 재산과 경제적 지위로 시민권을 양도 받은 자유로운 남성이 집단적인 통치에 참여하는 부문이었고 사적영역은 경제적이고 생물학적인 생존을 도모하는 세속적인 부문이었다. 아내들, 어린이들, 노예들은 사적영역에 거주하며 보살핌을 주는 남성에 종속된 보조자로서 삶을 영위하였다.

의 중요한 내용으로 포함시켜야 한다는 것이다. 다음으로 적극적 의미에서의 여성인권은 '여성의 권리는 곧 인권'이라는 것이다. 이것은 소극적 개념이 전제하는 정도에 그치지 않고 여성이 모든 분야에 있어서 차별받지 아니하고 실질적인 평등을 구축하기 위한 것으로 여성인권 문제를 이해하는 입장이다.

이러한 입장에서 여성인권의 범주는 단순히 공적 영역에서의 기존에 논의되었던 시민적·정치적 권리에서 부터 사회권의 영역뿐만 아니라 가정을 중심으로 구성된 사적 영역에서의 여성의 권리와 여성의 재생산 및 신체에 대한 자율권에 이르기 까지 여성의 삶의 전 영역이 해당한다.

II. 1900년부터 UN 창설 이전

UN이 창설되기 이전 1900년대에 들어서면서 국제사회는 여성인권을 보호하기 위한 시도를 하였다. 이에 따라 [추업부매매방지에관한협정(1904)], [추업부매매금지에관한협약(1910)], [부녀자매매금지협약(1921)], [성인여성의매매금지협약(1933)] 등이 체결되었다. 이어 1919년 ILO가 창설되면서 여성노동자 보호를 중요한 과제로 인정하게 되자 근로여성의 야간 근로를 금지하는 협약을 비롯하여 [ILO여성의 광산지하노동금지에 관한 협약(1935)]과 같이 여성근로자를 위험하고 유해한 업무에서 사용하는 것을 금지하는 협약, [ILO여성의산전산후시고용에관한협약(1919)], [ILO농업여성의산전산후시고용에관한협약(1921)] 같이 근로여성의 임신·출산·수유 등 모성보호에 관한 협약이 체결되었다. 이 시기는 ILO가 여성노동자 보호를 중요한 과제로 인정 것과 맥락을 함께하여 약자로서 여성의 보호에 관한 것이 대부분이며 양성평등의 관점이 반영되었던 것은 아니었다.

이와 같이 남녀평등의 사고가 일반적으로 수용되었던 것이 아니면서도 여성에 대한 보호를 위한 ILO 협약이 주요한 내용을 구성한 것은 산업혁명이후 여성이 값싼 노동력으로 평가되면서 여성 근로자 특히 모성의 주체인 여성들에 대한 열악한 노동환경이 심각한 사회문제로 연결된다는 점을 인식하기 시작하였기 때문이다. 때문에 여성근로자 보호에 관한 것이 주요내용을 구성하며 그 배경은 성별분업의 구조를 그대로 수용하면서 여성에 대하여 은혜적인 보호를 강조한 시기였다.

III. 2차 세계대전과 여성의 평등과 인권을 위한 노력

20세기 들어서면서 발생한 2차례의 세계대전은 여성운동을 상당히 축소시켰다. 그러나 2차례의 전쟁이 인간과 여성에게 끼친 영향은 매우 심각한 것이었다. 전쟁이 수행되는 동안 여성의 역할은 기존의 성별분업에 따른 사고를 넘어서는 것이었다. 전쟁으로 인한 인간으로서의 기본적 권리에 대한 심각한 침해는 국제사회에 인식의 전환을 가져왔고, 국제사회는 이러한 상황을 극복하기 위하여 인권 침해에 대하여 국제사회가 공동으로 대응해야 한다는 인식에 이르게 되었다. 이를 위하여 비로소 세계인권 선언을 하기에 이른다.

1. [세계인권선언]

2차 세계대전 후 1948년 12월 10일 유엔총회는 [세계인권선언]을 채택하였다. [세계인권선언]은 모든 인간이 천부적이고 평등하며 양도

할 수 없는 권리를 가진다는 것을 인정하는 것이 세계의 자유와 정의·평등의 기초가 된다는 인식하에 인간의 다양한 기본적 권리와 자유를 규정하였다. [세계인권선언]은 모든 사람이 날 때부터 자유롭고 존엄성과 권리에 있어서 평등함을 선언하고(제1조), 이 선언에서 선언한 인권이 성별에 따른 차별 없이 향유함을 천명하였다(제2조). 그러나 [세계인권선언]은 조약이 아니라 유엔총회 결의로 채택된 것이어서 법적인 효력을 가지지 못하는 약점이 있었기 때문에 이에 포함된 일반원칙을 이행하고 적절한 감시 장치를 구비한 법적 구속력 있는 문서를 만들어야 한다는 공감이 형성되었다.

[세계인권신언]

제 1 조

모든 인간은 태어날 때부터 자유로우며 그 존엄과 권리에 있어 동등하다. 인간은 천부적으로 이성과 양심을 부여받았으며 서로 형제애의 정신으로 행동하여야 한다.

제 2 조

모든 사람은 인종, 피부색, 성, 언어, 종교, 정치적 또는 기타의 견해, 민족적 또는 사회적 출신, 재산, 출생 또는 기타의 신분과 같은 어떠한 종류의 차별이 없이, 이 선언에 규정된 모든 권리와 자유를 향유할 자격이 있다. 더 나아가 개인이 속한 국가 또는 영토가 독립국, 신탁통치지역, 비자치지역이거나 또는 주권에 대한 여타의 제약을 받느냐에 관계없이, 그 국가 또는 영토의 정치적, 법적 또는 국제적 지위에 근거하여 차별이 있어서는 아니 된다.

제 3 조

모든 사람은 생명과 신체의 자유와 안전에 대한 권리를 가진다.

제 4 조

어느 누구도 노예상태 또는 예속상태에 놓이지 아니한다. 모든 형태의 노예제도와 노예매매는 금지된다.

제 6 조

모든 사람은 어디에서나 법 앞에 인간으로서 인정받을 권리를 가진다.

제 7 조

모든 사람은 법 앞에 평등하며 어떠한 차별도 없이 법의 동등한 보호를 받을 권리를 가진다. 모든 사람은 이 선언에 위반되는 어떠한 차별과 그러한 차별의 선동으로부터 동등한 보호를 받을 권리를 가진다.

제 16 조

1. 성인 남녀는 인종, 국적 또는 종교에 따른 어떠한 제한도 없이 혼인하고 가정을 이룰 권리를 가진다. 그들은 혼인에 대하여, 혼인기간 중 그리고 혼인 해소시에 동등한 권리를 향유할 자격이 있다.
2. 혼인은 장래 배우자들의 자유롭고 완전한 동의하에서만 성립된다.
3. 가정은 사회의 자연적이고 기초적인 단위이며, 사회와 국가의 보호를 받을 권리가 있다.

제 25 조

1. 모든 사람은 의식주, 의료 및 필요한 사회복지를 포함하여 자신과 가족의 건강과 안녕에 적합한 생활수준을 누릴 권리와, 실업, 질병, 장애, 배우자 사망, 노령 또는 기타 불가항력의 상황으로 인한 생계 결핍의 경우에 보장을 받을 권리를 가진다.
2. 어머니와 아동은 특별한 보호와 지원을 받을 권리를 가진다. 모든 아동은 적서에 관계없이 동일한 사회적 보호를 누린다.

2. [경제적·사회적및문화적권리에관한국제규약] (A규약)

[경제적·사회적및문화적권리에관한국제규약]은 [세계인권선언]에 따라 공포와 결핍으로부터의 자유를 향유하는 자유 인간의 이상은 모든 사람이 자신의 시민적, 정치적 권리뿐만 아니라 경제적, 사회적 및 문화적 권리를 향유할 수 있는 여건이 조성되는 경우에만 성취될 수 있음을 전제로, 민족자결권권, 평등권, 노동의 권리, 공정하고 유리한 노동조건을 향유할 권리, 노동조합 결성 등 노동조합활동을 할 권리, 사회보장을 받을 권리, 가정과 임산부 및 연소자의 보호받을 권리, 적당한 생활수준을 유지할 권리, 육체적 정신적 건강을 유지할 권리, 교육을 받을 권리, 문화생활을 누릴 권리 등 사회적 기본권에 속하는 권리

를 규정하였다. 우리나라는 1990년 4월 10일에 가입하여 같은 해 7월 10일부터 효력이 발휘되었다.

협약은 제2조에서 이 규약에 선언된 권리들이 인종, 피부색, 성 언어, 종교, 정치적 또는 기타의 의견, 민족적 또는 사회적 출신, 재산, 출생 또는 기타의 신분 등에 의한 어떠한 종류의 차별도 없이 행사되도록 보장할 것을 약속함으로써 여성에게도 [경제적·사회적및문화적권리에관한국제규약]이 정하고 있는 기본적인 인권의 내용이 적용된다. 나아가 제3조에서 당사국이 이 규약에 규정된 모든 경제적, 사회적 및 문화적 권리를 향유함에 있어서 남녀에게 동등한 권리를 확보할 것을 약속하고 있다.

[경제적·사회적및문화적권리에관한국제규약]은 심의당시 남녀평등의 실현과 관련하여 여성보호의 합리적인 범위에 대하여 논의되었는데, 당시 칠레와 체코슬로바키아등 사회주의 국가는 성별분업에 기초하여 자녀양육은 여성의 책임이라는 가치에 근거하여 여성에 대한 보호를 출산 기간 뿐 아니라 자녀양육 기간까지 확대하자는 주장을 하였다. 그러나 이러한 입장은 여성의 고용기회를 축소하는 결과를 가져올 것이라는 주장이 설득력을 얻게 됨에 따라서 여성의 특별보호는 출산기능을 전후하여 일정한 기간으로 한정하는 입장이 반영되었다. 또한 자녀양육은 가정보호로 한정하는 입장을 수용하여 [경제적·사회적및문화적권리에관한국제규약]은 자녀양육에 대한 보호와 지원은 가정 보호로 규정하고 여성에 대한 보호는 출산에 관련한 것으로 국한하였다. 이러한 입장에서 "어린이와 연소자를 도덕 또는 건강과 생명에 유해하거나 정상적 발육을 저해할 우려가 있는 노동에 고용하는 것은 법률로 처벌할 수 있다."(제10조 3항) 규정하면서도 여성을 이러한 보호 대상으로 포함시키지 않았다.

[경제적·사회적및문화적권리에관한국제규약] (A규약)

제3조

이 규약의 당사국은 이 규약에 규정된 모든 경제적, 사회적 및 문화적 권리를 향유함에 있어서 남녀에게 동등한 권리를 확보할 것을 약속한다.

제7조

이 규약의 당사국은 특히 다음사항이 확보되는 공정하고 유리한 근로조건을 모든 사람이 향유할 권리를 가지는 것을 인정한다.

(a) 모든 근로자에게 최소한 다음의 것을 제공하는 보수
 (i) 공정한 임금과 어떠한 종류의 차별도 없는 동등한 가치의 노동에 대한 동등한 보수, 특히 여성에게 대하여는 동등한 노동에 대한 동등한 보수와 함께 남성이 향유하는 것보다 열등하지 아니한 근로조건의 보장
 (ii) 이 규약의 규정에 따른 근로자 자신과 그 가족의 품위 있는 생활
(b) 안전하고 건강한 근로조건
(c) 연공서열 및 능력이외의 다른 고려에 의하지 아니하고, 모든 사람이 자기의 직장에서 적절한 상위직으로 승진할 수 있는 동등한 기회
(d) 휴식, 여가 및 근로시간의 합리적 제한, 공휴일에 대한 보수와 정기적인 유급휴일

제10조

이 규약의 당사국은 다음 사항을 인정한다.

1. 사회의 자연적이고 기초적인 단위인 가정에 대하여는, 특히 가정의 성립을 위하여 그리고 가정이 부양 어린이의 양육과 교육에 책임을 맡고 있는 동안에는 가능한 한 광범위한 보호와 지원이 부여된다. 혼인은 혼인의사를 가진 양 당사자의 자유로운 동의하에 성립된다.
2. 임산부에게는 분만전후의 적당한 기간 동안 특별한 보호가 부여된다. 동 기간 중의 근로 임산부에게는 유급휴가 또는 적당한 사회보장의 혜택이 있는 휴가가 부여된다.

3. [시민적및정치적권리에관한국제규약] (B규약)

[시민적및정치적권리에관한국제규약]은 고전적인 시민적·정치적 권리를 주 내용으로 하고 있다. 우리나라는 1990년 4월 10일 이 협약에 가입하여 7월 10일부터 효력발휘되었다. 이 협약 제2조는 각 당사국이

자국의 영토 내에 있으며, 그 관할권 하에 있는 모든 개인에 대하여 인종, 피부색, 성, 언어, 종교, 정치적 또는 기타의 의견, 민족적 또는 사회적 출신, 재산, 출생 또는 기타의 신분 등에 의한 어떠한 종류의 차별도 없이 이 규약에서 인정되는 권리들을 존중하고 확보할 것을 명시하였다. 그리고 이 규약에서 규정된 모든 시민적 및 정치적 권리를 향유함에 있어서 남녀에게 동등한 권리를 확보할 것을 당사국에게 요구하고 있다(제3조). 협약 제3부에서는 구체적인 자유권의 내용으로 생명권과 임산부에 대한 사형금지(제6조), 고문 또는 잔혹한, 비인도적인 또는 굴욕적인 취급으로 부터의 자유(제7조), 노예상태에 처하지 않을 권리(제8조), 신체의 자유와 안전에 대한 권리(제9조), 이동 및 거주의 자유(제12조), 사생활의 권리(제17조), 종교와 양심의 자유(제18조), 가정보호에 대한 권리와 혼인의 자유(제23조), 법 앞에 평등(제26조) 등을 규정하고 있다.

[시민적및정치적권리에관한국제규약]

제3조 이 규약의 당사국은 이 규약에서 규정된 모든 시민적 및 정치적 권리를 향유함에 있어서 남녀에게 동등한 권리를 확보할 것을 약속한다.

제17조

1. 어느 누구도 그의 사생활, 가정, 주거 또는 통신에 대하여 자의적이거나 불법적인 간섭을 받거나 또는 그의 명예와 신용에 대한 불법적인 비난을 받지 아니한다.

제23조

1. 가정은 사회의 자연적이며 기초적인 단위이고, 사회와 국가의 보호를 받을 권리를 가진다.
2. 혼인적령의 남녀가 혼인을 하고, 가정을 구성할 권리가 인정된다.
3. 혼인은 양당사자의 자유롭고 완전한 합의 없이는 성립되지 아니한다.
4. 이 규약의 당사국은 혼인 기간 중 및 혼인 해소시에 혼인에 대한 배우자의 권리 및 책임의 평등을 확보하기 위하여 적절한 조치를 취한다. 혼인 해소의 경우에는 자녀에 대한 필요한 보호를 위한 조치를 취한다.

제26조 모든 사람은 법 앞에 평등하고 어떠한 차별도 없이 법의 평등한 보호를 받을 권리를 가진다. 이를 위하여 법률은 모든 차별을 금지하고, 인종, 피부색, 성, 언어, 종교, 정치적, 또는 기타의 의견, 민족적 또는 사회적 출신, 재산, 출생 또는 기타의 신분 등의 어떠한 이유에 의한 차별에 대하여도 평등하고 효과적인 보호를 모든 사람에게 보장한다.

4. [여성차별철폐협약] (The Convention on the Elimination of All Forms of Discrimination against Women(CEDAW))

1979년 채택되었고 1984년 우리나라가 비준하였다. 당시 여성이 국적을 취득, 변경 또는 보유함에 있어 남성과 동등한 권리를 부여하고 자녀의 국적에 관하여 남성과 동등한 권리를 여성에게 부여하도록 한 제9조와 혼인중 및 혼인을 해소할 때의 동일한 권리와 책임(제16조 제1항 (c)), 자녀에 관한 문제에 있어 부모로서의 동일한 권리와 책임(제16조 제1항 (d)), 아동에 대한 보호, 후견, 재산관리와 관련하여 남녀의 동일한 권리와 책임(제16조 제1항 (f)) 및 가족성(姓) 및 직업을 선택할 권리(제16조 제1항 (g))에 관한 규정을 유보하면서 협약을 비준하였다.

(1) 협약의 채택배경

[여성차별철폐협약]은 [세계인권선언], [경제적·사회적및문화적권리에관한국제규약], [시민적및정치적권리에관한국제규약] 등에서 여성의 평등을 선언하고 있지만 당시 여성의 상황에 비추어 볼 때 위에서 확인된 여성의 인권을 좀 더 구체화해야 실질적인 집행력을 좀 더 확보할 수 있다고 판단하였기 때문에 채택되었다. 이처럼 여성 인권을 구체화하기 위한 노력으로 1952년 [여성의정치적권리에관한협약], 1957 [기혼여성의국적에관한협약], 1962년 [결혼에대한동의, 최소연령및결혼의등

록에관한협약]가 이어 채택되었지만 단편적인 분야에 국한하므로 여성인권 문제를 포괄적으로 다룰 수 없었고 이를 반영하여 여성인권을 포괄적으로 다룰 문서를 필요로 하게 되어 [여성차별철폐협약]이 채택되었다.

(2) 여성차별철폐협약의 내용과 국내법에 적용

가. 차별의 정의

여성에 대한 차별이란 정치적, 경제적, 사회적, 문화적, 시민적 또는 기타 분야에 있어서 결혼 여부에 관계없이 남녀동등의 기초 위에서 인권과 기본적 자유를 인식, 향유 또는 행사하는 것을 저해하거나 무효화하는 효과 또는 목적을 가지는 성에 근거한 모든 구별, 배제 또는 제한을 의미한다(동 협약 제1조).

[여성차별철폐협약]의 차별의 정의는 국내법에도 반영되었다. 우리 정부는 남녀차별을 직접차별과 간접차별로 구별하여 [남녀고용평등법]에서 규정하고 있다. 동법 제2조 제1호는 차별이란 사업주가 근로자에게 성별, 혼인, 가족 안에서의 지위, 임신 또는 출산 등의 사유로 합리적인 이유 없이 채용 또는 근로의 조건을 다르게 하거나 그 밖의 불리한 조치를 하는 경우를 의미한다. 또한 사업주가 채용조건이나 근로조건은 동일하게 적용하더라도 그 조건을 충족할 수 있는 남성 또는 여성이 다른 한 성(性)에 비하여 현저히 적고 그에 따라 특정성에게 불리한 결과를 초래하며 그 조건이 정당한 것임을 증명할 수 없는 경우를 포함한다.

이 중 "성별, 혼인, 가족 안에서의 지위, 임신 또는 출산 등의 사유로 합리적인 이유 없이 채용 또는 근로의 조건을 다르게 하거나 그 밖의 불리한 조치를 하는 경우"는 직접차별을 정의하는 것이다. 또한 "채용

조건이나 근로조건은 동일하게 적용하더라도 그 조건을 충족할 수 있는 남성 또는 여성이 다른 한 성(性)에 비하여 현저히 적고 그에 따라 특정성에게 불리한 결과를 초래하며 그 조건이 정당한 것임을 증명할 수 없는 경우"는 간접차별을 정의하는 것이다.

나. 잠정적 특별조치와 차별

동 협약 제4조 제1항은 "남성과 여성 사이의 사실상의 평등을 촉진할 목적으로 당사국이 채택한 잠정적 특별조치는 본 협약에서 정의한 차별로 보지 아니하나, 그 결과 불평등한 또는 별도의 기준이 유지되어서는 결코 아니 된다. 기회와 대우의 평등이라는 목적이 달성되었을 때 이러한 조치는 중지되어야 한다."고 명시 잠정적 특별조치의 정당성을 제공하였다. 또한 이러한 관점에서 동조 제2항에서는 모성보호 목적으로 협약에 수록된 제 조치를 포함한 특별조치를 하는 것은 차별적인 것이 아니라고 명시하였다.

협약의 동 규정을 근거로 [남녀고용평등법] 제2조 제3호는 현존하는 남녀간의 고용차별을 없애거나 고용평등을 촉진하기 위하여 잠정적으로 특정성을 우대하는 적극적 고용개선조치 제도의 정당성을 인정하고 있다.

사실상의 평등을 촉진하기 위한 잠정적 조치로 정부는 5급 이상 여성공무원 임용비율을 2011년까지 9.6%를 목표로 추진하고 있다. 또한 정부는 여성의 과학기술분야 진출을 확대하고 대표성을 높이기 위하여 2002년에 [여성과학기술인육성및지원에관한법률]을 제정하여 2001년부터 여성과학기술인 채용 목표 제도를 도입하였고, 2007년부터는 승진 목표 제도를 추가로 도입하였다.

다. 여성에 대한 차별철폐를 위하여 당사국에 요구하는 사항

동 협약 제2조에서는 제1조의 차별을 규탄하고 여성에 대한 차별을 철폐하기 위하여 협약은 당사국에 대하여 다음과 같은 것을 요구하고 있다.

(a) 남녀평등의 원칙이 [헌법] 또는 기타 적절한 입법에 아직 규정되지 않았다면 이를 구현하며 법 또는 기타 적절한 수단을 통해 동 원칙의 실제적 실현을 확보할 것,
(b) 여성에 대한 모든 차별을 금지하는 적절한 입법 및 기타 조치를 채택하고 필요한 경우 제재를 포함시킬 것,
(c) 남성과 동등한 기초 위에서 여성의 권리에 대한 법적 보호를 확립하며 권한 있는 국내 법정과 기타 공공기관을 통하여 여성을 여하한 차별행위로부터 효과적으로 보호하도록 확보할 것,
(d) 여성에 대한 여하한 차별행위 또는 관행에 따르는 것을 삼가며 공공 당국과 기관이 동 의무와 부합되게 행동하도록 확보할 것
(e) 여하한 개인, 조직 또는 기업에 의한 여성 차별도 철폐되도록 모든 적절한 조치를 취할 것
(f) 여성에 대한 차별을 구성하는 현행 법률, 규칙, 관습 및 관행을 수정 또는 폐지하도록 입법을 포함한 모든 적절한 조치를 취할 것
(g) 여성에 대한 차별을 구성하는 모든 국내 형사법 규정을 폐지할 것

또한 제3조에서는 당사국이 여성이 남성과 동등하게 인권과 기본적 자유를 행사하고 향유하는 것을 보장하기 위한 목적으로 모든 분야, 특히 정치적, 사회적, 경제적 및 문화적 분야에서 여성의 완전한 발전 및 진보를 확보해 줄 수 있는 입법을 포함한 모든 적절한 조치를 취해야 한다고 규정하고 있다.

또한 제5조에서는 당사국으로 하여금 (a) 일방의 성이 열등 또는 우

수하다는 관념 또는 남성과 여성의 고정적 역할에 근거한 편견, 관습 및 기타 모든 관행을 없앨 목적으로, 남성과 여성의 사회적 및 문화적 행동양식을 수정하기 위한 적절한 조치를 하도록 하였다. 적절한 조치의 구체적인 방식은 동조 제2조의 (f)항에서 규정하는 것처럼 여성에 대한 차별을 구성하는 현행 법률, 규칙, 관습 및 관행을 수정 또는 폐지하도록 입법을 포함한 모든 적절한 조치를 취하는 것이 해당할 수 있을 것이다.

협약이 강조하는 것은 일방의 성이 열등 또는 우수하다는 관념 또는 남성과 여성의 고정적 역할에 근거한 편견, 관습 및 기타 모든 관행을 없애는 것인데, 이는 여성에 대한 왜곡된 관념은 법률이나 규칙만이 아니라 차별적인 관습과 관행도 포함되며 이것이 실제 더 변화를 유도하기 어려운 것이다. 여전히 일부 국가에서는 고유문화를 향유할 권리의 일종으로 여성에 대한 할례가 행하여지기도 하며, 일부다처제 및 여아에 대한 낙태와 같은 문제는 비록 현행 실정법이 인정하지 않고 있음에도 불구하고 이미 우리 사회가 아직도 경험했던 것이다. 여성에 대한 차별이 철폐되기 위해서는 이처럼 형식적이 법률의 개정만이 아니라 남성과 여성의 고정적 역할에 근거한 편견, 관습 및 관행을 없애야 한다.

라. 고용과 경제에서의 남녀평등

협약 제11조는 고용분야에서 여성에 대한 차별철폐 조치를 취해야 하며 이를 통하여 다음의 권리가 확보되어야 함을 명시하고 있다.

(a) 모든 인간의 불가침의 권리로서의 근로의 권리
(b) 동일한 채용기준의 적용을 포함한 동일한 고용기회를 보장받을 권리

(c) 직업과 고용의 자유로운 선택권, 승진, 직장안정 및 역무에 관련된 모든 혜택과 조건을 누릴 권리, 그리고 견습, 고등직업훈련 및 반복훈련을 포함한 직업훈련 및 재훈련을 받을 권리
(d) 수당을 포함하여 동등한 보수를 받을 권리 및 노동의 질의 평가에 있어 동등한 처우와 동등한 가치의 노동에 대한 동등한 처우를 받을 권리
(e) 유급휴가를 받을 권리 및 사회보장, 특히 퇴직, 실업, 질병, 병약, 노령 및 기타 노동 무능력의 경우에 사회보장에 대한 권리
(f) 건강보호에 대한 권리 및 생식기능의 보호조치를 포함한 노동조건의 안전에 대한 권리

또한 고용평등의 내용에는 적절한 조치를 통하여 여성이 결혼 또는 모성을 이유로 한 여성에 대한 차별을 방지해야 하며 이를 위하여 다음의 권리를 확보하도록 하였다.

(a) 임신 또는 출산휴가를 이유로 한 해고 및 혼인 여부를 근거로 한 해고에 있어서의 차별을 금지하고 위반시 제재를 가하도록 하는 것
(b) 종전의 직업, 선임순위 또는 사회보장 수당을 상실함이 없이 유급 또는 이에 상당하는 사회보장급부를 포함하는 출산 휴가제를 도입하는 것
(c) 특히 아동 보육시설망의 확립과 발전의 촉진을 통하여 부모가 직장에서의 책임 및 사회생활에의 참여를 가사의 의무와 병행시키는 데 도움이 될 필요한 사회보장 혜택의 제공을 장려하는 것
(d) 임신 중의 여성에게 유해한 것이 증명된 유형의 작업에는 동 여성에 대한 특별한 보호를 제공하는 것

그러나 이러한 여성노동자의 모성보호를 위한 조치들은 자칫하면 여

성의 채용을 꺼리는 원인이 되기도 할 뿐 아니라 과학적 근거 없이 지나치게 여성을 시혜적으로 보호하여 결과적으로 여성을 차별하게 될 수도 있기 때문에 이러한 조치와 관련한 보호적 입법은 과학적 및 기술적 지식에 비추어 정기적으로 검토해야 하며, 필요하다면 개정, 폐기 또는 연장되도록 하고 있다(협약 제11조 제3항).

고용에서의 실질적 남녀평등을 위하여 정부는 2006년부터 정부투자기관, 정부산하기관, 종업원 수 1,000인 이상인 민간 기업으로 시작하여 2008년에는 적용대상 민간 기업 범위를 종업원 수 500인 이상인 기업까지 확대하여 적극적 고용개선조치를 시행하고 있다. 또한 비정규직 근로자가 지속적으로 증가함에 따라 이들에 대한 차별시정과 근로조건보호 강화 조항을 담고 있는 [기간제및단시간근로자보호등에관한법률](2006)을 제정하여 기간제 및 단시간근로자임을 이유로 차별을 받은 근로자는 노동위원회에 차별적 처우에 대한 시정신청을 할 수 있게 하였다. 또한 사용자가 2년을 초과하여 기간제 근로자를 계속 사용한 경우에는 그 기간제 근로자는 기간의 정함이 없는 근로계약을 체결한 근로자로 본다. 그리고 비정규직 여성근로자들이 모성보호를 받기 사실상 어렵다는 점을 인식하고 임신·출산 후 계속 고용지원금 제도를 도입하여 고용계약기간이 산전후휴가 기간 중에 종료되는 여성비정규직근로자에게 계약기간을 연장 혹은 갱신하는 사업주에 대해서는 일정한 고용지원금을 지급함으로써 고용유지를 촉진하고 있다.

2007년부터는 「남녀고용평등법」에 모성보호 및 일·가정양립지원을 위한 관련조항을 추가하여 배우자 출산휴가를 신설하였고, 육아기 근로자의 근로시간단축제도 도입하였으며(전일제 육아휴직 대신 주 15~30시간 이내로 근로시간을 단축), 육아휴직의 분할 사용제도를 도입하였고, 가구별 소득과 무관하게 무상보육을 하고 있다.

협약 제13조는 당사국에게 경제적, 사회적 생활의 다른 영역에 있어 (a) 가족급부금에 대한 권리 (b) 은행대부, 저당 및 기타 형태의 금융대부에 대하여 권리남녀평등의 기초 위에 동일한 권리를 위한 모든 적절한 조치를 취하여야 한다.

마. 가족생활의 권리와 가사노동에 대한 평가

협약은 제16조에서 당사국은 혼인과 가족관계에 관한 문제에 있어 여성에 대한 차별을 철폐하기 위한 모든 적절한 조치를 취하여야 하며, 특히 남녀평등의 기초 위에 (a) 혼인을 할 동일한 권리, (b) 자유로이 배우자를 선택할 권리, (d) 부모의 혼인상태와 무관하게 자녀에 대하여 동일한 권리와 책임을 가질 것, (e) 자녀의 수 및 출산 간격을 자유롭고 책임감 있게 결정할 권리와 이를 위한 정보, 교육 및 제 수단의 혜택을 받을 동일한 권리, (f) 아동에 대한 보호, 후견, 재산관리 및 자녀입양 또는 국내법제상 존재하는 개념 중에 유사한 제도와 관련하여 동일한 권리와 책임을 가질 것, 그리고 (g) 가족성(姓) 및 직업을 선택할 권리를 포함하여 부부로서의 동일한 개인적 권리를 규정하고 있다.

또한 협약 제16조는 혼인중 및 혼인을 해소할 때의 동일한 권리와 책임 (c)항과 무상이든 혹은 유상이든 간에 재산의 소유, 취득, 운영, 관리, 향유 및 처분에 관한 양 배우자의 동일한 권리 (h)항을 보장하여야 한다.

이처럼 협약 (c)항과 (h)항은 여성배우자가 재산의 소유, 취득, 운영, 관리 및 처분에 남성배우자와 동일한 권리가 보장되어야 함을 명시하였다. 관련하여 [민법]은 1990년의 [민법] 개정으로 이혼시 재산분할청구권 제도를 도입하여 혼인중공동으로 축척한 재산에 대하여 각자의 기여분에 따라 재산을 분할하도록 하고 있다. 재산분할제도의 공정한 운영을 위해서는 가사노동을 평가하는 객관적인 지표가 필요하다.

> 제9조 : 국적에 있어서 평등권
>
> 여성은 국적을 취득, 변경, 보유할 권리를 가지며 외국인과의 결혼으로 국적이 자동으로 변경되거나 남편의 국적을 보유하도록 강제되지 않으며 자녀의 국적을 결정하는데 있어서도 남성과 동등한 권리를 보유하도록 함.
>
> 동 조항은 협약 비준 당시 우리나라가 비준했던 유보하였으나 1998년 국적법의 개정이후 유보를 철회함.

바. 여성에 대한 모든 형태의 인신매매 및 매춘에 의한 착취를 금지

협약 제6조에서는 여성의 폭력의 대표적인 유형으로 여성에 대한 모든 형태의 인신매매 및 매춘에 의한 착취를 금지하기 위하여 입법을 포함한 모든 적절한 조치를 취하도록 명시하였다. 협약은 여성에 대한 전반적인 차별의 문제를 광범위하게 규정하고 있었던 반면 여성에 대한 폭력 문제에 대해서는 제6조 단일 규정만을 두고 있는 원인은 1970년대 후반 까지만 해도 여성에 대한 폭력이 국제적인 의제로 제기되지 않았기 때문이다.

이러한 단점을 보완하기 위하여 여성차별철폐위원회는 1989년 일반권고 12호, 1992년 일반권고 19호(General recommendation No. 19, on violence against women)를 채택하여 "성이 근거한 여성에 대한 폭력은 여성차별의 한 형태"라고 규정하며 가입 당사국이 여성폭력의 현황, 대책, 효과 등을 모두 보고하도록 하였다.

반면에 매춘을 목적으로 하는 인신매매 금지는 국제사회가 1900년

대부터 관심을 기울여 [추업부매매방지에 관한 협정(1904)], [추업부매매금지에관한협약(1910)], [부녀자매매금지협약(1921)], [성인여성의매매금지협약(1933)], 1950년 [인신매매금지및타인의매춘행위에의한착취금지에관한협약] 등이 채택되었다. 다만 1950년의 이 협약은 매춘행위 그 자체를 금지한 것은 아니며 여성이 매춘으로부터 착취당하거나 여성이 매매되는 행위를 금지하고 있다.

우리나라는 2004년 [성매매알선등행위의처벌에관한법률], [성매매방지및피해자보호등에관한법률] 시행되었다. 2004년 [성매매알선등행위처벌에관한법률]의 주된 특징은 성구매자에 대한 처벌하도록 한 것이다. 또한 해외성매매 방지를 위해서는 해외 성매매에 관련된 범죄자에 대해 여권발급을 제한할 수 있도록 [여권법]을 개정하였다. 또한「성매매방지및피해자보호등에관한법률」에서는 성매매방지를 위한 예방교육을 의무화하고 성매매피해여성을 위한 상담지원시설을 설치하여, 의료 및 법률지원 등 다양한 보호관련 서비스와 자활지원의 제공이 가능하도록 관련 규정을 강화하였다.

또한 [청소년의성보호에관한법률]에서 성매매 대상 청소년은 처벌되지 않으며, 교육, 상담 등 보호처분을 하지만, 19세 미만 청소년을 대상으로 성매수를 하거나 성매매를 알선하는 행위는 처벌하도록 명시하고, 아동성폭력 범죄자나 재범이상의 성매수자, 알선자는 신상정보등록·열람의 대상이 되도록 하였다.

인신매매 금지는 [형법]과 특정범죄가중처벌 등에 관한 법률, 성매매 알선 등 행위의 처벌에 관한 법률에 각각 규정되어 있다. [형법]에는 '미성년자의 약취, 유인', '영리 등을 위한 약취, 유인, 매매 등', '국외이송을 위한 약취, 유인, 매매', '결혼을 위한 약취, 유인', '약취, 유인, 매매된 자의 수수 또는 은닉' 등에 대한 처벌규정이 있다. 인신매매가 성매매 등과 관련이 있는 경우 [성매매알선등행위의처벌에관한법률], [청소년의성보호에관한법률]에 의해, 인신매매의 피해자가 아동인 경우 [아동복지법]에 의해 처벌된다. 한편, [근로기준법]에도 폭행, 협박, 감금, 그 밖에 정신상 또는 신체상의 자유를 부당하게 구속하는 수단으로써 근로자의 자유의사에 어긋나는 근로를 강요하는 사용자를 처벌하고 있다.

사. 기타

또한 협약 제7조는 여성의 정치적 참여에 대한 권리를 인정하며 당사국은 정치적, 공적 생활에서 여성에 대한 차별을 제거하기 위한 적절한 조치를 취하도록 되어 있으며 여성에 대한 투표권, 피선거권, 국가정책 결정에 참여할 권리, 공직에 취임하고 공적 기능을 수행할 권리를 보장해야 함을 규정하였고, 제10조에서 당사국이 교육 분야에서 여성에게 남성과 동등한 권리를 위하여 (c) 모든 교육에서 남성과 여성의 역할에 관한 고정관념을 제거하기 위해 교과서와 교과과정의 개편 및 교수방법의 개선을 기할 것(동조 제(c)항), 장학금 기타 연구 장려금의 혜택을 받을 수 있는 동일한 기회를 제공할 것((d)항), 교육에 있어서의 남녀간의 격차를 가능한 한 조속히 감소시키기 위한 교과과정의 혜택을 받을 수 있는 동일한 기회를 확보할 것((e)항), 그리고 여학생 중퇴율의 감소 및 일찍이 학업을 포기한 소녀 및 여성을 위한 교과과정의 마련하도록 하고 있다((f)항).

특별히 협약은 농어촌 여성에 대한 규정을 독자적으로 두고 있는데, 이것은 농촌 여성이 처한 여건이 도시와 비교하여 열악하다는 것을 인식하고 규정하였기 때문에 시골여성이 직면하고 있는 특수한 문제와 화폐로 표시되지 않는 경제 부문에서의 노동을 포함하여 시골여성이 가족의 경제적 생존을 위하여 수행하는 중요한 역할을 고려해야 함을 강조하고 있다(협약 제14조 제1항).

나아가 시골여성에게도 남녀평등의 기초위에 지역개발에 참여하며 그 개발에 따른 이익을 향유할 수 있도록 보장하기 위한 적절한 조치를 통하여 다음의 권리를 확보하도록 하고 있다. (a) 모든 수준에서 개발계획의 작성 및 실시에 참여하는 것, (b) 가족계획에 대한 정보, 상담 및 서비스를 포함한 적절한 보건시설의 혜택을 받는 것, (c) 사회보장 계획으로부터 직접적인 혜택을 받는 것, (d) 기술적 능력을 향상시키기 위하여 기능적 문자 해독능력에 관한 것을 포함한 모든 형태의 공식, 비공식 훈련 및 교육과, 특히 지역사회교육 및 특별교육의 혜택을 받는 것, (e) 취업 또는 자가 경영을 통한 경제적 기회에 있어 평등한 혜택을 받을 수 있도록 자조집단 및 협동조합을 결성하는 것, (f) 모든 지역사회활동에 참여하는 것, (g) 농업신용 및 대부, 매매시설, 적절한 공업기술의 혜택을 받으며, 토지 및 농지개혁과 재정착 계획에 있어 동등한 대우를 받는 것, (h) 적절한 생활조건, 특히 주거, 위생시설, 전력 및 용수공급, 운송 및 통신 등과 관련한 생활조건을 향유하는 것

생각할 문제

1. [경제적·사회적및문화적권리에관한국제규약]이 제3조에서 남녀에게 이 협약의 모든 내용이 동등하게 적용됨을 명시하고 있으면서 특별히 구체적 조문에서 여성에게 인정되어야 하는 권리를 개별적으로 명시하고 있다. 여기에는 어떤 것이 있는가?
2. [여성차별철폐협약]이 채택되게 된 배경은 무엇인가?
3. [여성차별철폐협약]은 차별을 무엇으로 정의하고 있는가?

4. [여성차별철폐협약]에서 규정하는 잠정적 특별조치가 중지되어야 하는 시기는 언제이며 이러한 중지시기를 규정하고 있는 원인은 무엇인지 생각해 보시오.

5. [여성차별철폐협약]은 당사국에게 여성에 대한 차별을 구성하는 현행 법률이나 규칙만이 아니라 그러한 관습 및 관행을 수정 또는 폐지하도록 모든 적절한 조치를 취할 것을 요구하고 있다. 관습과 관행화된 여성에 대한 차별은 어떤 것을 생각할 수 있으며 이를 폐지하기에 어떤 방법이 가능할지 생각해 보시오.

6. [여성차별철폐협약]이 규정하고 있는 고용분야에서의 차별철폐 조치로 요구하는 것은 어떤 것이 있는가?

7. [여성차별철폐협약]은 가족의 성(姓)을 선택하는 것에 대하여 부부로서의 동일한 개인적 권리를 규정하고 있다. 가족의 성을 선택하는데 부부 동등한 권리가 인정되어야 한다면 구체적으로 어떤 방식으로 가족의 성을 결정하는 것이 적절하다고 생각하는가?

제3부 노동과 여성

제1장

여성의 경제활동의 특징과 법적 보호의 원리

노동은 인간이 존엄과 평등하게 존재하기 위한 선결과제인 생존의 필수로서 인간과 인간의 세계를 만들어 내는 가장 기본적인 생산 활동이다. 여성의 노동은 여성이 세계를 만들어 내는 생산 활동이며 동시에 존엄성과 평등하게 존재하기 위한 생존을 위한 필수 활동이다. 따라서 여성의 노동이 정당하게 평가되어야 한다는 것은 여성이 자기 존엄성과 평등으로 나아가기 위한 선결적인 과제이다. 여성의 노동인권이 보장되어야 한다는 것은 이러한 선결과제와 맥락을 함께한다. 이를 위하여 소극적으로는 임금노동시장의 채용단계에서 부터 해고에 이르는 일련의 과정들에서 여성이 차별받지 않고 모집, 채용, 배치, 임금, 승진 및 해고 과정에서 기회의 평등이 구현되어야 할 것이다. 그리고 여성이 사적 영역의 책임자라고 하는 전통적인 성별역할 분업론에 근거하여 공적영역에서 가정이 있는 여성에 대한 차별이 금지되어야 할 것이다. 또한 국가는 노동시장에서의 여성이 차별받지 않도록 여성에게 아동양육의 책임이 전가되지 않도록 모든 근로자가 양육의 책임을 공유할 수 있도록 해야 한다. 나아가 공적인 노동의 개념에서 소외되어 온 여성의 일을 공적인 노동으로 포섭하고 여성이 진출하고 있는 노동의 특성을 현행 법체계 내에서 보호하기 위한 기반이 마련되어야 할 것이다.

I. 여성의 경제활동의 참가와 특성

경제활동은 개인과 가족의 생존과 번영을 위한 가장 핵심적인 조건이다. 때문에 개개인이 경제활동에 편입이 용이하게 되어 있고 이를 유지하는 기간 동안 일정한 노동에 대한 대가를 적절하게 받음으로써 자신과 가족의 생활이 적절히 유지될 수 있고 나아가 경제활동 능력이 저하되는 노년기에 대비할 수 있을 때 비로소 안정적인 삶을 기획할 수 있을 것이다. 그런데 개개인이 경제활동에 진입과 퇴장에 이르는 일련의 과정에는 연령, 학력 및 혼인 여부 등 다양한 변수가 영향을 준다. 이러한 다양한 요인들 중에서 성별은 개인의 노동과 경제활동에 차이를 주는 중요한 변수이며 동시에 혼연 여부 및 연령과 같은 다른 변수와 상호작용하여 좁게는 경제활동 현황과 넓게는 부의 차이에 이르기까지 명백한 차이를 유발하는 요인이다. 여성의 경제활동은 남성의 경제활동과 비교하여 학력과 연령에 따라 직종, 임금 , 노동의 지속성과 단절 정도에 이르기 까지 상대적으로 더욱 열악한 위치에 있다.

1. 여성의 경제활동 참가율

산업화 이후 약 50년간의 추이를 살펴보면, 우리나라 여성의 경제활동참가율은 경기변동에 의해 영향을 받기는 하지만 전체기간을 보면 증가추세를 나타낸다. 1963~2010년의 기간 동안 남성의 경제활동참가율은 78.4%에서 73.4%로 감소한 반면 여성은 37.0%에서 49.9%로 증가했다. 한국 여성의 경제 활동 참가율은 1963년 35%에서 1973년 41.5%, 1983년 42.8%, 1993년 47.1%로 2000년대 이전까지는 50% 미만에 머물다가 2005년 처음으로 50.1%를 기록하여 50% 이상으로 높아졌다. 이후 2009년 다시 49.2%로 감소세로 전환하였다가 2014년에 비로소 50% 이상을 다시 회복하였다. 그러나 이러한 기록은 지속적으로 60%를 넘는 OECD 평균에 비교하면 여전히 낮다.

성별경제활동참가율

(단위 : %)

	1963	1973	1983	1993	1998	2005	2009	2012	2014
남성	78.4	76.8	73.7	75.7	75.1	74.6	73.1	77.6	78.6
여성	37	41.5	42.8	47.1	47.1	50.1	49.2	49.9	51.3

자료 : 통계청, [경제활동인구조사] 각 년도

OECD주요국가 여성경제활동참가율 비교

구 분	2013년	2012년	2011년	2010년	2009년
한국	55.6%	55.2%	54.9%	54.5%	53.9%
일본	65.0%	63.4%	63.0%	63.2%	62.9%
미국	67.2%	67.6%	67.8%	68.4%	69.0%
OECD 평균	62.6%	62.3%	61.8%	61.8%	61.5%

※ 자료 : OECD, Employment Outlook 2014

특히 2009년 여성의 대학진학률이 처음으로 남성의 대학진학률을 앞지르기 시작하였고, 현재 그 격차는 여전히 유지되어 고학력 여성이 증가하고 있다. 서구여성의 경우 경제활동참가율과 학력 증가 간에는 높은 상관관계를 보인다. 그러나 우리나라에서 여성의 고학력화로 인한 취업증가 효과는 최종학교 졸업이후 결혼·출산 전 시기에 유효하고, 이후 연령구간에서는 효과가 없는데(즉 경력단절 현상) 전체 생애주기상 후자의 기간이 길기 때문에 총합하여 볼 때 여성의 고학력화 효과가 묻히게 되는 것으로 풀이된다.

우리나라의 25~64세 여성 인구 중 4년제 대학교 졸업자의 고용률이

OECD 국가 중 가장 낮은 수준으로, 한국의 고학력 여성의 고용률이 2010년 기준 60.1%로, 미국 76.2%, 독일 82.8%, 덴마크 84.3%, OECD 평균 78.7%에 비해 매우 낮다. 한국의 고학력 여성의 고용률은 2005년 58.5%에서 2007년 61.2%로 상승하였으나 2010년 60.1%로 다시 하락하며 고학력 여성의 고용률이 정체 상태에 있다. 이로 인한 투자자본 대비 인적손실이 심각한 상황이다. 반면에 우리나라의 25~64세 남성 인구 중 4년제 대학교 졸업자의 고용률은 OECD 국가 평균보다 높아 2010년 기준 89.1%로, 독일 90.1%에 비교해 소폭 낮은 수준이지만, 미국 84.5%, 덴마크 87.5%, OECD 평균 87.6%에 비해 높은 수준이다.

여성의 연령별 경제활동참가율

(단위 : %)

	전체	15~19	20~24	25~29	30~34	35~39	40~44	45~49	50~54	55~59	60 이상
2000	48.8	12.6	61.2	55.9	48.8	59.3	63.8	64.9	55.3	51.3	30.2
2005	50.1	10.3	62.6	66.1	50.2	59.0	65.6	63.1	58.3	49.1	28.1
2006	50.3	8.9	59.1	67.5	53.1	59.6	65.6	64.4	58.5	49.7	28.3
2007	50.2	8.1	56.4	68.2	53.7	58.6	66.6	65.0	59.3	50.6	28.7
2008	50.0	7.5	54.6	69.3	53.3	58.5	65.9	65.8	60.3	52.5	27.9
2009	49.2	7.5	53.0	69.0	51.9	56.3	65.4	65.4	60.9	52.0	27.4
2010	49.4	8.5	53.5	69.8	54.6	55.9	65.9	65.6	61.3	53.3	26.9
2011	49.7	9.0	52.3	71.4	55.4	55.6	65.7	66.8	62.3	54.0	27.1

자료 : 통계청, 「경제활동인구연보」 각 년도

또한 2011년 여성의 연령별 경제활동참가율을 보면 15-19세층은 2000년 12.6%에서 점차 감소하고 있으며, 20-29세가 71.4%로 가장 높게 나타나 2000년(55.9%)에 비해 15.5%p 증가하였다. 그러나 30-39세층은 결혼·육아 등으로 30~39세는 55%대 수준으로 크게 하락하였다가 40대 초반부터 다시 노동시장에 진출하는 여성인구가 증가하여 54세까지는 60% 이상의 높은 경제활동 참가율을 보이고 있다. 한편 50~54세 여성의 경제활동참가율은 62.3%로 2000년에 비해 7.0%p 늘어나 급증하고 있다.

2. 성별분리직업과 고용의 질

이처럼 양적인 면에서 여성의 경제활동은 중·고령층에 의하여 주도되고 있으며 여성취업자의 직종분포를 보면 2000년에는 서비스종사자가 20.7%로 가장 많고, 판매직, 사무직 종사자 비중이 그 뒤를 이어 여성은 여전히 고부가가치 노동이 아닌 단순서비스부문으로의 취업이 증대하고 있고, 서비스업에 종사하는 여성 취업자는 증가하였으나 대부분 하위직에 머물러 있으며, 지식기반사업에서의 여성의 참여는 저조한 것으로 나타났다.

그러나 여성 고학력자가 증가함에 따라 지난 10년간 전문기술직과 사무직 종사자는 빠르게 증가하는 반면, 판매직과 서비스직 종사자는 감소하는 것으로 나타나고 있으나 2003년 통계청 경제활동인구조사에 따르면 공학전문가 5%, 과학자 15%, 컴퓨터전문가 19%에 불과함을 알 수 있다. 전문직의 경우 여성지배 직종인 보건의료, 교육, 문화예술방송 부문에서만 여성비중이 높을 뿐 여타 남성지배적 전문 직종에서의 여성비율은 현저하게 낮은 수준이다.

이처럼 노동시장의 양극화가 여성 내부에서 발생하기도 하지만 동시에 성별에 따른 분리도 심각하게 발생하고 있다. 성별분리란 개념적으로 두 가지로 설명할 수 있다. 그 첫째는 노동자들의 위치를 결정하는데 성(sex)은 할당적 배치에 사용되는 주요한 분리의 단위로 특정의 직업 혹은 산업에 여성 혹은 남성이 집중되어 있는 현상을 의미한다. 성에 따른 직업 분리 속에서 여성들이 많이 분포하는 직업은 임금 수준이 낮고 승진 사다리가 발달되어 있지 않으며 고용 자체가 불안정한 직종인 경우가 많아 남성들의 직업과 차등적으로 2차 부문으로 분류된다. 성별분리의 두 번째 유형은 구조적 분리가 단순한 물리적 공간의 분리가 아닌 가치차별을 의미하는 것이다. 조직 내에서 노동자는 근속기간, 인적자본 등 임금에 중요한 영향을 미치는 요소들이 동일하다고 하더라도 구조적 위치에 따라 보상을 다르게 받을 수 있는데 여성직에서 일하는 노동자들이 남성직에서 일하는 노동자들 보다 적은 보수를 받는 것이 그러한 예에 해당한다. 그동안의 경험적인 연구들은 채용 및 승진 관행에 따라 형성된 학력과 성을 중심으로 한 구조적 단층이 우리 노동시장의 특징이며 이러한 단층에 따라 임금 및 승진 결정에 중요한 차이가 유발된다는 것과 경제발전에도 불구하고 성별 격리현상이 여전히 지속되고 있음을 확인할 수 있다.

3. M자형 노동곡선의 유지

여성취업자는 자녀출산 및 양육시기인 20대 후반의 경제활동참가율이 그 전후시기와 비교하여 현저히 낮아 연령계층별 여성경제활동참가율이 M자형으로 나타나는데, 2000년대 이후에는 만혼화 추세로 출산 양육의 시기가 30대 전반으로 늦춰지나, 경력중단을 나타내는 저점(低點)은 여전히 관측된다. 1980년대 이후 저점이 높아지고 있어 퇴출자의 규모가 줄어드는 것으로 보이나, 20대 취업률(고점)도 높아졌기 때문에 퇴출자 규모가 크게 감소한 것으로 판단하기 어렵다. 지난 10년간 여성의 경제활동참가율이 정체상태인 것은 20대 후반 여성의 경제활동

참여율이 급증하지만 30대 이후 노동시장을 퇴출한 후 재진입하지 않는 현상이 유지되고 그 규모가 상당하여 경제활동인구 총량에서는 변화가 없기 때문으로 생각된다. 이것은 OECD 국가 중에서도 상대적으로 여성 고용률이 높은 유럽 국가들과 미국은 결혼과 출산 이후에도 고용률이 유지되며 역U자 형태의 추이를 보이고 있어, M자 형태인 우리나라와 큰 차이를 나타내고 있다.

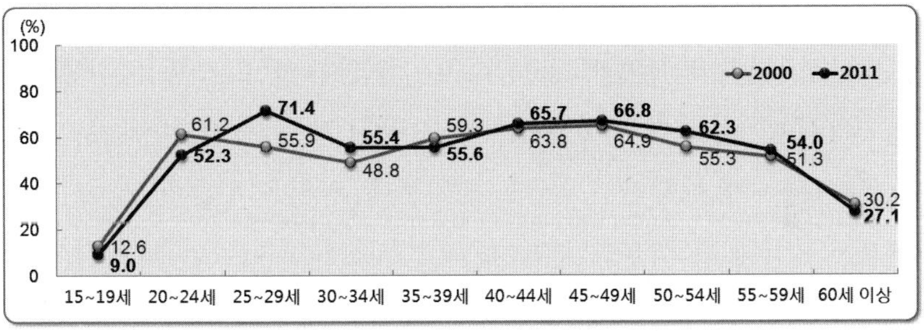

통계청, 2012 통계로 보는 여성의 삶, 19면. 재인용

그러나 연령별 고용률 패턴을 학력별로 구분하여 보면 고졸 수준의 학력을 가진 여성들의 경우 출산과 양육으로 인한 가족책임이 큰 시기에 자신의 노동시장경력을 중단하였다가 재진입하는 현상이 가장 뚜렷하게 나타난다. 젊은 세대의 경우 고졸은 20대 중반까지 매우 높은 고용률을 보이다 20대 후반부터 높은 비율로 노동시장을 이탈하고 30대 중반이후 재진입하는 전형적인 M자형 곡선을 나타낸다. 대졸여성들도 20대 중반에 높은 경제활동참가율을 나타내지만 30세 이후에는 급격히 노동시장을 이탈하는 양상을 보인다는 점에서 고졸여성과 크게 다르지 않다. 다만, 차이점이 있다면 저점의 수준이 고졸여성보다는 높다는 점과 일단 노동시장을 이탈한 여성이 노동시장으로 돌아오는 비율이 고졸여성보다 낮기 때문에 M자형이 아니라 L자형에 가까운 곡선을 나타낸다는 점이다. 이와 같은 결과는 여성인력에 대한 높은 수준의 투자가 여성인력의 활용으로 이어지지 못하고 있음을 시사한다.

4. 성별 임금격차의 정도와 원인

1960-70년대 이후 수출지향적 산업화 과정에서 한국의 여성노동자들은 남성노동자의 절반에도 못 미치는 임금을 받고 노동을 수행하였다. 1980년대 당시 여성 취업자가 많은 생산 및 관련직 여성들은 남성 임금의 49.6%에 해당하는 임금을 받았는데, 당시 여성들의 노동시간은 244.2 시간인데 비교하여 남성들은 238.3시간으로 나타난다. 따라서 노동시간의 변수를 고려하면 임금격차는 더욱 증가한다. 이러한 임금격차는 오늘날까지 지속되고 있다.

2000년대 중반부터 남녀 임금 격차 현황을 보면 2006년에는 61.5%, 2007년 62.9%, 2008년 62.4%, 2009년 62.3%, 2010년 62.6%, 2011년 63.3%, 2012년 64.4%, 2013년 64.0%, 2014년 63.1%에 이른다(<남성 대비 여성 임금 현황> 참조). 이 수치는 2012년 기준으로 OECD 주요 회원국 중 남여임금격차가 가장 크며, 우리나라 여성은 남성보다 37% 정도 임금을 덜 받는 것으로 나타나고 있다(<주요 OECD 회원국의 남여 임금격차(%)>). 이러한 임금 격차는 과거 1980년대와 비교한다면 장기적인 관점에서 본다면, 성별 임금격차는 점차 줄어들고 있는 추세를 보이고 있지만, 2006년 이후 격차가 다시 증가하는 경향을 보이고 있다.

남성 대비 여성 임금 현황

(단위 : 천원, %)

	2006	2007	2008	2009	2010	2011	2012	2013	2014
월급여액	1,248	1,349	1,413	1,422	1,477	1,548	1,654	1,705	1,742
남성 대비율	61.5	62.9	62.4	62.3	62.6	63.3	64.4	64.0	63.1
월급여액	2.030	2.144	2.265	2.284	2.361	2.444	2.569	2.664	2.761

출처 : 고용노동부 고용형태별근로실태조사(1인 이상 기준)

주요 OECD 회원국의 남여 임금격차(%)

연도	OECD 평균	호주	캐나다	덴마크	핀란드	프랑스	독일	일본	한국	영국	미국
'12	15	14	19	8	19	14	14	27	37	18	19

출저 : OECD Employment Outlook 2014.

이처럼 성별에 따른 임금 격차의 원인은 다양하게 제시되고 있다. 첫째, 생산성에 영향을 미치는 인적 자본(교육, 경력, 근속, 직무훈련 등)에 대한 투자에 있어서 여성이 남성보다 적기 때문에 여성의 임금이 남성에 비해서 낮다고 보는 입장, 둘째, 성별에 따라 노동력 공급 동기가 다르기 때문에, 젠더 임금격차는 공급차원의 개인적인 속성을 더 크게 반영하고 있다는 입장 셋째, 노동시장 구조, 노사관계, 임금구조 등과 같은 요인을 강조하는 입장이 있다. 예를 들어 베르그맨(Bergmann, 1974)은 여성들이 집중되는 노동시장에서 노동력 공급이 과도하게 많이 이루어지기 때문에 여성들의 임금이 낮다는 과밀과설(crowding hypothesis)을 제시했다. 노동시장이 분절되어 있고 여성들이 저임금 노동시장으로 과도하게 몰려서, 노동공급 과잉이 이루어지기 때문에 여성들의 개인적인 속성과 무관하게 여성들의 평균 임금이 낮아진다는 것이다. 마지막으로, 남녀임금 격차의 원인으로 성별에 따른 직무

분리를 강조하는 입장은 여성의 임금이 낮은 것은 여성 노동에 대한 저평가(devaluation)에 근거하고 있다고 보며 이처럼 여성 노동에 대한 저평가가 일어나는 원인은 가부장제 이데올로기에 기인한다고 본다.

여성이 저임금에 집중되어 있는 현실을 보다 잘 드러내는 것은 성별 저임금 비율의 차이이다. OECD에서 통상적으로 적용되는 저임금의 기준인 중위 임금(median wage)의 50% 이하를 저임금이라고 정의하면, 2007년 피고용자의 저임금은 73만 이하의 임금이며, 전체 피고용자의 14%가 저임금을 받고 있는 것으로 나타났다. 이를 성별로 나눠 보면, 남성의 저임금 비율은 6.3%에 불과하지만, 여성의 저임금 비율은 무려 23.9%에 달하는 것으로 나타났다. 여성 피고용자 4명 중 1명 정도가 저임금을 받고 있는 것이다. 차상위 저임금 취득자까지 고려한다면, 근로빈곤 여성의 비율은 대단히 높다고 볼 수 있다.

5. 노동의 유연화 대상으로서 여성노동자

1960년대부터 서구사회는 표준화된 대량생산과 소비 체계로 요약되는 포디즘적 생산방식이 경직성 때문에 이윤축적에 어려움이 있다는 문제가 제기됨에 따라 서구 자본주의는 새로운 유연성을 확보하는 체계로 전환하기 위한 노력을 하였다. 노동의 유연화 또한 이러한 특징을 그대로 나타낸다. 1960년대 산업화의 시작 초기 한국은 양질의 저임금의 노동력을 대규모로 동원하는 것이 가능하였고 이를 기반으로 국제사회에서 비교우위를 유지할 수 있는 경공업 유치가 활발히 이루어졌다. 이 때 일자리를 채웠던 것은 가장 낮은 임금으로 일하고 높은 노동강도를 견디는 여성들이었다. 이들 여성노동자들은 세계노동시장에서 경쟁력 확보를 위한 저임금노동자로 그리고 노동자로서의 보호조치나

권리를 전혀 갖지 못하는 '유연화된 노동력'으로 간주되어 동원되었다. 이처럼 '유연화'된 노동력으로 한국 여성은 한국 사회가 제3세계의 지위에서 벗어난 신흥 공업국가로 급부상하면서 1960·70년대 저임금의 단순 노동의 일차적 동원대상이 되어 왔던 여성은 1980년대 산업구조의 재편과 함께 일차적인 정리대상이 되었다. 뿐만 아니라 1997년 외환위기 때에도 여성 근로자는 노동의 유연성 확보를 위한 일차적으로 구조조정 대상이었다.

6. 여성 비정규직의 차별

2013년 3월 기준 전체 임금근로자 1,774만 명 중 비정규직은 45.9%인 814만 명이며, 이중 여성근로자 762만 명 중 비정규직 비율은 57.5%이고 인원은 438만 명이다. 전체 비정규직 근로자 중 여성의 비율은 53.8%이며, 여성근로자의 57.5%가 비정규직이다. 이것은 남성근로자 중 비정규직 비율이 37.2%라는 것을 감안할 때, 상대적으로 여성근로자의 비정규직 비율이 매우 높다는 것을 알 수 있다.

비정규직이 여성만의 문제는 아니지만 비정규직 노동시장에서도 가장 낮은 지위에 있는 사람들은 여성으로 나타나고 있다. 2007년 한국노동연구원의 『한국노동패널: 1~6차년도 조사자료』를 분석한 결과, 비정규직의 대표적 유형인 임시직의 경우도 최상위층에서는 임금 등 여러 조건에서 상용직에 버금가는 유리한 상황을 누리는 층이 있는가 하면, 임시직의 최하위층에는 학교를 마치고 시간제 아르바이트로 미미한 소득을 올리는 거의 실업에 가까운 청년층과 최하위 임금을 받고 주로 전일제로 일하는 중고령의 단순 노동 층이 자리 잡고 있으며, 이들은 거의 여성으로 나타났다. 남성지배적 조직 구조에서 여성은 주변적인 존재로 간주되어 비정규직과 같은 하위직에 주로 배치되며 여성의 인적자본과 직업의식도 정당하게 평가받지 못하는데, 기업에서 여성은 출산과 육아로 인해 업무의 단절을 겪고 생산성이 낮은 존재로 인식되기 때문이다. 또 남성 생계부양자 이데올로기는 해고 등 기업의 의사결정 과정에서 성차별을 정당화하는 기제로 작용한다.

또한 비정규직 비중의 감소세도 남성에 비해 미미한 것으로 나타나고 있다. 즉 남성 임금근로자 중 비정규직 비중이 2005년 31.5%에서 4.3%p감소하여 2012년 27.2%로 감소했으나, 여성 임금근로자 중 비정규직 비중이 2005년 43.7%에서 2.2%p감소하여 2012년 41.5%로 감소하였다. 또한 대졸이상 여성 임금근로자 중 비정규직 비중은 2012년 30.3%로 2005년 32.2% 대비 1.9%p 감소하며 감소세를 나타내지만, 대졸이상 남성 임금근로자 중 비정규직 비중은 2012년 17%로 2005년 21.6%에 비해 4.6%p 크게 감소하여 여성에 비해 고용 안정성이 개선되는 정도가 빠른 것으로 나타나고 있다. 이것은 고학력 여성일지라도 출산과 육아로 인한 경력단절로 인해 노동시장 복귀 시에 비정규직으로 고용되는 경우가 많아 남성에 비해 매우 높은 비정규직 비중을 나타내는 것으로 보인다.

II. 여성노동에 대한 법적 보호의 원리

1. 여성의 노동인권 보장법제

제헌 [헌법]은 "모든 국민은 법률앞에 평등이며 성별, 신앙 또는 사회적 신분에 의하여 정치적, 경제적, 사회적 생활의 모든 영역에 있어서 차별을 받지 아니한다."(제헌 [헌법] 제8조)고 하여 성별에 따라 경제적 영역에서 차별받지 않음을 명시하였다. 동 조항은 1987년 개정에서도 유지되어 [헌법] 제11조는 "모든 국민은 법 앞에 평등하다. 누구든지 성별·종교 또는 사회적 신분에 의하여 정치적·경제적·사회적·문화적 생활의 모든 영역에 있어서 차별을 받지 아니한다." (동조 제1항)고 규정하고 있다.

[헌법]은 일반적 평등 조항에서 경제적 영역에서의 성별에 따라 차별받지 않을 권리를 규정하고 구체적으로 근로의 권리와 의무에 관한 조항에서 다시 한 번 여성의 근로에 관한 독립된 규정을 두고 있다. 제헌 [헌법]은 제17조에서 모든 국민이 근로의 권리와 의무를 가지고 있음을 명시하고 나아가 여성의 근로와 관련해서는 "여자와 소년의 근로는 특별한 보호를 받는다."고 하여 여성의 근로를 보호의 대상으로 규정하였다. 그러나 현행 [헌법]은 근로에 관한 제32조 제4항에서 "여자의 근로는 특별한 보호를 받으며, 고용·임금 및 근로조건에 있어서 부당한 차별을 받지 아니한다."고 하여 여성의 근로가 단지 보호의 대상만이 아니라 부당한 차별을 받지 않고 평등이 구현되어야 함을 명시하는 것으로 개정되었다. 또한 [헌법] 제36조 제2항에서는 국가가 모성의 보호를 위하여 노력하여야 함을 명문화함으로써 여성근로의 특별한 보호와 모성으로서 여성근로자에 대한 국가의 보호 의무를 명시하고 있다.

이처럼 여성근로에 대한 보호와 차별금지, 및 모성보호 조항을 [헌법]에 명문화함으로써 이에 근거하여 [근로기준법]은 이미 1953년 제정 당시부터 제5조에서 남녀근로자의 "균등처우" 및 제5장에서 "여자와 소년"의 근로 보호를 규정하였고, 이는 현행 [근로기준법]에도 포함되어있다. 그러나 현행 [근로기준법] 제6조가 사용자가 근로자에 대하여 남녀의 성(性)을 이유로 차별적 대우를 하지 못한다는 것을 명문화하였으나, 동법은 "근로자"로 정의되는 자([근로기준법] 제2조 제1호 내지 제

11조 제1항)에 대해서만 적용되기 때문에 여성의 경제활동이라는 관점에서 보면 [근로기준법]의 적용범위가 구직 및 채용단계에는 적용되지 않는 한계를 가지고 있다.

때문에 1987년 [헌법]의 평등이념에 따라 고용에 있어서 남녀의 평등한 기회 및 대우를 보장하는 한편 모성을 보호하고 직업능력을 개발하여 근로여성의 지위향상과 복지증진에 기여함을 목적으로 [남녀고용평등법]을 제정하게 되었다. 제정 당시 동법은 "고용에 있어서 남·녀의 평등한 기회 및 대우"라는 제목의 제2장에서 모집과 채용([남녀고용평등법] 제6조), 교육·배치 및 승진([남녀고용평등법] 제7조), 정년·퇴직 및 해고([남녀고용평등법] 제8조), 직업훈련 등([남녀고용평등법] 제10조)에 있어서 남성근로자와의 차별금지를 규정하였고, 모성보호와 관련해서는 제3장에서 생후 1년 미만의 영아를 가진 근로여성에게 육아휴직([남녀고용평등법] 제11조), 및 수유 및 탁아에 필요한 시설을 제공하도록 하였다 ([남녀고용평등법] 제12조). 그러나 제정 당시 [남녀고용평등법]은 고용에 있어서의 "차별"의 일반적인 정의는 규정하지 않았다. 이후 1989년 개정에서 "이 법에서 '차별'이라 함은 사업주가 근로자에게 성별, 혼인 또는 가족상의 지위, 임신 등의 사유로 합리적인 이유없이 채용 또는 근로의 조건을 달리하거나 기타 불이익한 조치를 취하는 것을 말한다."고 차별의 개념을 정의하였다(동법 제2조의2). [남녀공용평등법]은 2007년 [남녀고용평등법과 일·가정양립지원에관한법률] (약칭 [남녀고용평등법])로 개정되었고 이 법 제2조 제1호는 "차별"이란 "사업주가 근로자에게 성별, 혼인, 가족 안에서의 지위, 임신 또는 출산 등의 사유로 합리적인 이유 없이 채용 또는 근로의 조건을 다르게 하거나 그 밖의 불리한 조치를 하는 경우"뿐만 아니라 "사업주가 채용조건이나 근로조건은 동일하게 적용하더라도 그 조건을 충족할 수 있는 남성 또는 여성이 다른 한 성(性)에 비하여 현저히 적고 그에 따라 특정성에게 불리한 결과를 초래하며 그 조건이 정당한 것임을 증명할 수 없는 경우를 포함한다."를 말한다고 정의하고 있다.

이처럼 법질서는 여성의 근로에 대하여 성별에 따른 경제영역에서의 일반적인 차별금지([헌법] 제11조 제1항), 여성근로의 보호와 차별금지([헌법] 제32조 제4항), 근로자에 대한 성별에 따른 차별금지([근로기준법] 제6조 및 [남녀고용평등법] 제2조 제1호)를 규정하여 차별금지를 통한 여성의 노동을 보호하는 접근을 하고 있다. 또한 국가의 모성에 대한 보호의무([헌법] 제36조 제2항), 여성근로의 보호([헌법] 제32조 제4항), 임산부의 보호([근로기준법] 제74조), 및 출산전후휴가에 대한 지원([남녀고용평등법] 제18조) 등에 의하여 모성보호를 통한 남녀근로자의 평등 구현을 하고 있다.

2. 근로자에 대한 법적 정의와 여성노동자의 지위

현행 법질서는 차별금지와 모성보호 양자를 통하여 여성의 노동에 대한 평등을 구현하기 위하여 노력하고 있으므로 이에 의하여 평등이라는 목적을 구현하기 위한 전제조건은 노동을 하고 있는 여성을 법질서의 영역에서 근로자로 정의하여야 한다. 그런데 이미 산업혁명 시기부터 여성의 노동 규모는 기존의 생계를 부양해왔던 남자들의 노동력과 비교하여 비슷하거나 더 우세하기도 한 것으로 나타나기도 하였음에도 불구하고 19세기 이후 나타나기 시작한 성 역할에 대한 사상이 노동에 있어서도 고착화 되면서 여성은 육아와 가사에 전념하고 남편은 험하고 정치적인 세상에 나가 급여를 받아오는 존재로 인식되기 시작하였다. 여성은 사적 영역인 가정과 공적영역인 임금노동시장에서 산업혁명시기부터 항상 노동을 해왔고 오늘날에도 여전히 그러하지만,

19세기 이후 고착화된 성별분업의 이데올로기와 이를 토대로 구성된 법체계는 공사 영역에서 다양한 형태로 노동을 수행하는 여성을 법의 범위에서 노동자로 정의하는데 있어서 매우 제한적인 입장을 취하고 있다.

노동자를 정의하는 가장 기본적인 관련법은 [근로기준법]이다. 동법은 근로자를 직업의 종류에 관계없이 임금을 목적으로 사업이나 사업장에 근로를 제공하는 자로 정의한다.([근로기준법] 제2조 제1항 제1호). 따라서 동법에 의하면 일을 하고 있는 여성이 근로자로서의 지위를 인정받기 위해서는 1. 종류에 관계없이 직업을 수행하여야 하며, 2. 임금을 목적으로 할 것, 3. 사업이나 사업장에서 4. 근로를 제공해야 한다. 여기서 "직업의 종류와 관계없다"는 것은 근로의 내용이 정신노동이거나 육체노동임을 묻지 않으며, 계약의 형식이 도급계약이든 위임형식을 가졌는가의 여부도 묻지 않으며, 근로의 형태가 상용근로자이거나 일용근로자 또는 단시간 근로자임을 묻지 않는다는 것을 의미 한다. 여기서 [임금]이라 함은 사용자가 근로의 대가로 근로자에게 임금, 봉급, 그 밖에 어떠한 명칭으로든지 지급하는 일체의 금품을 말한다. 따라서 임금은 사용종속관계 아래에 있는 근로자가 사용자로부터 근로제공의 대가로 받는 일체의 이익을 말하는 것으로써 반드시 금전에 한정되는 것이 아니기 때문에, 영업시설의 이용에서 나오는 이익이나 이에 준하는 수입에 의하여 생활하는 자도 근로자에 해당된다. "사업 또는 사업장"은 일정한 장소에서 유기적인 조직 아래에서 업(業)으로서 계속성의 요건을 갖춘 이상 영리목적의 기업은 물론 비영리 또는 공익목적의 사업, 사업이 1회적이거나 일시적이라도 무방하다. 또한 "근로를 제공하는 자"란 실질적 사용종속관계에서 노무를 제공한 자로 정의한다.

구체적 사용종속관계의 징표로서 대법원은 (2006.12.7. 선고 2004다

29736 판결) 근로기준법상의 근로자에 해당하는지 여부는 그 실질에 있어 근로자가 사업 또는 사업장에 임금을 목적으로 종속적인 관계에서 사용자에게 근로를 제공하였는지 여부에 따라 판단하여야 하고, 여기에서 종속적인 관계가 있는지 여부는 ① 업무 내용을 사용자가 정하고 취업규칙 또는 복무(인사)규정 등의 적용을 받으며 ② 업무 수행 과정에서 사용자가 상당한 지휘·감독을 하는지, ③ 사용자가 근무시간과 근무 장소를 지정하고 근로자가 이에 구속을 받는지, ④ 노무제공자가 스스로 비품·원자재나 작업도구 등을 소유하거나 제3자를 고용하여 업무를 대행케 하는 등 독립하여 자신의 계산으로 사업을 영위할 수 있는지, ⑤ 노무 제공을 통한 이윤의 창출과 손실의 초래 등 위험을 스스로 안고 있는지, ⑥ 보수의 성격이 근로 자체의 대상적 성격인지, ⑦ 기본급이나 고정급이 정하여졌는지 및 근로소득세의 원천징수 여부 등 보수에 관한 사항, ⑧ 근로 제공 관계의 계속성과 사용자에 대한 전속성의 유무와 그 정도, ⑨ 사회보장제도에 관한 법령에서 근로자로서 지위를 인정받는지 등의 경제적·사회적 여러 조건을 종합하여 판단 한다.

그러나 [근로기준법]은 상시 5명 이상의 근로자를 사용하는 사업장에 대하여 적용되지만, 5명 이상의 근로자를 사용하더라도 동거하는 친족만을 사용하는 사업 또는 사업장에 대해서는 [근로기준법]을 적용하지 않는다(제11조 1항 단서). 따라서 위에서 제시한 모든 요건을 갖추고 노동을 제공하는 경우에도 상시 5인 미만의 종사자만을 고용하고 있는 사업장에서 노무를 제공하는 경우 [근로기준법]에 준하는 법적인 보호를 받을 수 없을 가능성이 높다. 판례는 (대법원1995.3.14, 선고 93다42238 판결) 상시 5명 미만의 근로자를 사용하는지 여부는 사회통념에 따라 객관적으로 판단하여야하는 것이지, 근로자 수가 최초로 5명 이상이 된 날로부터 기산하여 1일 평균근로자수가 5명 미만이 되는

지의 여부에 따라 계량적으로 결정되어야 하는 것은 아니라고 한다. 또한 상시 사용하는 근로자에는 상용직뿐만 아니라 일용직 및 불법으로 취업한 외국인도 포함된다. 또한 2008년부터는 "상시 사용하는 근로자 수"는 해당 사업 또는 사업장에서 법적용 사유(휴업수당 지급, 근로시간 적용 등 법 또는 이 영의 적용 여부를 판단하여야 하는 사유를 말한다. 이하 이 조에서 같다) 발생일 전 1개월(사업이 성립한 날부터 1개월 미만인 경우에는 그 사업이 성립한 날 이후의 기간을 말한다. 이하 "산정기간"이라 한다) 동안 사용한 근로자의 연인원을 같은 기간 중의 가동 일수로 나누어 산정하도록 하고 있다([근로기준법시행령] 제7조의 2 제1항).

[근로기준법] 제11조 제1항 단서는 5명 이상의 근로자를 사용하더라도 "동거하는 친족"만을 사용하는 사업 또는 사업장에 대해서는 근로기준법을 적용하지 않는다. "동거하는 친족"이란 동일 세대에 거주하고 있는 [민법] 제770조에서 규정하는 친족, 즉 8촌 이내의 혈족 및 4촌 이내의 인척과 배우자를 의미한다. "동거하는 친족"만을 근로자로 사용하는 경우 5인 이상에 해당해도 [근로기준법]을 적용하지 않는 것은 국가가 친족이라는 사적인 관계망에 개입하는 것이 적절하지 않으며 특히 대법원 판례가 근로를 제공하였는지 판단하기 위한 기준으로 근로자와 사용자와가 '사용종속' 관계일 것을 요구하는데 친족 관계에서는 사용종속성을 명확하게 설정하기 어렵기 때문이다.

그러나 [근로기준법]의 근로자 개념은 확정적인 것은 아니며 노동관련법들은 각각의 입법의 목적에 따라 근로자 개념을 상이하게 정하고 있다. 예컨대 [노동조합및노동관계조정법]은 근로자를 "직업의 종류를 불문하고 임금·급료 기타 이에 준하는 수입에 의하여 생활하는 자를 말한다."고 정의하고 있다 (동법 제2조 제1호). [남녀고용평등법]은 고용에서 남녀의 평등한 기회와 대우를 보장하고 모성 보호와 여성 고용을 촉진하여 남녀고용평등을 실현함과 아울러 근로자의 일과 가정의 양립을 지원함으로써 모든 국민의 삶의 질 향상에 이바지하는 것을 목적으로 하여(동법 제1조), 근로자를 사업주에게 고용된 자와 취업할 의사를 가진 자로 정의하고 있다(동법 제2조 제4호). 입법의 목적이 여성의 고용촉진과 남녀평등에 있으므로 아직 취업상태에 이르지 아니하였으나 구직단계부터 평등이 구현되어야 고용촉진이 될 수 있고 실제 여성의 노동인권 보장 차원에서는 이미 구직 및 채용단계부터 법적인 보호를 필요로 한다는 점에서 근로자의 개념을 확대 적용하고 있다.

이와 같은 맥락에서 [근로자직업능력개발법]은 근로자의 생애에 걸친 직업능력개발을 촉진·지원하고 산업현장에서 필요로 하는 기술·기능 인력을 양성하며 산학협력 등에 관한 사업을 수행함으로써 근로자의 고용촉진·고용안정 및 사회·경제적 지위 향상과 기업의 생산성 향상을 도모하고 사회·경제의 발전에 이바지함을 목적으로 하므로(동법 제1조) 근로자를 사업주에게 고용된 사람과 취업할 의사가 있는 사람으로 정의하고 있다(동법 제2조 제4호).

생각할 문제

1. 우리나라 여성의 경제활동 참가율은 2014년 51.3%인 반면에 OECD 평균은 60% 이상인 것으로 나타나고 있다. 이처럼 우리나라의 여성 경제활동 참가율이 OECD 국가에 비교하여 낮은 원인은 무엇이라고 생각하는가?
2. 2009년 이후 여성의 대학진학률은 남성의 대학진학률을 앞지르고 있지만, 서구여성의 경우 경제활동참가율과 학력 증가 간에는 높은 상관관계를 보이는 반면 우리나라는 학력과의 상관효과가 유지되지 못하고 있다. 그 원인은 무엇이라고 생각하는가?
3. 여성차별철폐협약 제2조 제1항 (f)는 "여성에 대한 차별을 구성하는 현행 법률, 규칙, 관습 및 관행을 수정 또는 폐지하도록 입법을 포함한 모든 적절한 조치를 취할 것"을

요구하고 있다. 관행대로 행동한 것은 차별을 형성할 수 있다고 생각하는가?

4. 채용 및 승진 관행에 따라 형성된 학력과 성을 중심으로 한 구조가 우리나라 노동시작의 특징이라면 [여성차별철폐협약]의 규정과 같이 이를 폐지하기 위하여 입법을 포함한 조치를 취해야 할 당사국의 의무가 있는데 구체적으로 어떤 노력이 가능할 것인가?
5. 대졸 여성과 고졸 여성 모두 출산과 양육으로 인한 시기에 노동시장의 경력을 중단하지만 이후 이탈한 노동시장에서 다시 복귀하는 비율은 고졸여성이 높다. 때문에 고졸여성은 M자형 노동곡선에 가장 부합하며 반대로 대졸 여성은 L자에 유사한 곡선이다. 무엇이 그러한 차이를 만든다고 생각하는가?
6. 임금노동시장에서 성별에 따른 수평적 분리(horizontal segregation)란 할당적 차별에 따라 특정의 직업 혹은 산업에 여성 혹은 남성이 집중되어 있는 현상을 의미하는데 이러한 현상이 발생하는 원인은 무엇이라고 생각하는가?
7. 성별에 따른 임금 격차가 존재하고 여성의 임금이 남성보다 낮은 것은 세계적인 현상이다. 그 원인으로 제시되는 것은 무엇인가?
8. 여성이 노동 유연화의 대상이 되는 원인은 무엇이라고 생각하는가?
9. 우리 [헌법]은 여성의 노동권을 보호하기 위한 개별 조항을 두고 있다. 구체적으로 어떤 것이 있는가?
10. [근로기준법]만으로는 노동시장에서 여성에 대한 차별을 없애는데 한계가 있다. 그 원인은 무엇이며 이러한 문제를 해결하기 위하여 제정된 법은 무엇인가?
    현행 [근로기준법]에 따른 근로자의 정의는 무엇이며 이를 판단하기 위하여 대법원이 제시하고 있는 기준은 무엇인가?
11. [근로기준법]은 몇 인 이상의 사업장에 적용되며 예외적으로 이 법이 적용되지 않는 사업장에는 어떤 것이 있는가?
12. [노동조합및노동관계조정법]과 [남녀고용평등법]은 근로자를 어떻게 정의하고 있는가?

여성의 임금노동과 성차별

제2장

I. 임금노동과 성차별

1. 성(sex, gender, sexuality) 차별의 개념

성차별은 성(sex, gender, sexuality)을 원인으로 합리적인 이유 없이 차등대우 하는 것을 의미한다. 성은 sex, gender, sexuality로 각각 의미의 차이가 있으므로 성차별의 의미는 '성'을 어떻게 이해하는지 여부에 따라 서로 다른 유형의 차별이 포함된다.

(1) Sex에 대한 차별

Sex란 생물학적인 의미에서 남성과 여성을 구별하는 것을 의미한다. 따라서 sex에 대한 차별은 생물학적인 분류에 의하여 남성과 여성이 가지는 고유의 특성에 근거하여 차별하는 것을 의미한다. 예를 들어 여성이 가치는 생물학적 특징인 생리기능이나 임신, 출산, 수유 등을 원인으로 차별하는 것이 해당한다. 예를 들어 임신을 이유로 한 성차별이란 고용차별의 한 유형으로 임신한 여성이 해고되거나 채용에서 배제되거나 기타 다른 방법으로 임신을 원인으로 또는 임신하고자 하는 것으로 인하여 차별을 받는 것을 의미한다. [여성차별철폐협약]은 당사국으로 하여금 결혼 또는 모성을 이유로 한 여성에 대한 차별을 방지하며 여성의 근로에 대한 유효한 권리를 확보하기 위하여 적절한 조치를 취하도록 하고 있는데 여기에는 임신 또는 출산휴가를 이유로 한 해고 및 혼인 여부를 근거로 한 해고에 있어서의 차별을 금지하고 위반시 제재를 가하도록 하는 것을 포함시키고 있다(동 협약 제11조 제2항 (a)). [국가인권위원회법] 또한 "평등권 침해의 차별행위"의 사유에 임신 또는 출산 등을 이유로 모집, 채용, 교육, 배치, 승진, 임금 및 임금 외의 금품 지급, 자금의 융자, 정년, 퇴직, 해고 등을 포함하는 고용과 관련하여 특정한 사람을 우대·배제·구별하거나 불리하게 대우하는 행위를 포함시키고 있다([국가인권위원회법] 제2조 3호). 나아가 [남녀고용평등법]은 사업주가 근로자에게 임신 또는 출산 등의 사유로 합리적인 이유 없이 채용 또는 근로의 조건을 다르게 하거나 그 밖의 불리한 조치를 하는 경우를 차별로 정의하고 있다(동법 제2조 제1호).

(2) Gender에 기한 차별

Sex가 생물학적으로 전제된 성을 의미한다면 gender는 사회적으로 구성되는 남녀의 정체성, 즉 사회적, 문화적으로 길들여진 성이며 여성다움, 남성다움을 통칭하는 것이다. gender는 역사적·사회적·문화적으로 구성된 것이므로 젠더의 가장 기저를 이루는 층에는 성별이라는 규범이 존재하며 이것은 어떤 사람을 남성 또는 여성이라고 인식할 때 작용하는 '남자다움'이나 '여자다움'이라는 전형화된 이미지가 존재하는 것을 의미한다. 따라서 gender차별은 역사적·사회적·문화적으로 구성된 남성다움 내지 여성다움이라는 전형화된 이미지에 의하여 구성되는 성별역할에 기하여 일괄적인 차등대우를 하는 것을 의미한다. 따라서 여성이 육아와 가사의 책임자라는 전통적 성별역할론에 근거하여 채용과 임금 등에 불이익을 주면 이는 gender에 기반을 둔 차별로 볼 수 있다. [국가인권위원회법]과 [남녀고용평등법]도 이러한 점을 고려하여 "혼인여부" 및 "가족상황" 및 "가족 안에서의 지위"를 차별의 사유로 예시하고 있다. 국가인권위원회는 ○○시가 셋째 자녀를 출산한 가족에게 출산장려금을 지급하면서, 세 명의 자녀를 출산하였으되, 재혼 등의 사정으로 세 자녀 모두를 양육하지 않은 가족에게는 해당 장려금을 지급하지 않아 "가족상황"에 기한 차별 여부가 문제된 사안에서, ○○시의 이러한 행위는 해당 장려금의 본래적 취지와 맞지 않을뿐더러 "가족상황"을 이유로 한 차별행위에 해당한다고 결정하였다(국가인원위원회 2007. 11.13자 07진차123 결정).

(3) Sexuality와 성적지향(Sexual Orientation)에 의한 차별

섹슈얼리티(sexuality)는 성적 욕망이나 심리, 이데올로기, 제도나 관습에 의해 규정되는 사회적인 요소들까지 포함하는 성적인 것 전체를 의미한다. 따라서 섹슈얼리티의 차별이란 성에 대한 이데올로기, 제도 및 관습에 기하여 특정성을 차등대우 하는 것을 의미한다. 성적지향에 의한 차별은 이성애에 기반을 둔 가치관을 가지고 동성애, 양성애 등의 성적 지향에 대하여 차등 취급하는 것을 의미한다. 국가인권위원회는 대학을 다니다 입대한 피해자가 군 간부와의 면담시 동성애자임을 밝히게 되었는데, 이후 원치 않는데도 불구하고 동성애자라는 사실이 주변에 알려졌고, 전역심사를 이유로 동성애자임을 증명할 수 있는 성관계사진 등의 제출을 요구받았으며, 동성애자를 정신질환자로 간주하고 두 차례 정신과 진료를 받게 하고, 피해자 동의 없이 에이즈검사를 실시하는 등의 차별과 인권침해를 당하였음을 주장한 사안에서 피해자의

성적 지향에 관한 정보가 이를 다룰 권한이 있는 자들 외에 광범위하게 유출되어 피해자의 사생활의 자유가 침해되었으며, 동성애자라는 이유만으로는 전역이 안 된다는 입장을 전달하여 피해자가 성행위 사진을 찍어 제출할 수밖에 없는 상황을 조성하였거나 적어도 그러한 행동을 방조하여 피해자의 인격권 및 사생활의 자유를 침해하였고, 피해자가 단지 동성애자라는 이유만으로 정신과 진료를 의뢰하여 동성애자는 일종의 정신적 질환자에 해당되는 것이라는 사회의 편견에 근거한 차별적 행위로 인정되며 피해자가 동성애자라는 이유만으로 HIV검사 및 매독검사를 받게 한 점이 인정된다고 하여 동성애자 사병에 대한 차별로 인정하였다(국가인권위원회 2006. 6. 26. 06진차87결정).

2. 고용에서 평등의 의미와 범위

우리 [헌법] 제11조 제1항 제1문은 "모든 국민은 법 앞에 평등하다."라고 하는 일반적 평등원칙을 규정하고 있으며, 제2문은 개별적 평등권으로서 "누구든지 성별, 종교 또는 사회적 신분에 의하여 정치적, 경제적, 사회적, 문화적 생활의 모든 영역에 있어서 차별을 받지 아니 한다."로 규정하고 있다. 이로부터 개별적 평등권의 하나로 성별에 의한 차별금지원칙이 도출된다. 나아가 [헌법] 제32조 4항 에서는 여자의 근로가 특별한 보호를 받으며 고용, 임금, 및 근로조건에 있어서 차별을 받지 아니한다는 것을 명문화하고 있다.

또한 [여성차별철폐협약]은 여성에 대한 차별이라 함은 정치적, 경제적, 사회적, 문화적, 시민적 또는 기타 분야에 있어서 결혼 여부에 관계없이 남녀동등의 기초 위에서 인권과 기본적 자유를 인식, 향유 또는 행사하는 것을 저해하거나 무효화하는 효과 또는 목적을 가지는 성에 근거한 모든 구별, 배제 또는 제한을 의미한다고 정의하고 있다(제1조). 그런데 당사국이 모성을 보호할 목적으로 본 협약에 수록된 제 조치를 포함한 특별조치를 채택하는 것은 차별적인 것으로 보아서는 아니 된다고 하였다(동 협약 제4조 제2항). 이처럼 여성차별철폐협약은 성별에 따른 차별금지를 원칙으로 하지만 여성이 모성으로서의 특성 때문에 일정한 보호를 받는 것은 남성에 대한 차별로 볼 수 없으며 모성보호는 성별에 따른 차이를 반영하여 실질적인 평등을 관철하기 위한 의미를 가지는 조치임을 명확히 하고 있다.

나아가 [여성차별철폐협약]에 의하면 고용에서의 남녀평등이란 적절한 조치를 통하여 다음을 보장하는 것을 의미한다(제11조).

① 모든 인간의 불가침의 권리로서의 근로의 권리를 보장한다.
② 동일한 채용기준의 적용을 포함한 동일한 고용기회를 보장한다.
③ 직업과 고용의 자유로운 선택권, 승진, 직장안정 및 역무에 관련된 모든 혜택과 조건을 늘리고 견습, 고등직업훈련 및 반복훈련을 포함한 직업훈련 및 재훈련을 받도록 한다.
④ 수당을 포함하여 동등한 보수를 받을 권리 및 노동의 질의 평가에 있어 동등한 처우와 동등한 가치의 노동에 대한 동등한 처우를 받도록 한다.
⑤ 유급휴가를 받을 권리 및 사회보장, 특히 퇴직, 실업, 질병, 병약, 노령 및 기타 노동 무능력의 경우에 사회보장을 받는다.
⑥ 건강보호에 대한 권리 및 생식기능의 보호조치를 포함한 노동조건의 안전을 받을 권리를 의미한다.

또한 고용평등의 내용에는 여성이 결혼 또는 모성을 이유로 한 여성에 대한 차별을 방지하며 여성의 근로에 대한 유효한 권리를 확보하기 위하여 적절한 조치를 통하여 다음을 달성하도록 한다.

① 임신 또는 출산휴가를 이유로 한 해고 및 혼인 여부를 근거로 한 해고에 있어서의 차별을 금지하고 위반시 제재를 가하도록 한다.
② 종전의 직업, 선임순위 또는 사회보장 수당을 상실함이 없이 유급 또는 이에 상당하는 사회보장급부를 포함하는 출산 휴가제를 도입하도록 한다.
③ 특히 아동 보육시설망의 확립과 발전의 촉진을 통하여 부모가 직장에서의 책임 및 사회생활에의 참여를 가사의 의무와 병행시키는 데 도움이 될 필요한 사회보장 혜택의 제공을 장려한다.
④ 임신 중의 여성에게 유해한 것이 증명된 유형의 작업에는 동 여성에 대한 특별한 보호를 제공한다.

[헌법]의 성별에 따른 차별금지를 규정하고 있는 평등권 규정과 [여성차별철폐협약]의 차별규정을 구체화하고 있는 [남녀고용평등법]은 "차별"을 두 가지로 정의하고 있다. 첫째는 사업주가 근로자에게 성별, 혼인, 가족 안에서의 지위, 임신 또는 출산 등의 사유로 합리적인 이유 없이 채용 또는 근로의 조건을 다르게 하거나 그 밖의 불리한 조치를 하는 경우가 그에 해당하며 둘째는 사업주가 채용조건이나 근로조건은 동일하게 적용하더라도 그 조건을 충족할 수 있는 남성 또는 여성이 다른 한 성(性)에 비하여 현저히 적고 그에 따라 특정성에게 불리한 결과를 초래하며 그 조건이 정당한 것임을 증명할 수 없는 경우를 포함한다. 다만, 다음 각 목의 어느 하나에 해당하는 경우는 제외한다. 가. 직무의 성격에 비추어 특정성이 불가피하게 요구되는 경우, 나. 여성 근로자의 임신·출산·수유 등 모성보호를 위한 조치를 하는 경우, 다. 그 밖에 이 법 또는 다른 법률에 따라 적극적 고용개선조치를 하는 경

우(동법 제2조 제1호).

3. 차별성 판단의 구조

평등권이라 하면 국가에 대하여 합리적인 이유 없이 불평등한 대우를 하지 말 것을 요구할 수 있고 나아가 평등한 대우를 해 줄 것을 요구할 수 있는 주관적 공권을 의미한다. 물론 당해 평등권은 근대시민혁명을 거치면서 현재에는 법 앞의 평등을 의미하게 되었는데 이는 입법자를 구속하지 못하는 법적용평등이 아니라 적용되는 법규범의 내용에서부터 이미 평등할 것을 요구하는, 즉 입법자까지 구속하는 법 내용의 평등을 의미한다는 견해가 일반적이다. 뿐만 아니라 오늘날의 평등은 절대적 평등이 아닌 모든 사람을 평등하게 취급하되 정당한 사유가 존재하는 경우에는 합리적 차별을 허용하는 상대적 평등이 일반적으로 받아들여지고 있기도 하다.

(1) 평등권 침해의 차별유무 판단

가. 차별의 합리성과 기본권 제한의 비례성 심사

[헌법]은 성별에 따른 차별을 금지하고 있다(제11조 제1항). 그런데 무엇이 차별에 해당하는지에 대해서는 특별한 규정을 두지 않고 있다. 평등의 의미가 "같은 것은 같게 다른 것은 다르게" 취급하는 것인데 두 집단을 서로 차등 대우를 하고 있으나 이러한 차등대우가 합리적인 근거가 있다면 이것은 평등권을 침해하는 것으로 볼 수 없지만, 어떠한 합리적인 이유도 찾아볼 수 없는 경우에, 그 차등대우와 관련한 규정은 평등권을 침해하는 것으로 이해할 수 있다. 그러나 이러한 차등대우로 인하여 기본권이 제한될 때 단지 그 차등대우의 목적이 합리적이었는

지 여부만을 가지고 판단하게 되면 차별적 대우에 아무런 합리성도 없는 경우를 상정하기 어려우며, 결과적으로 대다수의 사례가 평등권 침해가 존재하지 않는 것으로 판단하게 될 가능성이 크다.

때문에 우리 헌법재판소는 "합리적 근거에 의한 차별이라고 하기 위해서는 우선 그 차별의 목적이 [헌법]에 합치하는 정당한 목적이어야 하고, 다음으로 차별의 기준이 목적의 실현을 위하여 실질적인 관계가 있어야 하며, 차별의 정도 또한 적정한 것이어야 한다."고 판시하여 합리성 판단과 비례성 심사를 하고 있다(헌법재판소 1996. 8. 29. 선고 93헌바57 결정). 즉 [헌법]은 제37조 제2항에서 국민의 모든 자유와 권리가 국가안전보장, 질서유지 또는 공공복리를 위하여 필요한 경우에 한하여 법률로써 제한할 수 있으나 제한하는 경우에도 자유와 권리의 본질적 내용은 침해할 수 없다고 규정하고 있으므로 차등대우로 기본권이 제한되는 경우 그 ① 목적이 국가안전보장, 질서유지 및 공공복리를 위한 것으로 정당성이 있어야하며(목적의 정당성), ② 차별하는 방법이 그 목적을 달성하기에 필요한 경우에 한하여 효과적으로 행해져야 하며(방법의 적절성) ③ 제한되는 기본권이 자유와 권리의 본질적인 내용을 침해하지 않는 범위에서 최소한에 그쳐야 하며(피해의 최소성), ④ 차등대우로 발생하는 공익과 침해받는 사익을 비교 형량하여 공익이 더 켜야 한다(법익의 균형성).

나. 엄격심사기준

차등대우에 대한 합리성 심사를 통하여 평등권 침해 여부를 판단하게 되면 성차별적인 규정도 판단자의 가치관에 따라 충분히 입법목적에 따른 합리성이 있다고 인정될 가능성이 존재한다. 특히 판단자의 다수가 남성인 현실에서 그러한 가능성은 더욱 강화된다. 때문에 미국에서도 1960년대 까지는 평등권 침해에 대하여 합리성 심사를 중심으로 판단해왔으나 인종 및 성차별과 같은 민감한 사안에서 합리성 심사가 가지는 모호함으로 인하여 강화된 심사기준을 필요로 하게 되었다.

때문에 미국 법원은 인종, 국적 또는 원국적(national origin) 등의 문제로 불이익을 받기 쉬운 이른바 혐의집단(suspect class)을 차별하는 법률의 합헌성 판단에는 이른바 엄격한 심사기준을 적용하였는데, 이 기준을 적용할 경우 국가가 그 법률이 긴절한 국가목적(compelling governmental interest)을 달성하기 위한 것이라는 것과 그러한 긴절한 국가목적의 달성을 위해 필요한 또는 엄정하게 재단된(narrowly tailored) 수단이라는 것을 입증하는 경우에만 합헌이라는 판단을 받을 수 있다. 따라서 엄격한 심사기준이 적용되는 경우에는 합헌성이 유지되는 법률이 거의 없는 반면, 합리성 심사기준 하에서는 위헌으로 판단되어 효력을 잃는 법률이 거의 없게 된다.

이러한 전통적인 2단계의 심사기준에 더하여 미연방대법원은 연방헌법 수정 제14조의 평등권 관련 분쟁에 있어서 제3의 심사기준, 즉 중간심사기준을 추가하였다. 이것은 평등권을 침해하였다고 의심되는 법률이 중요한 국가목적을 달성하기 위한 것이라는 것과 그 수단으로서의 상당한 관계가 인정되는 경우에 한하여 합헌이라는 판단을 받게 된다. 연방대법원은 이러한 중간심사가 적용되는 영역을 평등권 보장의 측면에서는 성차별과 적서의 구별 등 이른바 준 혐의집단(quasi suspect class)에 관한 차별이 문제되는 영역에 한정하고 있다.

마찬가지로 독일에서도 이러한 강화된 심사 기준이 제시되고 있다. 독일 연방헌법재판소의 최신의 정식에 따르면 입법자가 개별적 평등원칙에서 언급되고 있는 차별금지의 표지들과 유사한 표지들을 근거로 인적 집단을 불평등 대우하는 경우에는 원칙적으로 엄격한 구속을 받게 되며, 그리고 인적집단의 불평등대우가 소수의 차별로 이르게 될 위험성이 크면 클수록, 그리고 사람이나 사태의 불평등대우가 기본적으로 보호된 자유의 행사에 불리한 영향을 미치면 미칠수록, 입법자의 형성의 자유는 그만큼 더 축소된다는 공식을 제시하고 있다.

우리 헌법재판소는 제대군인가산점에 관한 위헌결정(헌재 1999. 12. 23 선고 98헌마363)에서 평등권 침해여부를 심사할 때 엄격한 심사척도에 의할 것인지 또는 완화된 척도에 의할 것인지는 입법자의 입법형성권의 정도에 따라 달라지는 것인데 엄격한 심사척도를 적용하는 경우는 ① [헌법]에서 특별히 평등을 요구하는 경우로서 [헌법]이 스스로 차별의 근거로 삼아서는 안 되는 기준을 제시하거나 차별을 특히 금지하는 영역을 제시한 경우와 ② 차별적 취급으로 기본권에 중대한 제한이 초래되는 경우라고 하였다.

이러한 논리에 의하여 헌법재판소는 제대군인가산점에 관한 위헌 결정에서 처음으로 성차별과 관련하여 엄격한 심사척도를 적용함을 명시하였지만, 평등권을 침해여부가 문제된 사안에서 엄격한 심사기준을 적용한다는 것은 자의금지원칙에 따라 합리성 여부에 대한 심사만을 하는 것에 그치지 아니하고 비례성 원칙에 따른 심사, 즉 차별취급의 목적과 수단 간에 엄격한 비례관계가 성립하는지를 기준으로 심사를 행한다는 것을 의미한다고 하여 엄격심사기준의 적용이 비례성심사를 하는 것으로 이해하고 있다.

(2) 직접차별과 간접차별의 판단

가. 직접차별

[헌법]은 현존하는 어떤 법률이 남녀를 다르게 차등대우를 하는 경우 그것이 평등권을 침해하는지 여부를 판단하기 위하여 다양한 기준을

제시하고 있다. 그러나 평등권 침해 여부를 판단하기 위한 합리성 및 비례성 심사 내지 엄격한 심사기준 등을 적용하기 위해서는 먼저 차등대우가 존재하는 상황이 법률에서 의미하는 차별에 해당하는지가 있는지 여부를 판단이 선행되어야 할 것이다. 이에 대하여 [남녀고용평등법]은 직접차별을 사업주가 근로자에게 성별, 혼인, 가족 안에서의 지위, 임신 또는 출산 등의 사유로 합리적인 이유 없이 채용 또는 근로의 조건을 다르게 하거나 그 밖의 불리한 조치를 하는 경우를 의미한다고 하고 있다(동법 제2조 제1호 제1문).

또한 [국가인권위원회법]에서도 "합리적인 이유 없이 특정한 사람을 우대, 배제 구별하는 행위"를 차별로 정의하고 있다. 예컨대, 임신한 근로자는 인체에 유해할 수 있는 화공약품을 사용하는 작업장에서 근로할 수 없다는 회사의 내규가 있는 경우 이는 남성근로자와 근로조건을 다르게 하는 것은 명백하지만, 이를 규제하는 것에 임신한 여성근로자의 모성보호라고 하는 합리적인 이유가 있다면 이것을 여성 근로자에 대한 차별이라고 볼 수는 없을 것이다. 반대로 신입사원을 채용하면서 아무런 이유 없이 남성만을 채용하는 것은 합리적인 이유 없이 성별에 따라 채용의 조건을 달리하는 것으로 직접적인 차별로 볼 수 있다.

나. 간접차별

직접차별은 합리적인 이유 없이 채용이나 근로조건을 달리하는 것으로 정의하는데 만일 채용이나 근로조건을 달리하지 않으며 동일한 기준이나 조건을 적용하는 경우에는 차별이 존재하지 않는 것인지가 문제된다. 예컨대 기업체 채용 조건에서 신장조건을 165cm 이상을 일률적으로 요구한다면 조건은 동일한 근로조건을 요구하는 것이지만 결과적으로 여성이 남성에 비교하여 이 조건을 충족시킬 수 있는 비율은 상대적으로 낮을 것이다. 결과적으로 중립적인 조건을 통해서도 성별에 따른 차별은 발생한다. 이러한 유형의 차별을 간접차별이라고 한다.

즉 간접차별은 차별의 의도가 있었는지 여부와 관계없이 동일한 기준을 제시하여도 결과적으로 특정한 성별에게는 차별이 될 수 있다는 것이다. 간접차별이 의미를 가지는 것은 사용자가 단순히 기존의 중립적인 관행이니 규칙에 따라 기준을 제시하는 것도 차별로 볼 수 있게 되었다는 것에 있다. 이것은 한 사회의 구성원들이 모두 의도적으로 여성의 차별하고자 하는 것은 아니지만 성별에 다른 차별은 인류의 역사 전체를 통하여 축척된 것이기 때문에 각 주체들이 이러한 차별적 관습이나 관행에 영향을 받은 존재라는 점을 고려하면 의도한 차별만을 차별로 인정하게 되면 성별에 따른 차별로 정의될 수 있는 범주가 차별의 현실을 모두 포섭할 수 없는 한계가 있는데 이를 극복하는 것을 가능하게 하는 것이다.

현행 [남녀고용평등법]도 차별 개념에 관한 조항에서 "사업주가 채용조건이나 근로조건은 동일하게 적용하더라도 그 조건을 충족할 수 있는 남성 또는 여성이 다른 한 성(性)에 비하여 현저히 적고 그에 따라 특정성에게 불리한 결과를 초래하며 그 조건이 정당한 것임을 증명할 수 없는 경우를 포함한다."라고 하여 간접차별을 규정하고 있다. 그러나 어떠한 조건이 간접차별로 이어진다는 것을 주장하기 위해서는 ① 제시된 조건이 남녀 모두에게 적용 가능한 중립적인 것이며 ② 그러나 그 기준이 특정성에게 불리한 결과를 초래한다는 것과 ③ 그 조건이 정당한 것임을 입증할 수 없어야 한다. 이 기준을 적용할 때 명확하지 않은 것은 제시된 기준을 적용하였을 때 결과적으로 어느 정도의 성별에 따른 차이가 발생하는 것이 특정성별에게 불리한 결과를 초래하는 것으로 볼 수 있을지 여부이다. 이에 대하여 미국 고용기회평등위원회(Equal Employment Opportunity Commission)는 남녀 사이에 차별이 있을 것으로 추정하는 통계적 불균형의 정도로 4/5 규칙을 제시하고 있다. 이것은 어떤 중립적인 기준에 의한 결과가 소수 집단의 비율이 다수집단의 4/5 미만일 경우 그 기준은 소수집단에게 불리한 영향을 주어 '불평등 효과(disparate impact)'를 야기하는 것이며 따라서 그 기준은 차별적인 것이라고 판단하는 것이다.

(3) 차등대우의 합리성

근로자를 서로 다르게 취급하더라도 달리 취급하는데 있어서 합리성이 있다면 이를 차별이 있었다고 볼 수 없다. 그렇다면 무엇이 그러한 달리 취급하는 것이 차별에 이르지 않게 되는 "합리적 이유"에 해당하는가? 이에 대하여 [남녀고용평등법]은 ① 직무의 성격에 비추어 특정성이 불가피하게 요구되는 경우, ② 여성 근로자의 임신·출산·수유 등 모성보호를 위한 조치를 하는 경우, ③ 그 밖에 이 법 또는 다른 법률에 따라 적극적 고용개선조치를 하는 경우(동법 제2조 제1호)를 들고 있다.

가. 직무 성격상 특정성이 요구되는 경우(진정직업적격)

남녀 차등대우가 "차별"로 판단되지 않는 첫 번째 유형은 직무의 성격에 비추어 불가피하게 특정성이 요구되는 경우이다([남녀고용평등법] 제2조 제1호 가목). 구체적으로 무엇이 직무의 성격에 비추어 불가피하게 특정성이 요구되는 경우에 해당하는지 여부에 대하여 [남녀고용평등법]은 아무런 기준을 제시하지 않고 있으므로 이것은 해석을 통하여 판단하게 될 것이다. 따라서 구체적인 상황에서 차등대우가 직무 성격에 비추어 불가피하게 특정성이 요구되는 경우에 해당하였는지는 그 나라의 고유의 문화와 가치관에 따른 고용의 방식 등에 영향을 받을 가능성이 존재한다. 따라서 [남녀고용평등법]이 간접차별을 명문화하여 사용자가 가치중립적 관행에 따른 기준을 제시하여도 그 조건을 충족할 수 있는 남성 또는 여성이 다른 한 성(性)에 비하여 현저히 적고 그에 따라 특정성에게 불리한 결과를 초래하는 상황이 발생할 경우 차별이 있었다고 판단할 수 있는 가능성을 제시하여 무의식적 관행에 의하여 발생하는 차별을 차단하려고 하지만, 이러한 기준이 정당성 있는 진정직업요건에 해당하는 것인지 여부를 다시 판단하여 간접차별이 있었는지 결정한다면 이 단계에서 관행과 관습이 영향을 줄 가능성은 다시 존재한다. 물론 직접 차별이 존재할 때 제시된 기준이 진정직업적격에 해당하는지 여부를 다투는 경우가 더 많을 것으로 예상되지만 사안의 복잡성은 간접차별을 야기하는 중립적 기준이 진정직업적격에 해당하는지 여부를 판단하는 것이 더 심각할 것으로 생각된다.

따라서 진정직업요건의 기준에 어떠한 내용이 포함되어야 하는지는 차별금지 규정의 실질적인 적용에 있어서 매우 중요한 것이다. 이에 대하여 미국 [인권법] 제7편(Title VII of the Civil Rights Act of 1964)은 인종, 피부색, 종교, 성별, 또는 출생국적을 이유로 하는 차별적 고용행위를 원칙적으로 금하고 있지만, 그 직무상 진정직업자격이 요구되는 경우에는 예외적으로 차별적 고용행위를 허용하고 있다. 이때 진정직업자격이란 종교, 성별, 또는 출생국적이 특정 사업 또는 기업의 정상적인 운영에 합리적으로 필요한 자격에 해당되는 경우로 이해한다. 미국 연방법원은 진정직업적격으로 인정되기 위해서는 첫째, '전체적으로 또는 실질적으로' 특정성이 당해 직무를 수행할 수 없는 것인지의 여부를 판단한다. 예를 들어 일정한 무게 이상을 들어 올려야 하는 직종에 여성의 취업을 금지하는 경우 사용자는 거의 모든 여성이 그 무게를 들어 올릴 수 없다는 것을 입증하지 못하는 경우 이 기준은 진정직업적격에 해당하지 않는다고 한다(International Union v. Johnson Controls, Inc., 499 U.S. 187, 201(1991)). 둘째, 특정성을 배타적으로 고용하지 아니하는 경우 사업의 본질이 훼손되는지의 여부에 따라 진정직업적격 여부를 판단하는데, 항공기 객실승무원에 여성을 배타적으로 고용하는 것이 문제된 사건에서 사용자는 "불안한 승객을 안심시키고 정중한 승객별 서비스를 제공, 항공기 객실이라는 제한된 공간에서 비행을 가능한 한 즐겁게 하는 것을 고려하여 여성의 직무수행 능력이 우월하고, 승객 또한 여성 승무원을 선호하기 때문에" 사업상 필요함을 주장하였으나 법원은 항공여객 사업의 최우선 기능은 승객의 안전수송이므로, 객실 서비스 업무능력이 남성에 비하여 여성이 우월하다 할지라도 이는 사업의 본질에서 벗어나는 것이라는 이유로 사업 본질 훼손에 관한 요건을 충족하지 못하며 이 기준은 진정직업적격에 해당하지 않는다고 보았다 Diaz v. Pan Am(Diaz v. Pan Am. World Airways, Inc., 442 F.2d 385, 388(1971)). 마지막으로 개인의 프라이버시가 문제되는 사안에서, 성차별을 제거 또는 보다 덜 차별적인 합리적 대안은 없는지 검토하는 것이다. 예컨대 부보안관(deputy sheriff) 자리에서 여성 지원자를 배제한 사건에서 관련된 자리가 교도소의 남성 구역이므로 성별이 진정직업자격에 해당된다고 주장하였으나, 법원은 수형자의 프라이버시와 여성 지원자의 고용기회 간 충돌을 제거하는 방향으로 직무가 재조정될 수 없음이 입증되지 못하였다는 이유로 진정직업자격의 항변을 부정하였다(Hardin v. Stynchcomb(Hardin v. Stynchcomb, 691 F.2d 1364(11th Cir. 1982)).

나. 여성근로자 모성보호를 위한 조치

차등대우가 정당성을 가지는 두 번째 유형으로 [남녀고용평등법]은 모성보호를 들고 있다(제2조 제1호 나목). 모성보호는 여성의 임신, 출산, 수유와 같은 고유의 기능을 보호하기 위한 조치를 의미한다. [여성차별철폐협약]도 "당사국이 모성을 보호할 목적으로 본 협약에 수록된 제조치를 포함한 특별조치를 채택하는 것은 차별적인 것으로 보아서는 아니 된다.(동 협약 제4조 제2항)"고 하고 있다.

다. 적극적 조치

적극적 조치는 오랜 기간 동안 차별을 받았기 때문에 현실적으로 열등한 위치에 놓여있는 집단을 잠정적으로 우대하여 실질적인 평등을 달성하려는 것을 목적으로 하는 것이다. 18세기 근대 사회가 시작되고 난 이후에도 여성에 대한 비과학적 편견으로 여성의 사회진출이 전면적으로 차단되다시피 하였다는 것을 고려하면 여성이 오랫동안 차별받았던 집단에 해당한다고 볼 수 있다. [여성차별철폐협약]은 "남성과 여성 사이의 사실상의 평등을 촉진할 목적으로 당사국이 채택한 잠정적 특별조치는 본 협약에서 정의한 차별로 보지 아니한다."고 하여 여성에 대한 적극적 조치의 정당성의 근거를 두고 있다. 다만 이러한 적극적 조치를 위한 별도의 기준은 기회와 대우의 평등이라는 목적을 달성한 때에는 중단되어야 한다고 명시하고 있다(동 협약 제 4조 제1항). [남녀고용평등법]이 직접차별과 간접차별을 규정하면서 적극적 고용조치 개선을 위한 조치를 정당성이 부여되는 것으로 규정하는 것도 [여성차별철폐협약]의 관련 규정을 반영하는 것으로 볼 수 있다.

4. 모성보호법제와 모성에 대한 차별금지

(1) 모성보호의 개념

모성보호(maternity protection)란 여성만이 가지고 있는 생명의 재생산을 위한 기능에 대한 보호를 의미한다. 일반적으로 이에 해당하는 모성기능은 생리·임신·출산·수유에 관련된 기능을 지칭하는 것으로 여성들의 이러한 기능은 월경이 시작되면서 폐경에 이르기까지의 기간 동안에 나타나므로 이 기간 동안 관련된 기능을 보호하는 것을 의미한다.

모성보호는 그 보호 방식에 따라서 대체로 3가지의 유형으로 구별되는데, 첫째는 여성의 임신 및 출산 기능에 직접 관련된 사항을 보호하는 직접적 모성보호로 방식이다. 여기에 해당하는 것으로는 산전산후휴가, 임신 중 경미한 업무로의 배치전환, 출산휴가 중의 해고 금지, 유산 유급휴가, 수유시간 제공, 생리휴가 등이 이에 포함된다. 둘째는 여성노동자 일반을 보호함으로써 모성보호의 효과를 가져오는 간접적인 모성보호 방식이다. 이에 해당하는 것으로 여성노동자에 대한 시간외 노동의 제한, 야간작업의 금지, 위험·유해작업의 금지, 갱내노동의 금지 등이 해당된다. 셋째는 각종 지원을 통하여 육아의 부담을 경감시켜 줌으로써 모성보호를 달성하는 것이다. 예를 들어 육아시설의 확충과 육아휴직, 자녀간병휴가, 학교견학휴가 등이 포함된다.

최근 모성보호에 관한 정책의 흐름은 직접적 모성보호는 강력하게 보호를 강화고 육아지원과 같은 정책은 더 이상 모성보호 차원이 아니라 근로자 일반에 대한 일과 가정의 양립을 가능하도록 하는 정책으로 강화되어 가고 있다. 반면에 여성근로자 일반을 위험하고 유해한 근로에 배치되지 못하도록 하여 모성보호의 목적을 꾀하는 간접적 모성보호 방식은 그동안 산업 현장의 환경이 변화하였으며, 지나치게 모든 위험 현장 및 시간외 근로의 금지 등의 정책이 여성노동자를 임금노동시장에서 배제시키는 결과를 가져올 수 있다는 이유 때문에 간접적 모성보호는 모성보호의 범위에서 분리하는 추세이다.

(2) 우리나라의 모성보호법제의 발전

1953년 제정된 [근로기준법]은 제5조에서 사용자가 남녀근로자에 대해 차별대우하는 것을 금지한 한편, "여자와 소년"을 제5장에 독립시켜 여기에 여성근로자 보호에 관한 특별보호 규정을 두었다. 구체적으로 여기에는 ① 도덕상 또는 보건상 유해·위험한 사업과 갱내 근로에 여성사용 금지(제정 [근로기준법] 제51조), ② 하오 10시부터 상오 6시까지의 사이와 휴일근로에 여성근로자 사용금지(동법 제56조), ③ 단체협약이 있는 경우라도 1일에 2시간, 1주일에 6시간, 1년에 150시간을 초과하는 시간외의 근로에 여성 근로자 금지(동법 제57조), ④ 여성의 갱내근로 금지(동법 제58조), ⑤ 생리휴가를 청구하는 경우에는 월 1일의 유급생리휴가 부여(동법 제59조)와 같은 간접적 보호 규정과, ⑥ 임신 중의 여성근로자에 대하여는 산전후를 통하여 60일의 유급보호휴가 제공(동법 제60조 제1항), ⑦ 임신 중인 여성근로자의 청구 시 경역한 근로에 전환의무 및 시간외근로 금지(동법 제60조 제2항), ⑧ 1년 미만의 유아를 가진 여자근로자의 청구가 있는 경우에는 일 2회 각각 30분 이상의 유급수유시간 제공(동법 제61조)과 같은 직접적 보호규정이 있었고, 나아가 ⑨ 여성근로자가 해고로부터 14일 이내에 귀향하는 경우에는 사용자는 필요한 귀향여비를 부담(동법 제62조)과 같이 당시 우리나라의 특수한 상황을 고려한 규정이 포함되었다.

그러나 [근로기준법시행령]은 1969.11.10에야 제정되었고 법의 적용범위가 상시 15명 이상의 근로자를 사용하는 사업으로 제한되었으며 1960년 이후 미혼의 저 연령 여성들을 저임금과 장시간의 노동집약적 산업(섬유, 봉제, 전자 등)에 종사하게 하여 고도경제성장을 이루려는 경제정책이 수립되어 70년대까지 추진되었기에 이 시기의 여성노동관계법은 사문화될 수밖에 없었다. 특히 저임금의 미혼여성을 노동력의 기초로 경제 성장의 기초를 다지는 과정이었기 때문에 임신, 출산과 관련한 모성보호 규정의 준수는 쟁점이 되기 어려운 상황이었다.

여성근로자에 대한 모성보호 규정이 본격적으로 논의되기 시작한 것은 1980년대 이후였다. 1980년대에는 [헌법]에 여성에 대한 고용차별 금지규정과 모성보호규정이 신설되고 [남녀고용평등법]이 제·개정되는 과정에서 여성의 모성보호의 강화를 위한 입법도 다양한 논의가 시작되었다. 여성의 모성보호에 관한 입법에는 여자선원의 출산휴가와 생리휴가, 유해위험작업에 대한 보호 규정들을 신설한 선원법이 개정 되었고(1984.8.7), 유급생리휴가 제공에 있어서 여성의 청구요건을 삭제하였다. 여성근로자의 야간근로금지에 대해서 당시 사용자단체들은 생리휴가, 야간근로금지 등의 여성보호규정이 여성고용기회와 인력활용에 악영향을 미치고 여성에 대한 과보호가 되며 [남녀고용평등법]의 입법취지에 상충되므로 폐지되어야 함을 주장했고, 학계에서도 직접적 모성보호 이외에 생리휴가를 포함한 일반여성보호 규정은 노동과학적인 측면에서 합리성이 없으므로 완화 내지 폐지되어야 하고 임신·출산에 직접적인 관련이 있는 모성보호규정을 실효화하도록 [근로기준법]상의 여성특별보호규정을 개정되어야 한다는 견해도 제시되었다. 그러나 [헌법]이 여성특별보호를 규정하고 있는데다가 우리나라 여성노동현실은 보호도 평등도 사실상 없으므로 남녀평등은 여성보호 규정의 준수를 통한 평등을 추진하여야 한다는 견해를 제시한 입장이 반영되어 [근로기준법]의 모성보호 규정은 더 강화되었다.

여성노동에 관련하여 다양한 입법이 이루어지면서 모성보호에 관한 규정도 여러 분야의 법에서 명문화 하였다. 먼저, 1995년 제정된 [여성발전기본법]은 국가·지방자치단체·사업주에게 여성의 임신·출산·수유에 대한 특별보호책임을 부과하고 모성보호비용에 대해 사회보험 및 재정 등을 통한 사회적 부담을 높여 나가도록 해야 함을 명문화하였고(제정 [여성발전기본법] 제18조), 1997년 개정된 [근로기준법]은 임신부를 탄력적 근로시간제의 적용에서 제외시켰고, 생리휴가와 산전후휴가를 단시간근로자도 근로일수에 관계없이 받을 수 있도록 하였다. 그러나 1999년 [근로기준법]을 개정하며 여성귀향여비제공규정은 모성보호가 아니라는 이유로 폐지하였다. 당시 여성근로자의 모성보호에 관하여 의미 있는 입법은 1998년 제정된 [파견근로자보호등에관한법률]에서 [근로기준법]의 여성보호규정의 적용에 있어서는 사용사업주를 사용자로 보나, 사용사업주가 유급생리휴가와 유급출산휴가를 주는 경우에 유급으로 지급되는 임금은 파견사업주가 지급해야 한다는 것을 규정한 것이다.

이미 1980년대부터 여성일반에 대한 보호는 도리어 여성을 채용시장에서 차별하는 기제로 작용할 수 있음에 대한 문제제기가 있었고 세계적인 추세 또한 직접적 모성보호는 강화하되 간접적인 여성근로자 전체를 대상으로 하는 보호는 선택적으로 변화하고 있음을 고려하여 2001년 [근로기준법]의 모성보호 개정은 이를 반영하였다. 이에 따라서 생리휴가규정과 수유시간 규정을 제외한 모든 여성보호규정이 임신·출산 중인 여성의 모성보호를 강화한 반면 일반여성의 여성보호규정은 여성의 취업과 소득의 증대를 위해 다소 완화되었다. 직접적 모성보호를 강화한 개정으로 임신 중인 여성근로자의 시간외 근로가 금지되고 산전후휴가기간은 60일에서 90일로 늘어났으며 그중 60일만 유급휴가로 하고 30일에 대하여는 [고용보험법]의 산전후휴가급여를 받을 수 있게 하였다. 또한 도덕상 또는 보건상 유해·위험한 사업에의 여성사용금지규정의 보호대상을 모든 여성에서 임신 중이거나 산후 1년이 경과되지 아니한 임산부로 변경하고, 18세 이상의 일반여성은 임신 또는 출산에 관한 기능에 유해·위험한 사업에만 사용하지 못하게 하였다.

반면에 일반적 여성보호규정인 야간근로와 휴일근로에 대하여 임산부와 18세미만자에 대해서만 본인의 동의(임신부의 경우는 명시적인 청구)와 모성보호와 건강보호를 위한 노사 간의 협의, 노동부장관의 인가가 있어야 허용하였고, 18세 이상의 일반여성은 동의하면 근로를 할 수 있게 완화하였다. 또한 18세 이상의 여자에 대하여 시간외의 근로를 제한시킨 규정의 보호대상은 산후 1년이 경과되지 아니한 여성으로 한정시켰다. 또한 여성의 갱내근로금지에 예외를 두었다. 또한 2004년 생리휴가가 여성근로자가 청구하는 때 무급으로 제공하도록 변경되었다. 2005년 개정에서는 취업규칙의 필수적 기재사항에 "산전후휴가·육아휴직 등 여성근로자의 모성보호에 관한 사항"이 추가되도록 하였으며, 임신 16주 이상후 자연유산 또는 사산한 경우([모자건법]이 허용한 인공임신중절수술의 경우 포함)에 유산·사산 휴가의 제공규정이 신설되었다.

(3) 임신, 출산 수유를 원인으로 하는 차별 금지

[남녀고용평등법]은 사업주가 근로자에게 성별, 혼인, 가족 안에서의 지위, 임신 또는 출산 등의 사유로 합리적인 이유 없이 채용 또는 근로의 조건을 다르게 하거나 그 밖의 불리한 조치를 하는 경우를 차별로 정의하고 있으며(제2조 제1호), 남녀근로자를 모집, 채용, 임금, 임금 이외의 금품, 교육 배치 및 승진, 정년퇴직 및 해고에 있어서 차별하는 것을 금지한다. 또한 여성근로자가 임신 또는 출산 또는 육아휴직을 이유로 해고나 그 밖의 불리한 처우를 하거나, 육아기 근로시간 단축을 이유로 해당 근로자에 대하여 해고나 그 밖의 불리한 처우를 한 경우, 사업주가 다음 각 호의 어느 하나에 해당하는 위반행위를 한 경우에는 3년

이하의 징역 또는 2천만 원 이하의 벌금에 처한다(제37조 제2항).

국가인권위원회는 계약직 의사 공개채용에서 계약만료를 앞두고 재차 응시한 진정인에게 출산을 앞두고 있어 인사위원회 추천이 어렵다는 등의 차별적 발언을 한 것과 관련하여 피진정인 소속기관의 장인 ○○구청장에게 피진정인에 대해 경고조치하고 양성평등 정책을 수립·시행할 것을 권고하였다(국가인권위원회 2007.3.9자 06진차618 결정).

또한 국가인권위원회는 교사의 성과상여금을 지급함에 있어 산전후휴가기간을 실제 근무기간으로 인정하지 아니하고 지급대상기간에서 제외하는 것은 평등권침해의 차별행위에 해당한다고 결정하였다(국가인권위원회 2007.3.9. 자 06진차263 결정).

ILO 협약 제183호 모성보호협약(2000)의 주요내용

협약 제1조와 제2조에서는 적용범위를 규정하고 있으며 제3조는 어머니와 영아에 대한 건강보호를 제4조는 출산휴가 제5조는 질병 혹은 합병증으로 인한 휴가를 규정하고 있으며 제6조와 제7조에서 출산휴가 또는 질병 혹은 합병증으로 인한 휴가 중인 여성의 급여보장, 제8조와 제9조는 임신 중인 여성과 출산휴가 후 여성의 고용보호 및 비차별에 대한 보장을 명시하고 있으며 제10조는 수유여성의 권리, 제11조에서 각 회원국의 출산휴가 또는 이와 관련한 급여에 대해 정기적인 검토를 하여야 함을 규정하고 있다. 마지막으로 제12조 내지 제21조에서 협약의 효력 및 이행과 관련한 규정을 두고 있다.

1) 건강보호: 국가는 임신 중이거나 수유기간에 있는 여성이 본인과 자녀의 건강에 중대한 위험을 초래할 수 있는 작업을 수행하지 않을 수 있는 적합한 조치를 취해야 한다.
2) 모성휴가(Maternity Leave): 산전후휴가는 14주 이상으로 한다. 산후 6주의 휴가기간을 보장해야 한다.
3) 관련 질환으로 인한 휴가: 임신이나 출산과 관련된 질병이나 합병증이 있을 경우, 산전후휴가기간의 이전이나 이후에라도 일정기간의 휴가를 주어야 한다.
4) 모성수당: 산모와 자녀의 건강과 기초생활을 보장할 수 있는 수준의 현금수당(cash benefits)을 지급하여야 한다. 기존 소득을 근거로 수당의 액수를 결정할 때에는 이전 소득의 3분의 2 이상이 되어야 한다. 법이 정한 현금수당 수급기준

을 충족시키지 못하는 여성에게는 소득수준에 대한 검증 절차를 거친 후 사회부조의 기금에서 수당을 지급해야 한다. 분만과 산전·후 진료, 필요시 입원진료를 포함하는 의료혜택을 제공하여야 한다. 현금 수당은 강제적인 사회보험이나 공공기금에서 충당하여야 하고, 고용주가 현금수당을 책임지도록 해서는 안 된다. 단, 국가가 이 조약이 채택되기 이전에 이미 법에 정하여 고용주의 임금보전을 시행하고 있었거나, 정부와 노사단체 간에 충분한 합의가 있는 경우는 예외적으로 인정한다.

5) 고용보장과 차별금지: 임신 중이거나 혹은 모성휴가 중, 또는 휴가 후 복귀한 지 얼마 되지 않은 기간 이내에 있는 여성을 임신출산과 관련 없는 다른 중대한 사유가 없는 한 해고하지 못한다. 여성은 모성휴가 이전의 자리 또는 그와 유사한 자리로 복직할 권리가 있다.
6) 수유기간의 여성: 수유를 위하여 하루 1회 이상의 휴식을 갖거나 근로시간을 단축할 수 있다.

ILO 권고 제191조 모성보호에 관한 권고(2000)의 주요내용

국제노동기구는 사무국 이사회가 2000년 5월 30일 제네바에서 소집한 제88차 총회에서 금번 회기 네 번째 의제인 모성보호에 관한 제안 채택을 결정하며 동 제안이 2000년 모성보호협약(이하 협약이라 한다)을 보충하는 권고의 형태를 갖출 것을 결정하며 2000년 6월 15일 다음의 권고를 채택하고 이를 모성보호에 관한 권고(2000)이라 부르기로 한다.

1) 모성휴가: 국가는 협약에 명시된 모성휴가를 최저 18주 이상으로 연장하도록 노력해야 한다.
2) 모성수당: 노사대표와의 협의를 거쳐 가능하면 이전소득전액을 보전해 주도록 한다.
3) 모성수당의 재원: 모성수당을 지급하기 위해서 강제적 사회보험이나 소득에 근거한 세금을 조성할 때에는(사용자가 내든, 사용자와 근로자가 같이 내든 간에) 성의 구분 없이 남녀근로자 모두가 기여하여야 한다.
4) 건강보호: 산모와 자녀가 위험한 상황에 있을 때에는, 건강진단서에 근거하여 위험요인을 제거하고, 근로조건을 변경하며, 변경이 불가능할 때에는 소득손실 없이 다른 위치로 배치전환을 시행한다. 전환이 불가능할 때에는 유급휴가를 지급한다. 임신 중인 여성에게 위험한 상황은 짐을 들어 올리거나 옮기거나 밀거나 끄는 작업, 생식 보건에 유해한 생물학적 화학적 물리적 매체에 노출되는 작업, 공간적인 균형감각을 요구하는 작업, 장시간 앉아 있거나 서있어야 하는 작업,

온도가 매우 높거나 낮은 상태에서 하는 작업, 진동이 있는 상황에서하는 작업이다. 임신 중이거나 수유기간의 여성은 의료전문가의 진단서가 있는 경우 야간근무를 시키지 않는다. 여성은 임신 중의 건강검진을 하기 위하여, 사용자에게 알리고 나서 작업장을 이탈할 권리가 있다. 가능하다면 작업장 가까운 곳에 위생적인 조건을 갖춘 수유시설을 제공한다.

5) 관련 휴가: 산모가 출산 후 아프거나 입원한 경우, 태어난 아기를 돌보기 위하여 남아 있는 산전후휴가 기간만큼의 휴가를 아기의 아버지에게도 제공한다. 신생아의 부모는 산전후휴가기간을 소진한 후 연속해서 부모휴가(육아휴직)를 사용할 권리를 가진다. 육아휴직의 기간, 소득보전, 부모 중 사용하는 사람 등에 대하여는 법으로 정한다.

모성보호에 관한 유럽연합지침안의 주요 내용

최근 유럽연합위원회는 이전의 유럽연합지침과 비교하여 임신 및 출산 여성근로자에 대해 강한 보호를 규정한 두 개의 유럽연합지침안을 제출하였다. 그에 따른 구체적인 내용은 아래와 같다.

① 산전후휴가기간의 연장

유럽연합위원회는 산전후휴가기간을 14주로 하되 이중 2주는 출산 전 또는 후에 의무적으로 사용되도록 하고 있는 현행 직장 내 임신·출산 및 수유 여성근로자의 안전 및 건강보호 개선을 위한 조치 실행에 관한 현행 유럽연합지침 92/85/EWG을 개정하여 산전후휴가기간을 18주로 연장하고, 휴가기간 중 6주는 의무적으로 출산 이후에 부여되도록 하고 있다. 이것은 국제노동기구(ILO)가 모성보호를 위해 2000년 권고한 내용과 일치하는 수준이다. 또한 이번 개정안에서는 아이를 예정일보다 늦게 출산하게 되는 경우에는 산전후휴가의 출산이후 부분을 삭감하지 않고 실제 출산일까지 산전휴가가 연장되도록 하고 있다. 그리고 조산, 출산 후 아이의 입원, 장애아 및 다태아 출산의 경우에 추가적인 휴가를 부여하고, 출산 전 4주 전까지의 임신으로 인한 휴가가 산전후휴가의 기간에 영향을 미치지 않도록 각국 회원국에 조치를 취하도록 하고 있다. 산전후휴가 중의 급여와 관련하여 이번 개정안에서는, 산전후휴가 이전에 받은 월급 전액이 지불되는 것을 원칙으로 하고 있다.

② 해고와 관련된 보호

현행 유럽지침에 따르면, 여성근로자가 산전후휴가기간 중에 해고된 경우에 사용자로 하여금 그 사유를 서면으로 기재하도록 하고 있다. 이번 개정안은, 여성근로자가 산전후휴가 종료 후 6개월 이내에 해고된 경우에, 근로자가 요구하는 한, 사용자가 그 사유를 서면으로 적시하게 함으로써 현행보다 사용자의 의무를 확대하고 있다.

③ 직장 복귀와 관련된 보호

개정안은 여성근로자는 종전보다 열악하지 않은 조건으로 동일 또는 동일가치의 업무에 복귀할 권리를 가지며, 산전후휴가기간 중 도입된 것으로서 여성근로자가 산전후휴가를 사용하지 않았더라면 적용되었을 것이라고 판단되는 근로조건을 요구할 권리를 가진다는 규정을 새로이 도입하였다. 또한 사용자의 법적인 의무는 아니지만 여성근로자가 산전후휴가기간 중이나 산전후휴가에서 직장에 복귀시에 출산 이후 달라진 가정환경에 맞춰 근로시간을 조정해 줄 것으로 요구할 수 있는 조치를 취하도록 하고 있다.

④ 자영업 여성에게 모성보호 규정 확대 적용

유럽위원회가 제출한 또 하나의 유럽지침안은 자영업 여성 및 가족으로 구성된 사업체 내에서 남편과 함께 일하는 여성도 신청에 의해 여성근로자와 동일한 기간의 산전후휴가를 사용할 수 있도록 하였다. 이와 더불어 이 지침에서는 산전후휴가기간 중에는 해당 여성이 건강상의 이유로 자영업을 행하지 못하는 경우에 받을 수 있는 최소한도의 사회보장이 이루어져야 한다고 규정하고 있다.

생각할 문제

1. 여성이 가치는 생물학적 특징인 생리기능이나 임신, 출산, 수유 등을 원인으로 차별하는 것을 성(Sex)에 기반을 둔 성차별로 분류할 수 있다. 그렇다면 이러한 유형의 성차별은 남성에게는 발생할 수도 있는지에 대해 각각 긍정과 부정의 입장에서 근거를 생각해 보시오.
2. 자녀를 출산하고 양육하지 않는 여성에게 출산 장려금을 지급하지 않는 것은 정당한가? 부당한가? 각각의 입장에서 근거를 생각해 보시오.
3. 국가인권위원회는 동성애 지향을 가지고 있는 입대한 피해자의 전역심사에서 이를 증명하기 위하여 성관계사진 제출할 것을 요구하고, 정신과 진료를 받게 하고, 에이즈검사를 실시하는 등의 조치를 한 것을 피해자의 인격권 및 사생활의 자유를 침해하는 차별로 인정하였다(국가인권위원회 2006. 6. 26. 06진차87결정). 이 사건에서 동성애를 지향하는 것을 원인으로 전역심사를 한다면 어떤 절차를 거쳐야 성적 지향을 원인으로 하는 성차별에 해당하지 않을 수 있을까?
4. 두 집단에 대하여 합리적 근거 없이 서로 다르게 대접하는 것은 항상 차별에 해당하는

가? 긍정과 부정에서 각각의 근거를 생각해 보시오.

5. 우리 헌법재판소는 합리적 근거에 의한 차별을 판단하기 위해서는 어떤 것을 제시하고 있는가?
6. 우리 [헌법]이 규정하고 있는 평등에 대한 권리는 인권의 가장 기본적인 내용이다. 그러나 이러한 기본적 인권도 일정한 경우 제한이 가능한데 언제 제한이 가능하며 제한을 위해서는 어떤 요건을 충족해야 하는가?
7. 평등권 심사에 있어서 엄격한 심사척도를 적용해야 한다고 결정한 헌법재판소의 입장에서 구체적으로 엄격한 심사척도는 합리성 심사 이외에 어떤 기준을 추가할 것을 요구하고 있는가?
8. 성차별에 있어서 간접차별이란 어떻게 정의할 수 있으며 구체적으로 어떤 것이 그러한 예에 해당할까?
9. 진정직업적격의 정의와 이를 적용할 때 미국 연방법원이 해석하는 기준은 어떤 것이 있는가?
10. 여성근로자의 모성보호를 위한 규정은 반드시 필요하지만 과도하게 보호하는 규정을 두면 여성고용기회와 인력활용에 악영향을 미친다는 견해가 있다. 그렇다면 여성의 고용활성화와 모성보호를 균형있게 이루기 위해서는 모성보호가 어떻게 구성되어야 한다고 생각하는가?

II. 임금 노동시장에서 성차별 사례

1. 채용단계에서 성차별

2009년 이후 우리나라 여학생의 대학진학률은 남학생을 추월하기 시작하였고 이후 지속적으로 남학생보다 높게 유지되고 있다. 그럼에도 불구하고 경제 활동 참가율은 2005년 50.1%를 기록하여 60% 이상을 보이는 OECD국가들과 비교하여 상대적으로 낮은 현실이다. 특히 여성취업자는 20대에 증가하다가 자녀출산 및 양육시기인 20대 후반부터 30대 이후부터는 노동시장을 퇴출하기 시작하고 40대 이후 재진입하는 경향을 나타내 M자 형태를 나타내고 있다. 그러나 경력단절 이후 여성의 일자리는 본인이 가진 학력이나 전공과는 무관한 단순 서비스직 정도의 하위직에 머물러 있는 것이 대부분이다. 이러한 노동 현실에서 여성에게 채용의 평등은 매우 중요한 것이다. 대부분의 여성들이 경력단절을 경험하지 않고 유지할 수 있는 직업군은 공무원과 같은 공공영역에 국한된다.

제대군인가산점제도 위헌 결정(헌재 1999. 12. 23 선고 98헌마363 결정)

(1) 사건의 개요

이 사건은 7급 또는 9급 국가공무원 공개경쟁채용시험에 응시하기 위하여 준비 중에 있는 여성들과 신체장애가 있는 남성들이 제대군인이 6급 이하의 공무원 또는 공·사기업체의 채용시험에 응시한 때에 필기시험의 각 과목별 득점에 각 과목별 만점의 5퍼센트 또는 3퍼센트를 가산하도록 규정하고 있는 [제대군인지원에관한법률] 제8조 제1항, 제3항 및 동법 시행령 제9조가 자신들의 [헌법]상 보장된 평등권, 공무담임권, 직업선택의 자유를 침해하고 있다고 주장하면서 1998. 10. 19. 헌법소원심판을 청구한 것이다. 이에 대하여 헌법재판소가 전원일치의 의견으로 [제대군인지원에관한법률] 제8조 제1항, 제3항 및 동법 시행령 제9조가 청구인들의 평등권과 공무담임권을 침해하였다는 결정을 내렸다. 결정문의 요지는 다음과 같다.

(2) 헌법재판소의 결정

가. 차별의 대상

전체 여성 중의 극히 일부만이 제대군인에 해당할 수 있는 반면, 남자의 대부분은(80% 이상) 제대군인에 해당하므로 가산점제도는 실질적으로 성별에 의한 차별이다. 또한 가산점을 받을 수 있는 현역복무를 하게 되는지 여부는 병역의무자의 의사와 관계없이 징병검사의 판정결과, 학력과 병력수급의 사정에 따라 정하는 것이므로 가산점제도는 현역복무나 상근예비역 소집근무를 할 수 있는 신체 건장한 남자와 그렇지 못한 남자, 즉 병역면제자와 보충역복무를 하게 되는 자를 차별하는 제도이다.

나. 심사의 척도

평등위반 여부를 심사할 때 엄격한 심사척도를 따를 것인지, 완화된 심사척도를 따를 것인지는 입법자에게 인정되는 입법형성권의 정도에 따라 달라지게 될 것이나, [헌법]에서 특별히 평등을 요구하는 경우와 차별적 취급으로 인하여 관련 기본권에 대한 중대한 제한을 초래하게 된다면 입법형성권은 축소되어 더욱 엄격한 심사척도를 적용해야 할 것이다. 그런데 가산점 제도는 엄격한 심사척도를 적용하여야 하는 위의 두 경우에 모두 해당한다. [헌법] 제32조 4항은 "여자의 근로는 특별한 보호를 받으며, 고용, 임금 및 근로조건에 있어서 부당한 차별을 받지 아니한다."고 규정하여 '근로' 내지 '고용'의 영역에 있어서 특별히 남녀평등을 요구하고 있는데, 가산점제도는 바로 이 영역에서 남성과 여성을 달리 취급하는 제도이기 때문이다. 또한 가산점 제도는 [헌법] 제25조에 의하여 보장된 공무담임권이라는 기본권의 행사에 중대한 제약을 초래하는 것이기 때문이다(가산점제도가 민간기업에 실시될 경우 [헌법] 제15조 보장하는 직업선택의 자유가 문제될 것이다). 이와 같이 가산점 제도에 대하여는 엄격한 심사척도가 적용되어야 하는데, 이것은 비례성 원칙에 따른 심사, 즉 차별취급의 목적과 수단 간에 엄격한 비례관계가 성립하는지를 기준으로 한 심사를 행함을 의미한다.

다. 가산점제도의 입법 목적

가산점제도의 주된 목적은 군복무 중에는 취업할 기회와 취업을 준비하는 기회를 상실하게 되므로 이러한 불이익을 보전해 줌으로써 제대군인이 군복무를 마친 후 빠른 기간 내에 일반사회로 복귀할 수 있도록 해 주는 데에 있다. 인생의 황금기에 해당하는 20대 초·중반의 소중한 시간을 사회와 격리된 채 통제된 환경에서 자기 개발의 여지없이 군복무 수행에 바침으로써 공무원 채용시험 응시 등 취업 준비에 있어 제대군인이 아닌 사람에 비하여 상대적으로 불리한 처지에 놓이게 된 제대군인의 사회 복귀를 지원한다는 것은 입법 정책적으로 얼마든지 가능하고 또한 매우 필요하다고 할 수 있으므로 이 입법 목적은 정당하다.

라. 차별 취급의 적합성 여부

제대군인에 대한 사회복귀의 지원은 합리적이고 적절한 방법을 통하여 이루어져야 한다. 그런데 가산점제도는 공무원채용시험의 필기시험의 각 과목별 만점의 5% 또는 3%를 제대군인에게 가산토록 함으로써 제대군인의 취업 기회를 특혜적으로 보장하고, 그만큼 제대군인이 아닌 사람의 취업의 기회를 박탈·잠식하는 제도이다. 그런데 절대 다수의 여성들과 상당수의 남성들(심신장애가 있어 군복무를 할 수 없는 남자, 보충역에 편입되어 복무를 마친 남자)은 여성과 장애인은 이른바 우리사회의 약자들이다. [헌법]은 실질적 평등, 사회적 법치국가의 원리에 입각하여 이들의 권익을 국가가 적극적으로 보호하여야 함을 여러 곳에서 천명하고 있다.

그럼에도 불구하고 여성과 장애인은 사실상의 차별, 편견으로 생활의 모든 영역에서 어려움을 겪고 있고, 특히 능력에 맞는 직업을 구하기 어려운 것이 현실이다. 이러한 현실을 불식하고 평등과 복지라는 [헌법] 이념을 구현하기 위하여 여성·장애인 관련 분야에서 이미 광범위한 법체계가 구축되어 있다. [여성에 대한 모든 형태의 차별 철폐에 관한 협약] 등의 각종 협약, 위 [헌법] 규정과 법률 체계에 비추어 볼 때 여성과 장애인에 대한 차별금지와 보호는 이제 우리 법체계 내에 확고히 정립된 기본질서라고 보아야 한다. 그런데 가산점 제도는 아무런 재정적 뒷받침 없이 제대군인을 지원하려 한 나머지 결과적으로 이른바 사회적 약자들의 희생을 초래하고 있으므로 우리 법체계의 기본질서와 체계 부조화성을 일으키고 있다고 할 것이다.

마. 차별 취급의 비례성 여부

차별 취급을 통하여 달성하려는 입법 목적의 비중에 비하여 차별로 인한 불평등의 효과가 극심하므로 가산점제도는 차별 취급의 비례성을 상실하고 있다. 가산점제도는 우선 양적으로 수많은 여성들의 공무담임권을 제약하는 것이다. 공무원 채용시험의 합격 여부에 미치는 효과가 너무나 크다. 각 과목별 득점에 각 과목별 만점의 5% 또는 3%를 가산한다는 것은 국가공무원 채용시험의 경우 경쟁률이 매우 치열하고 합격선도 평균 80점을 훨씬 상회하고 있으며, 그 결과 불과 영점 몇 점 차이로 합격, 불합격이 좌우되고 있는 현실에서 각 과목별로 과목별 만점의 3% 또는 5%의 가산점을 받는지의 여부는 결정적으로 영향을 미치게 되고, 가산점을 받지 못하는 사람은 시험의 난이도에 따라서는 만점을 받고서도 불합격될 가능성이 없지 아니하다. 더욱 심각한 것은 공무원 채용시험이야 말로 여성과 장애인에게 거의 유일하다시피 한 공정한 경쟁시장이라는 점이다. 공무원 채용시험은 국가가 능력주의와 평등 원칙에 입각하여 공개적으로 실시하는 것 이고, 또 그러하여야 하므로 이들을 공무원 채용시험에서마저 차별을 기한다면 그만큼 이들에게 심각한 타격을 가하는 것이 된다.

가산점제도가 추구하는 공익은 입법 정책적 법익에 불과하다. 그러나 가산점제도로 인하여 침해되는 것은 [헌법]이 강도 높게 보호하고자 하는 고용상의 남녀평등, 장애인에 대한 차별 금지라는 헌법적 가치이다. 그러므로 법익의 일반적·추상적 비교의 차원에서 보거나, 차별취급 및 이로 인한 부작용의 결과에서 법익 균형성을 현저히 상실한 제도라는 결론에 이르지 아니할 수 없다. 결론적으로 가산점제도는 제대군인에 비하여, 여성 및 제대군인이 아닌 남성을 비례성 원칙에 반하여 차별하는 것으로서 [헌법] 제11조에 위배되며, 이로 인하여 청구인들의 평등권이 침해된다.

2. 임금에 대한 차별

2014년 남성 대비 여성 임금은 약 63.1%에 이른다. 성별에 따른 임금 격차의 원인은 다양하지만 OECD에서 통상적으로 적용되는 저임금의 기준인 중위 임금(median wage)의 50% 이하를 저임금이라고 정의하면, 2007년 조사에 의하면 남성 노동자의 저임금 비율은 6.3%에 불과하지만, 여성의 저임금 비율은 23.9%에 달하여 여성 피고용자 4명 중 1명 정도가 저임금을 받고 있는 것으로 나타나고 있다. 이러한 임금 격차를 극복하기 위하여 [여성차별철폐협약] 제11조 제1항은 당사국에게 고용 분야에서 남녀평등의 기초 위에 동일한 권리 특히 다음의 권리를 확보할 목적으로 여성에 대한 차별을 철폐하기 위한 모든 적절한 조치를 취하도록 하고 있으며, 여기에 "(d) 수당을 포함하여 동등한 보수를 받을 권리 및 노동의 질의 평가에 있어 동등한 처우와 동등한 가치의 노동에 대한 동등한 처우를 받을 권리"를 포함시키고 있다. ILO는 1951년 6월 6일 제34차 총회의에서 「동일가치 노동에 대한 남녀근로자의 동일보수에 관한 조약」(제100호)을 채택하였는데, 동 조약 제2조에서는 회원국에게 동일가치노동에 대한 남녀동일보수의 원칙을 모든 근로자에게 적용할 것을 촉진하도록 하고 있다. 우리나라는 동 조약을 1997년 비준하였다. 나아가 [남녀고용평등법]은 제8조에서 사업주가 동일한 사업 내의 동일 가치 노동에 대하여는 동일한 임금을 지급하여야 하며(동조 제1항), 이때 어떠한 노동이 동일 가치 노동에 해당하는지의 기준은 직무 수행에서 요구되는 기술, 노력, 책임 및 작업 조건 등을 고려하여 결정하여야 한다고 하였다(동조 제2항). 또한 사업주가 이를 위반하여 동일가치 노동에 대하여 동일임금을 지급하지 아니하는 경우 3년 이하의 징역 또는 2천만 원 이하의 벌금에 처하도록 하고 있다(제37조 제1호). 대법원은 2003년 이 원칙에 따라 임금에서의 성차별을 인정하였다.

동일가치노동 동일임금지급원칙 위반사건 : 대법원 2003. 3. 14. 선고 2002도3883 판결

(1) 사건의 개요

문제가 되었던 피고 회사의 취업규칙은 제53조에서 '종업원에 대한 임금은 성별, 학력, 연령, 경력, 기술 정도에 따라 결정한다.'고 규정하였다. 그리고 일용직 근로자를 신규 채용함에 있어 성별에 따라 일당을 다르게 정하여 여성에게 남성보다 낮은 임금을 지급하였고 근로자를 성별에 따라 분리 배치하였다. 이에 대하여 여성근로자인 원고가 "사용자는 근로자에 대하여 남녀의 차별적 대우를 하여서는 아니 된다"고

규정한 [근로기준법]과 "동일한 사업 내의 동일가치의 노동에 대하여는 동일한 임금을 지급하여야 한다."고 규정한 [남녀고용평등법]을 위반하였음을 근거로 피고회사의 대표이사를 고소하였다.

(2) 판례의 입장

가. 수원지방법원 2002. 7. 11 선고 2001노332 판결

지방법원은 여자직원들이 담당하여 왔던 공정의 업무는 스크린상의 잉크를 보충, 주입하거나 교환하고 스크린판을 교환하거나 청소하는 업무이거나, 컨베이어시스템으로 이동하는 타일제품을 단순히 눈으로 보아 불량품에 대하여 형광펜으로 표시만 해주는 업무, 또는 기계버튼을 눌러 스크린판을 당겨주고 스크린판 표면을 닦는 정도의 업무로서 특별한 기술이나 숙련도, 체력을 요하지 아니하는 업무라고 보았다. 반면에 남자직원들이 담당하여 왔던 공정의 업무는 무거운 기계나 원료를 운반, 투입하여야 하는 체력을 필요로 하는 업무이거나, 기계에 대한 숙련도와 전문적인 기술을 요하는 업무라고 인정하였다. 따라서 남녀직원이 담당했던 노동은 담당하는 업무의 성질, 내용, 기술, 노력, 책임의 정도, 작업조건 등에 비추어 봤을 때 동일가치가 아니라고 판단하였다.

나. 대법원2003. 3. 14 선고 2002도3883 판결

① 성별에 따른 임금 차등

회사는 취업규칙 제53조에서 '종업원에 대한 임금은 성별, 학력, 연령, 경력, 기술 정도에 따라 결정한다.'고 규정하고 있어 성별을 임금 결정의 중요한 기준으로 삼아왔고, 실제로 일용직 근로자를 신규채용함에 있어 취업규칙에 근거하여 학력, 경력, 기술 등 다른 기준에서 별다

른 차이가 없는 남녀근로자에 대하여 성별에 따라 미리 일률적으로 책정된 일당을 적용하여 여자의 임금을 남자보다 낮게 책정하였다.

② 동일가치노동에 대한 동일임금지급

[남녀고용평등법]에서 규정하는 '동일가치의 노동'이라 함은 당해 사업장 내의 서로 비교되는 남녀간의 노동이 동일하거나 실질적으로 거의 같은 성질의 노동 또는 그 직무가 다소 다르더라도 객관적인 직무평가 등에 의하여 본질적으로 동일한 가치가 있다고 인정되는 노동에 해당하는 것을 말하고, 동일가치의 노동인지 여부는 직무 수행에서 요구되는 기술, 노력, 책임 및 작업조건을 비롯하여 근로자의 학력·경력·근속연수 등의 기준을 종합적으로 고려하여 판단하여야 한다. 여기서 '기술, 노력, 책임 및 작업조건'은 당해 직무가 요구하는 내용에 관한 것으로서, '기술'은 자격증, 학위, 습득된 경험 등에 의한 직무수행능력 또는 솜씨의 객관적 수준을, '노력'은 육체적 및 정신적 노력, 작업수행에 필요한 물리적 및 정신적 긴장 즉, 노동 강도를, '책임'은 업무에 내재한 의무의 성격·범위·복잡성, 사업주가 당해 직무에 의존하는 정도를, '작업조건'은 소음, 열, 물리적·화학적 위험, 고립, 추위 또는 더위의 정도 등 당해 업무에 종사하는 근로자가 통상적으로 처하는 물리적 작업환경을 말한다.

다. 그런데 공소외 회사는 신규생산직원 채용시 근무부서를 생산부라고 포괄적으로 지정하는 외에 성형, 시유, 소성, 포장, 제유의 5개 공정만을 지정하였는데 그 중 포장과 시유 공정은 남녀 구분 없이 공통으로 지정하였으므로 남녀직원 배치에 관한 원심의 사실인정이 정당한 것인가 자체가 의심스럽다.

나아가 공정 구분과 남녀직원 배치에 관한 원심의 사실인정을 수긍

한다고 하더라도, 공소외 회사의 신규채용 일용직 근로자의 경우, (1) 남녀 모두 하나의 공장 안에서의 연속된 작업공정에 배치되어 협동체로서 함께 근무하고 있고 공정에 따라 위험도나 작업환경에 별다른 차이가 있다고 볼 수 없어 그 '작업조건'이 본질적으로 다르다고 할 수는 없고, (2) 이들은 모두 일용직 근로자로서 그 '책임'의 면에서 별다른 차이가 있다고 보기도 어려우며, (3) 일반적으로 앞서 본 '기술'과 '노력'의 면에서 임금 차별을 정당화할 만한 실질적 차이가 없는 한 체력이 우세한 남자가 여자에 비하여 더 많은 체력을 요하는 노동을 한다든가 여자보다 남자에게 적합한 기계 작동 관련 노동을 한다는 점만으로 남자근로자에게 더 높은 임금을 주는 것이 정당화되지는 않는 것인데, 공소외 회사의 공장의 경우에 남녀근로자가 하는 작업이 작업의 성격이나 기계 작동의 유무의 면에서 다소의 차이가 있고, 작업공정에 따라서는 남자근로자가 무거운 물건을 운반하고 취급하는 등 여자근로자에 비하여 더 많은 체력을 소모하는 노동에 종사한 것이 사실이지만, 그렇다고 하여 남자근로자의 작업이 일반적인 생산직 근로자에 비하여 특별히 고도의 노동 강도를 요하는 것이었다든가 신규 채용되는 남자근로자에게 기계 작동을 위한 특별한 기술이나 경험이 요구되었던 것은 아닌 것으로 보이므로, 원심 인정과 같은 정도의 차이만으로 남녀간 임금의 차별 지급을 정당화할 정도로 '기술'과 '노력'상의 차이가 있다고 볼 수는 없다고 할 것이다.

그렇다면 이 사건 사업장 내에서 일용직 남녀근로자들이 하는 일에 다소간의 차이가 있기는 하지만 그것이 임금의 결정에 있어서 차등을 둘 만큼 실질적으로 중요한 차이라고 보기는 어려우므로, 그들은 실질적으로는 거의 같은 성질의 노동에 종사하고 있다고 봄이 상당하고, 따라서 달리 위와 같은 남녀근로자 사이의 임금 차별이 합리적인 기준에 근거한 것임을 알아볼 수 있는 자료가 없는 이상, 공소외 회사는 임금 책정에 있어 성에 따라 그 기준을 달리 적용함으로써 여자근로자에게 동일가치의 노동에 종사하는 남자근로자보다 적은 임금을 지급한 것이라고 보아야 할 것이다.

3. 정년과 퇴직에 대한 여성차별

[남녀고용평등법]은 "사업주는 근로자의 정년·퇴직 및 해고에서 남녀를 차별하여서는 아니 된다"고 규정하고 있으며(제11조 제1항). 따라서 합리적인 이유 없이 여성근로자의 정년을 짧게 예정하는 것은 동법의 위반이다. 1983년 제기된 여성교환원의 단기 정년 사례는 이 원칙에 관한 것이다. 다만 최초로 사례가 문제된 1983년 당시에는 [남녀고용평등법]이 제정되기 이전이었기 때문에 [근로기준법]에 남녀근로자의 차별금지에 관한 규정 위반 여부가 문제되었다. 이 사건은 여성들이 주로 다수를 차지하는 교환직의 정년이 일반직보다 짧게 돼있는 것을 남녀평등의 관점에서 문제제기한 것을 2차례에 걸쳐 대법원 판결이 있었다. 대법원은 1차 사건에서 교환직렬 여성의 정년을 43세로 남성근로자에 대하여 차등 규정한 것은 남녀차별에 해당하는 것으로 대법원은 판단하였으나, 2차 사건에서는 연공서열제를 채택하고 있는 원고회사의 인건비 상승 문제를 제기하면서 차등정년이 차별적이지 않다고 판단하여 대법원 스스로의 입장을 바꾼 사례이다.

(1) 사건의 개요

여성 교환원 A는는 1961년 입사 당시 교환원으로 임용되어 근무하였고, 1982년 1월 1일 자로 체신부의 전기통신 업무가 한국전기통신공사로 이관됨에 따라 공사의 서울시외전화국 일반직 5급 교환원으로 옮겨 근무하였다. 한국전기통신공사는 1982년 5월 20일 인사규정을 개정하여 교환직렬의 정년을 55세에서 43세로 낮추었으며, 같은 해 6월 노동조합 대표와 "조합원의 인사에 관한 사항은 이 인사관계 규정에 의거 시행함을 확약한다."는 단체협약을 체결하였다. A는 이 인사규정에 따라 1982년 12월 31일 공사로부터 교환원의 정년인 43세에 달하였다는 이유로 정년퇴직 발령을 받았다. A는 정년퇴직조치가 [헌법]과 [근로기준법]의 남녀평등규정에 위배되는 것이라고 주장하며 1983년 1월 13일 서울지방민사법원에 정년 무효 확인소송을 제기하였다.

첫 번째 사건에 대해 제1심과 제2심은 공사의 조치에 대하여 교환직의 특수성 및 인력수급 사정을 고려할 때 합리적인 조치였다고 판단하여 원고인 A에게 패소 판결을 내렸다. 그러나 대법원은 공사의 조치는 여성에 대한 차별에 해당할 수 있다고 인정하였다. 소송이 진행되는 과정에서 한국전기통신공사가 일반직은 58세, 교환원은 53세로 정년 연장 조치를 하였고, 이에 따라 1992년 12월 31일 A는 53세로 정년퇴직을 하게 되었다. 그러자 A는 차별정년 규정에 의한 부당해고를 주장하였다. 그러나 두 번째 제기한 소송에서 대법원에서 A가 패소하였다.

(2) 판례의 입장

가. 1차 사건 대법원 판결의 요지 :
대법원 1988. 12. 27, 선고 85다카657 판결

① [근로기준법]에서 말하는 남녀간의 차별적인 대우란 합리적인 이유 없이 남성 또는 여성이라는 이유만으로 부당하게 차별대우하는 것을 의미하므로 피고 공사의 차별 정년을 인정한 인사규정이 여성이라는 이유만으로 불합리한 차별 내용을 정한 것이라면 무효라고 할 것

이다.

② 피고 공사의 교환직은 전통적으로 여성 근로자로 충당되어 왔고 남녀 근로자의 수나 비율 등으로 보더라도 교환 직렬 직종이 여성 전용 직종으로 볼 여지가 있으므로 남성 근로자가 교환원으로 취업하게 된 경위와 위 직종에서 앞으로도 남성 근로자를 필요로 하는지 여부, 위 직종에 대한 남성들의 취업 경향을 살펴서 교환직렬 직종이 여성 전용 직종인지의 여부를 살펴보아야 할 것이며, 다른 일반직 정년에 비해 12년 낮게 정해진 것이 여성에 대한 불합리한 차별에 해당하는지의 여부를 검토해야 할 것이다.

③ 비록 이들 직렬에 대해서는 원심 인정과 같이 과거부터 낮은 정년을 정하여 오기는 하였지만 이와 같은 사실만을 가지고는 그것이 여성에 대한 합리적인 이유 없는 부당한 차별이 아니라는 이유로 삼기는 어렵다고 보여지므로 이들 직종 근로자의 근로 내용, 이들 근로자가 갖추어야 할 능력, 근로 시간, 이용자에 대한 역할, 특별한 복무규율이 필요한 여부나 인력 수급 사정 등 이들 근로자와 피고 공사에 관한 여러 사정을 모두 고려하여 정년을 낮게 정할 상당한 이유가 있었는지, 아니면 합리적인 이유 없이 부당하게 정년을 낮게 정한 것인지의 여부 등을 자세히 검토해야 할 것이며, 위의 모든 사정들을 종합하여 여성 전용 직종으로 보여지는데도 합리적인 이유 없이 여성 근로자들이 조기 퇴직하도록 부당하게 낮은 정년을 정한 것이라면 이는 위 [근로기준법]의 남녀 차별 금지규정에 해당되어 무효로 보아야 할 것이다.

나. 2차 사건 상고심 : 대법원 1996. 8. 23, 선고 94누13589 판결

① 현재 총 인원 수 6,208명 중 30세 이하는 30명에 불과하고 40세

이상은 2,352명에 이르게 되자 교환직렬 직원들도 젊은 교환원들의 채용을 원하고 있을 뿐 아니라 오히려 단축해야 한다는 의견이 있고, 교환직렬에 잉여인력이 발생하여 1982년 11월 26일 이후 신규채용을 중지하고 있을 뿐만 아니라 교환직렬 상당수는 교환직렬 업무가 아닌 고장신고 업무나 전화국 창구보조 업무 등을 담당하고 있고 이들에 의한 원고의 인건비 증가분도 상당한 사실이 인정된다.

② 1987년 9월 4일 부터 1994년 5월 30일 까지 교환직렬 직원의 퇴직자 869명 중 53세의 정년으로 퇴직한 자는 1명뿐이고 그 나머지는 모두 정년에 이르기 전에 조기퇴직한 사실이 인정된다. 이러한 점에 비추어 볼 때 53세가 넘는 고령의 여성 근로자가 야간근무 등을 수반하는 교환직의 업무를 담당하는 것이 적합한지도 의문이다.

③ 교환직렬의 정년을 다른 직렬의 경우와 같이 58세로 연장하면 교환직렬은 더욱 고령화되고 신규인력의 유입이 더욱 어려워짐에 따라 연공서열제를 채택하고 있는 공사의 고용비용은 더욱 증가되고 생산성은 더욱 낮아질 수밖에 없다. 위와 같은 사실이 인정된다면 공사가 교환직렬에 대 하여 다른 일반직 직원과 비교하여 5년간의 정년차등을 둔 것은 사회 통념상 합리성이 없다고 단정하기 어렵다.

4. 결혼을 사유로 하는 퇴직의 정당성

[남녀고용평등법] 제11조 제2항은 "사업주는 여성 근로자의 혼인, 임신 또는 출산을 퇴직 사유로 예정하는 근로계약을 체결하여서는 아니된다"고 하고 있다. 따라서 결혼과 동시에 퇴직을 유도하는 것은 동법 위반이다.

(1) 사건의 개요

D제분회사는 결혼퇴직을 명시한 사규는 없으나 사무직 여성 중 기혼여성이 한 명도 없었다. 그런데 7년간 6급 사무직원으로 근무하던 원고 여성 A는 1998년 8월경 3개월 뒤 결혼한다는 사실을 통보하고 같은 해 11월 2일 사직서를 제출하여 의원면직 처리되었다. 당해 여성은 자의에 의한 사직이면 실업급여를 받지 못한다는 사실을 알게 되자 회사 측에 퇴직 사유 수정을 요구했으나 거부당했다. 이에 결혼퇴직 각서를 비롯한 결혼퇴직 관행 때문에 진의가 아닌 의사표시로 사직했음을 주장하여 부당해고 구제 신청을 한 사건이다. 지방노동위원회, 중앙노동위원회, 서울행정법원에서 결혼퇴직 관행으로 인한 부당해고로 인정받았으나, 고등법원과 대법원에서 패소하였다.

(2) 판례의 입장

① **서울행정법원** 2000.2.15. 99구18615

결혼 후에도 계속 근무한 여성이 정식 직원으로 근무한 사례가 없는 점, 당시 재직 여성근로자 전원이 미혼인 점, 생산직 남성근로자로만 노동조합이 구성돼 있는 점을 사실로 인정하여 결혼퇴직 조건부 채용 또는 결혼퇴직 관행이 있다고 하였다.

② **서울고등법원** 2000.8.30. 2000누2817

사용자 측이 제시한 번복진술서를 근거로 근로자 측 진술서를 배척하였다. 또한 결혼퇴직 관행이 있었다고 볼 수 있는 간접증거가 충분하지도 않다고 보았다. 2심 판결은 미혼 여성만 근무 중이고 결혼 이후에도 계속 근로한 여성이 없다는 사실, 여성만 남성보다 낮은 직급으로 배치했다는 사실을 인정하였다. 하지만 당해 근로자가 먼저 퇴직하겠다고 말한 후 사표수리 날짜에 대해 상의했다는 사실, 실업급여 수급자격을 위해 퇴직 사유를 변경해달라는 부탁을 당해 회사에 했다는 사실, 후임자에 대한 인수인계 작업을 잘 진행했다는 사실을 인정하여 부당해고에 해당하지 않으며 근로계약이 합의 해지되었다고 판단하였다.

여성신문, 2002년 633호

대한제분 결혼퇴직 여성노동자 패소

결혼을 이유로 퇴직을 강요당해 사직서를 제출한 여성근로자에 대해 대법원이 '부당해고에 해당하지 않는다.'는 판결을 내려 물의를 빚고 있다. 대법원은 결혼퇴직 당한 여성근로자 김씨에 대한 구제명령과 관련하여 중앙노동위원회와 여성근로자 김씨를 상대로 부당해고구제 재심판정 취소를 청구한 원고(대한제분 주식회사)에 대해 승소 판결을 내렸다.

1991에서 98년까지 대한제분에서 근무한 김씨는 98년 11월 결혼 소식을 통보하면서 사직서를 제출, 같은 날 의원면직 처리되었다. 김씨는 "입사할 당시 '결혼하면 퇴직한다.'는 조건 내지 '결혼한 여성근로자는 퇴직시킨다.'는 회사의 방침이 있는 이상 어쩔 수 없이 퇴직할 수밖에 없다고 생각하여 사직서를 제출했다"고 진술했다. 그는 또 "결혼 후에도 계속 근무할 의사가 있었지만 그러한 관행이 없다는 이유로 거절당해 결혼 직전 사직서를 썼다"고 덧붙였다.

그 후 김씨는 실업급여를 신청하는 과정에서 결혼퇴직은 부당해고에 해당한다는 사실을 처음 알게 되었고 지방노동위원회에 구제신청을 하여 원직복직 등 구제명령을 받았다. 이에 대해 회사는 중앙노동위원회에 재심 신청을 하였으나 기각됐다. 그 후 대한제분측은 서울행정법원에 재심판정취소 소송을 제기, 패소하였다. 행정법원은 판정 당시 △대한제분의 정식 여성근로자 56명 전원이 미혼이라는 점 △창립 이후 46년간 결혼 사실이 밝혀진 후 근무한 여성근로자가 한 명도 없다는 점 △채용시 사무직 고졸 여성은 6급 사원으로 채용(사무직 고졸 남자는 5급으로 채용)하고 일반적으로 승진의 기회를 부여하지 아니한 점 △대한제분 노조원 가운데 여성근로자가 한 명도 없다는 점 △(결혼퇴직 관행이 없음을 증언한) 노조위원장은 여직원 채용시 면접이나 채용여부 결정, 발령 등 인사에 관여하지 않은 사실들을 인정하여 "회사가 김씨를 의원면직 처리한 것은 정당한 이유 없는 해고"라고 결론 내리고 있다.

그러나 고등법원과 대법원에서는 1심에서 부합증거로 채택한 사실을 인정하면서도 대한제분에 결혼퇴직 관행이 있음을 추단하기 부족하다는 판결을 내렸다. 또한 결혼퇴직각서를 제출하였다는 점에 부합하는 퇴직한 여직원의 진술서, 지방노동위원회 공무원의 증언을 모두 믿을 수 없다고 한 다음 대한제분에 근무하는 직원과 노조위원장의 증언을 증거로 김씨가 자발적으로 사직서를 제출하여 근로계약이 합의 해지되었다는 결론을 이끌어냈다.

5. 해고상의 성차별

1960·70년대 우리나라의 산업화 초기 여성노동자들은 양질의 저임금의 노동력을 제공하였고 이를 바탕으로 우리나라는 산업화의 기초를 다질 수 있었다. 그러나 이들 여성노동자들은 1980년대 산업구조의 재편과 함께 일차적인 정리대상이 되었다. 이후 1990년대 이후 세계화의 흐름과 함께 노동시장의 유연화가 과제로 떠오르자 여성은 일차적으로 해고의 대상이 되었다. 1997년 외환위기 때에도 우리나라 여성 근로자는 노동의 유연성 확보를 위한 일차적으로 구조조정 대상이었다. 그러나 [남녀고용평등법]은 사업주가 근로자의 정년 및 해고에 관하여 여성인 것을 이유로 남성과 차별하여서는 아니 된다고 명시하고 있다. 그러나 구체적 법률 사례에서 동 규정이 적용하여 남성과 차별에 의한 해고임을 입증하는 것은 쉽지 않다. 2002년 우리나라 대법원은 금융직에 종사하는 여성근로자가 집단적으로 퇴사하는 알리안츠 생명 사건과 농협중앙회 사건 두 건의 사례에 대하여 판결하였다.

(1) 사건의 개요

두 사건은 구조조정 시기에 명예퇴직을 일차적으로 실시하면서 명예퇴직 우선권유 대상을 사내부부사원으로 정하고 회사 측에서 설득 및 회유, 강요를 했다는 점에서 동일하다. 특히 회유 과정에서 회사의 명예퇴직 권유를 거부할 경우 배우자에 대한 불이익이 있을 것이라는 점을 고지하는 것도 유사하였다. 알리안츠 생명의 경우 88쌍의 사내부부

중 86쌍의 한쪽 배우자가 모두 위와 같이 사직서를 제출하였는데 그 중 여자사원은 86명이고, 남자사원은 2인이었다. 농협중앙회의 경우 사내부부 762쌍 중 752쌍이 부부 중 한명이 명예퇴직으로 퇴사하였고 그 중 688쌍이 여성이 명예퇴직을 하였다. 두 사건의 차이점은 알리안츠 생명 퇴직사건의 경우 퇴직사원들은 피고회사의 취업규칙소정의 퇴직금 이외에 아무런 금원도 수령한 바 없었고, 농협중앙회 사건에서는 명예퇴직수당을 받고 1년간 계약직으로 근무할 수 있도록 하였다는 점에 차이가 있다. 대법원은 두 사건 퇴직처분의 정당성에 대하여 각기 다르게 판단을 하였다.

(2) 판례의 입장

가. 알리안츠 생명 판결

사건의 1차적 판단을 한 서울지방법원(2000. 11. 23. 선고 99가합48608 판결)은 피고회사의 지점장 등이 원고 여성들에게 퇴직을 권유하는 과정에서 피고회사의 어려운 상황을 다소 과장하거나 퇴직하지 않을 경우 남편에게 인사상의 불이익을 입을 수 있다는 취지의 설명을 한 바가 있다고 하더라도, 그와 같은 사정만으로는 원고들이 사직의 의사가 없었음에도 불구하고 우월적 지위에 있는 피고회사의 협박, 강요로 인하여 어쩔 수 없이 위 사직서를 제출하였다고 볼 수는 없다고 하였다. 또한 원고 여성들이 진정으로 사직하기를 원하지는 않았다고 할지라도 그 당시 또는 장래의 피고회사를 비롯한 동종업계의 실정이나 경영상황, 퇴직할 경우와 계속 근무할 경우에 있어서의 이해관계 등을 종합적으로 고려하여 당시의 상황으로써는 그것이 최선이라고 판단하여 위 사직서를 제출하기에 이르렀다고 보이므로, 원고들의 위 사직원 제출이 진의 아닌 의사표시에 해당한다고 할 수는 없다고 할 것이다.

대법원(2002. 7. 26 선고 2002다19292 판결)도 사용자가 근로자로부터 사직서를 제출받고 이를 수리하는 의원면직의 형식을 취하여 근로계약관계를 종료시킨 경우, 사직의 의사 없는 근로자로 하여금 어쩔 수 없이 사직서를 작성, 제출하게 하였다면 실질적으로 사용자의 일방적인 의사에 의하여 근로계약관계를 종료시키는 것이어서 해고에 해당한다고 판단하였다.

나. 농협중앙회 사건 판결

농협중앙회 사건에서 소송의 근로자 측은 합리적인 이유 없이 부부사원이라는 이유만으로 그 중 한 사람을 순환명령휴직 대상으로 삼고, 특히 그 중에서도 남편을 휴직대상으로 선정하여 아내들에게 사직할 것을 강요한 것은 [남녀고용평등법] 및 [헌법] 상 평등권에 위반하는 성차별이라고 주장하였다. 그러나 서울고등법원(2002. 5. 17. 선고 2001나1661 판결)은 부부사원에 대해 사직을 권고했다는 것만으로는 성차별이라 할 수 없으며 경제적 충격이 상대적으로 덜한 부부직원의 일방을 선정하는 것은 사회·경제적 관점에서 용인되는 합리적인 기준이라고 하였다. 또한 부부직원의 일방을 대상으로 정하였을 뿐 아내인 직원만을 대상으로 한 것은 아닌데, 어느 편이 퇴직할 것인가는 당해 부부가 자율적으로 판단할 사항이고 실제로 남편이 퇴직한 경우도 있다고 하였다. 부부사원 우선퇴직 정책으로 인해 실제로는 아내인 사원이 퇴직하는 사례가 많을 수밖에 없다는 사정만을 들어 [헌법]이나 [근로기준법] 등이 정하는 남녀평등에 반하는 성차별로 볼 순 없다고 하였다.

대법원(2002. 11. 8. 선고 2002다35379판결)도 피고인 농협중앙회가 명예퇴직제 등 인력감축방안을 시행하는 과정에서 원고들에게 명예퇴직 권유에 응하지 않을 경우 어떤 불이익을 입을 수도 있다는 취지의 설명을 하였다거나 예상을 넘은 명예퇴직신청자 등으로 인하여 피고가 결과적으로 정리해고를 실시하지 않았고 순환명령휴직을 받은 직원들이 사후에 모두 복직되었다는 사정만으로는 피고가 원고들을 기망하였다거나 강박하였다고 보기 어려우며, 원고들이 사기·강박에 의하여 사직의 의사표시를 하였다고 볼 수 없을 뿐만 아니라 원고들의 사직의 의사표시가 선량한 풍속, 기타 사회질서에 위반하거나 [헌법]상의 기본권 및 [근로기준법]과 [남녀고용평등법]상의 제반 규정에 위반된다고 볼 수 없다.

생각할 문제

1. 헌법재판소는 [제대군인지원에관한법률]의 위헌여부를 심사하는데 어떤 이유에서 엄격한 심사기준을 채택해야 한다고 하였는가?
2. 헌법재판소는 제대군인의 사회 복귀를 지원한다는 것은 입법 정책적으로 얼마든지 가능하고 또한 매우 필요하다고 할 수 있으므로 이 입법 목적은 정당하다고 인정하였음에도 불구하고 [제대군인지원에관한법률]이 평등권이 침해된다고 결정하였다. 그 근거는 무엇인가?
3. 대법원이 동일한 가치를 가지는 노동인지 여부를 판단하기 위하여 제시하고 있는 기준은 무엇인가?
4. 대법원은 동일한 가치를 가지는 노동인지 여부를 판단하면서 남녀 사이에 체력적인 요건을 어떠한 변수로 판단하고 있는가?
5. 정년차별에 관한 교환원 사건에서 한국통신공사는 1982년 5월 20일 인사규정을 개정하여 여성이 대부분을 차지하는 교환직렬의 정년을 55세에서 43세로 낮추었고, 이에 대하여 노동조합 대표와 이러한 차등정년의 효력을 인정하는 단체협약을 체결하였다. 이처럼 노동조합이 단체협약으로 여성에 대한 차등정년이 정당하다고 효력을 인정할 경우 여성노동자들은 이에 대하여 어떤 방법으로 부당함을 주장할 수 있을까?

6. 여성교환원의 차등정년 사건에서 대법원은 두 차례의 판결을 하였다. 첫 번째 사건과 두 번째 사건 모두 여성교환원의 정년을 남성 근로자가 다수인 일반직 보다 대부분이 여성근로자로 구성된 교환직렬의 정년을 낮게 책정한 것이 부당함을 주장한 것인데 첫 번째 사건에서는 여성교환원은 승소하였고 두 번째 사건에서는 패소하였다. 대법원이 유사한 사실에 대하여 다르게 판단한 근거는 무엇이었는가? 이러한 대법원의 입장에 대하여 동의 또는 반대하는 입장을 각각의 근거를 가지고 주장해 보시오.

7. 이 사건에서 혼인하면서 사직서를 제출한 여성직원 A가 결혼퇴직 각서를 비롯한 결혼퇴직 관행 때문에 진의가 아닌 의사표시로 사직했음을 주장하여 부당해고를 주장한 것은 혼인에 의한 성차별에 해당하는가? 각각 긍정과 부정의 각각의 근거를 제시해 보시오.

8. 농협 사내 부부 구조조정 사건에서 서울고등법원은 부부사원에 대해 사직을 권고했다는 것만으로는 성차별이라 할 수 없으며 경제적 충격이 상대적으로 덜한 부부직원의 일방을 선정하는 것은 사회·경제적 관점에서 용인되는 합리적인 기준이라고 하였다. 이러한 구조조정 기준은 합리적이라고 할 수 있는가?

9. 대법원은 농협 사건에서 원고들에게 명예퇴직 권유에 응하지 않을 경우 어떤 불이익을 입을 수도 있다는 취지의 설명을 하였다거나 예상을 넘은 명예퇴직신청자 등으로 인하여 피고가 결과적으로 정리해고를 실시하지 않았고 순환명령휴직을 받은 직원들이 사후에 모두 복직되었다는 사정만으로는 피고가 원고들을 기망하였다거나 강박하였다고 보기 어렵다고 하였다. 대법원의 이러한 입장 대하여 정당하다고 인정하는 입장과 부당하다는 입장 각각의 근거를 제시해 보시오.

제3장

여성 비정규직과 성차별

I. 여성 비정규직의 현황

1. 비정규직의 개념과 유형

비정규직 개념에 대해 국제적으로 통일된 기준은 없으나, OECD는 임시직근로자, 정도를 비정규직으로 파악하고, 임시직근로자에는 유기계약근로자, 파견근로자, 계절근로자, 호출근로자 등을 포함하고 있다. 우리 정부는 고용형태에 따라 정의되는 한시적, 시간제, 비전형 근로자를 비정규직에 포함시키고 있다. 각각은 근로계약의 기간과 조건에 따라 다음의 유형으로 구별된다(고용노동부 홈페이지 참조).

① 한시적 근로자(고용의 지속성)는 근로계약기간을 정한 자 또는 정하지 않았으나 비자발적 사유로 계속근무를 기대할 수 없는 근로자를 의미한다. 여기에는 a. 기간제 근로자와 같이 근로계약기간을 정한 근로자 b. 근로계약기간을 정하지 않았으나 계약의 반복 갱신으로 계속일할 수 있는 근로자, c. 계약만료, 일의 완료, 이전 근무자 복귀, 계절근무 등과 같은 비자발적 사유로 계속근무를 기대할 수 없는 근로자

등으로 나뉜다. 이 중 기간제 근로자가 남녀 모두 ¾ 이상을 차지하여 가장 높게 나타나고 있다.

② 시간제근로자(근로시간) 근로시간이 통상의 근로자에 비해 짧은 파트타임 근로자를 말한다. 시간제 일자리의 가장 큰 특징은 여성 시간제 근로자의 수(약 123만 명)가 남성 시간제 근로자 수(47만 명)를 한참 웃돈다는 것이다. 또한 남성의 경우 30세 이전과 60세 이상의 연령층에 전체 시간제 근로자의 64.3%가 몰려 있어 시간제 근로가 전일제 일자리를 구하기 전이나 은퇴 이후에 종사하는 고용형태인 것을 알 수 있다. 그러나 여성의 경우 20대까지의 연령층 비중이 21.1%(남성은 35.1%)에 그치고, 40대와 50대에 각각 24%, 17.8%로 분포하여 상대적으로 전 연령층에서 나타난다는 것이다.

③ 파견근로자는 임금을 지급하고 고용관계가 유지되는 고용주와 업무지시를 하는 사용자가 일치하지 않는 경우로 파견사업주가 근로자를 고용한 후 그 고용관계를 유지하면서 근로자 파견계약의 내용에 따라 사용사업주의 사업장에서 지휘, 명령을 받아 사용사업주를 위하여 근무하는 자를 의미한다.

④ 특수형태근로종사자는 독자적인 사무실, 점포 또는 작업장을 보유하지 않았으면서 비독립적인 형태로 업무를 수행하면서도, 다만 근로제공의 방법, 근로시간 등은 독자적으로 결정하면서, 개인적으로 모집·판매·배달·운송 등의 업무를 통해 고객을 찾거나 맞이하여 상품이나 서비스를 제공하고 그 일을 한만큼 소득을 얻는 자를 의미한다. 화물차·레미콘 운전자, 퀵서비스 배달원, 골프장 캐디, 학습지 교사, 보험외판원 등이 이에 해당하며 여성 특수고용근로자가 남성의 두 배에 이른다. 근로자의 연령은 30대에서 50대 초반까지 퍼져 있고, 학력은 특

수고용근로자의 90%가 고졸과 전문대졸 이상으로 높은 편이다.

⑤ 용역근로는 청소용역, 경비용역업체 등에 근무하는 자와 같이 용역업체에 고용되어 이 업체의 지휘 하에 이 업체와 용역계약을 맺은 다른 업체에서 근무하는 형태를 의미한다. 절대 수에서 남성이 여성 용역근로자 수를 웃돌아 '용역'이 남성 비정규직 유형으로 보편화된 유형이라고 할 수 있다. 또한 남녀 용역근로자 모두 40세 이상 중·고령층이 다수이며 다른 고용형태에 비해 학력수준이 낮은 것으로 나타나고 있다.

⑥ 기타 비정규직 유형들 : a. 재택근무, 가내하청 등과 같이 사업체에서 마련해 준 공동작업장이 아닌 가정내에서 이루어지는 작업에 종사하는 가내근로, b. 근로계약을 정하지 않고, 일거리가 생겼을 경우 며칠 또는 몇 주씩 일하는 일일근로자 등이 포함된다.

2. 여성 비정규직의 인구학적 특성

성별과 연령에 따른 비정규직의 분포 비율을 보면 남성 비정규직은 진입연령대와 은퇴연령대에서 높게 나타나는 반면 30~40세 때 비정규직 비율은 20% 수준이거나 그 이하의 저점을 유지하고 있다. 그러나 여성 비정규직은 20대 후반에서 30대 초반에 저점을(25~26%) 기록하고 이후 출산과 자녀 육아기를 거친 여성이 노동시장에 다시 진입할 때 다시 증가한다. 여성이 노동시장에 재진입할 때 제공되는 일자리는 대부분 비정규직이기 때문이다. 이러한 현상은 여성의 학력과 무관하게 일관되게 나타난다. 일반적으로 고학력자일수록 비정규직이 될 가능성은 낮으며 이 원칙은 남성근로자와 여성 근로자 모두에게 공통된 현상이지만, 남성 근로자에게서 이 원칙이 더 충실하게 반영되는 것으로 나타난다. 우리나라 여성 중 전문대졸이상의 경우 30.3%가 비정규직인 것으로 나타나 고학력자 중에도 ⅓ 가량이 비정규직으로 일하고 있다.

여성 비정규직의 경우 직장의 규모면에서도 열악하다. 전체 여성 비정규직 중 상대적으로 근로조건이 양호한 300인 이상 대기업에 근무하는 경우는 2012년 8월 4.1%에 불과하며, 나머지 70% 이상이 30인 미만의 영세사업체에 근무하는 것으로 나타났다. 이들은 임금 및 퇴직급여 등에 있어서도 정규직과 현저한 차이를 나타내 퇴직금의 경우 여성 비정규직의 36.3%만이 혜택을 받고, 상여금, 시간외 수당, 유급휴가는 그보다도 낮아서 각각 33.3%, 20.9%, 29.3%의 수혜율을 나타낸다. 2013년 기준 남성정규직 임금을 100%로 놓고 볼 때 여성정규직 66.5%, 남성비정규직 53.8%, 여성비정규직 35.4%에 해당한다. 노조 가입률 또한 2013년 3월 기준 한국의 노동조합 가입률은 12.1%에 불과하여 1,774만 명 중 214만 명이 노동조합에 가입해 있는데 정규직 남성의 가입률은 22.7%, 비정규직 남성은 3.0%, 정규직 여성은 16.4%, 비정규직 여성은 1.2%의 가입률을 나타내고 있다.

II. 비정규직 보호를 위한 법제현황

비정규직을 보호하기 위한 법제는 1998년 2월에 제정된 [파견근로자보호등에관한법률]과 2006년 12월 제정된 [기간제및단시간근로자보호등에관한법률]이 있다. 이 양자를 통칭하여 [비정규직법]이라고 한다.

1. [기간제및단시간근로자보호등에관한법률]

(1) 보호대상 근로자의 범위

"기간제 근로자"란 기간의 정함이 있는 근로계약을 체결한 근로자를 말한다. 근로계약 기간을 정하여 고용된 경우 기간을 정한 사유, 기간의 장단, 계약의 명칭(계약직, 촉탁직, 아르바이트 등) 등에 관계없이 모두 동법에서 의미하는 기간제 근로자로 보호된다. 그리고 "단시간근로자"라 함은 [근로기준법] 제2조 제1항 제8호의 규정에 의한 단시간근로자, 즉 1주 동안의 소정근로시간이 그 사업장에서 같은 종류의 업무에 종사하는 통상근로자의 1주 동안의 소정근로시간에 비해 짧은 근로자를 말한다([기간제및단시간근로자보호등에관한법률] 제2조).

그러나 동법은 상시 5인 이상의 근로자를 사용하는 모든 사업 또는 사업장에 적용하며, 5인 이상의 근로자를 사용하는 경우에도 동거의 친족만을 사용하는 사업 또는 사업장과 가사사용인에 대하여는 적용하지 아니한다(동법 제3조 제1항).

(2) 근로자의 보호

① 사용자는 2년을 초과하지 않은 범위에서(기간제 근로계약의 반복 갱신 등의 경우에는 그 계속 근로한 총 기간이 2년을 초과하지 않는 범위에서) 기간제 근로자로 사용할 수 있다(동법 제4조 제1항). 이는 사용기간을 제한함으로써 기간제 근로자의 증가를 억제하고 고용불안을 완화하려는 것이다.

② 사용자는 단시간근로자에 대하여 [근로기준법] 제2조의 소정근로시간을 초과하여 근로하게 하는 경우에는 당해 근로자의 동의를 얻어야 한다. 이 경우 1주간에 12시간을 초과하여 근로하게 할 수 없다(동

법 제6조 제1항).

③ 근로조건의 명시 : 기간제 근로자 또는 단시간 근로자와 근로계약을 체결하는 사업주는 다음의 사항에 대하여 서면으로 명시해야 한다(동법 제17조).

가. 근로계약기간에 관한 사항

나. 근로시간·휴게시간에 관한 사항

다. 임금의 구성항목·계산방법 및 지불방법에 관한 사항

라. 휴일·휴가에 관한 사항

마. 취업의 장소와 종사하여야 할 업무에 관한 사항

바. 근로일 및 근로일별 근로시간(이는 단시간 근로자의 경우에 한함)

④ 차별적 처우 금지

사용자는 기간제 근로자 또는 단시간 근로자임을 이유로 당해 사업 또는 사업장에서 동종 또는 유사한 업무에 종사하는 기간의 정함이 없는 근로계약을 체결한 근로자에 비하여 차별적 처우를 하여서는 아니 된다(제8조 제1항, 제2항). 구체적으로 여기서 “차별적 처우”라는 것은 다음의 사항에 대하여 합리적인 이유 없이 불리하게 처우하는 것을 의미한다.

가. [근로기준법] 제2조제1항 제5호에 따른 임금

나. 정기상여금, 명절상여금 등 정기적으로 지급되는 상여금

다. 경영성과에 따른 성과금

라. 그 밖에 근로조건 및 복리후생 등에 관한 사항

(3) 차별처우 금지와 시정제도

① 기간제 근로자 또는 단시간 근로자가 언급한 차별을 받은 경우,

차별이 있은 날 부터(계속되는 차별의 경우 그 종료일로 부터) 6개월 이내에 노동위원회에 그 시정을 신청할 수 있다(동법 제9조 제1항).

② 차별을 주장하려는 기간제 또는 단시간 근로자는 먼저 차별적 처우의 내용을 구체적으로 명시해야 한다(제9조 제2항).

③ 차별에 대한 시정 신청을 받은 노동위원회는 지체 없이 필요한 조사와 관계 당사자에 대한 심문을 하여야 한다. 심문 과정에서 노동위원회는 관계당사자 쌍방 또는 일방의 신청 또는 직권으로 조정을 개시할 수 있다. 또한 관계당사자가 미리 노동위원회의 중재를 따르기로 합의하여 중재를 신청할 경우 중재할 수 있다(제11조 제1항).

④ 노동위원회는 심문 결과 차별행위가 있었다고 판단한 경우 사용자에게 차별적 행위의 중지, 임금 등 근로조건의 개선 또는 적절한 배상을 하도록 할 수 있다. 배상명령의 경우 사용자의 차별적 처우가 명백한 고의가 인정되거나 차별적 처우가 반복되는 경우 손해액을 기준으로 3배가 넘지 아니하는 범위에서 배상을 명령할 수 있다(동법 제13조).

2. [파견근로자보호등에관한법률]

(1) 파견근로의 개념

"근로자파견"이라 함은 파견사업주가 근로자를 고용한 후 그 고용관계를 유지하면서 근로자파견 계약의 내용에 따라 사용사업주의 지휘·명령을 받아 사용사업주를 위한 근로에 종사하게 하는 것을 말한다. 근로자 파견 사업을 하는 자를 파견사업주, 근로자 파견계약에 의하여 파견근로자를 사용하는 자를 사용사업주, 그리고 파견사업주가 고용한 근로자로서 근로자파견의 대상이 되는 자를 파견근로자라고 한다([파견근로자보호등에관한법률] 제2조).

(2) 파견대상업무와 금지업무

가. 파견대상업무

근로자 파견은 근로자와 근로 계약을 체결하는 사업주와 근로자를 현장에서 지휘 명령하는 주체가 다르기 때문에 파견을 무제한으로 허용하면 파견근로자를 보호하기 어렵고, 고용불안을 야기할 우려가 있다. 때문에 [파견근로자보호등에관한법률]은 파견사업의 허용대상을 제한하고 있다. 즉, 제조업의 직접생산공정업무를 제외하고 전문지식·기술·경험 또는 업무의 성질 등을 고려하여 적합 하다고 판단되는 업무로서 대통령령이 규정하는 업무에 대해서만 파견이 허용되고, [파견근로자보호등에관한법률시행령]에는 컴퓨터전문가의 업무 등 32개의 파견대상업무를 규정하고 있다.

나. 파견금지업무

다음의 업무에는 어떤 경우를 불문하고 파견이 금지된다.

① 건설공사현장에서 이루어지는 업무

② 하역업무로서 근로자공급사업 허가를 받은 지역의 업무([항만운송사업법] 제3조제1호 등)

③ 선원의 업무([선원법] 제3조)

④ 유해하거나 위험한 업무([산업안전보건법]제28조)

⑤ 분진작업업무([진폐의예방과진폐근로자의보호등에관한법률] 제2조제3호)

⑥ 건강관리수첩의 교부대상 업무([산업안전보건법] 제44조)

⑦ 의료인의 업무 및 간호조무사의 업무([의료법] 제2조 및 제80조)

⑧ 의료기사의 업무([의료기사등에관한법률] 제3조)

⑨ 여객자동차운송사업의 운전업무([여객자동차운수사업법] 제2조제3호)

⑩ 화물자동차운송사업의 운전업무([화물자동차운수사업법] 제2조제3호)

(3) 파견기간

[파견근로자보호등에관한법률]에 의하면 근로자 파견기간이 1년을 초과하지 못하도록 제한되며, 1회를 연장할 때 그 연장기간도 1년을 초과할 수 없고, 연장된 파견기간을 포함한 총파견기간은 2년을 넘을 수 없다. 다만, 고령자인 근로자(55세 이상)에 대해서는 2년을 초과하여 근로자 파견기간을 연장할 수 있다.

(4) 고용의무와 고용조건

사용사업주는 다음의 불법파견에 해당하는 경우에는 당해 파견근로자를 직접 고용하여야 한다.

① 파견대상업무에 해당하지 아니하고 임시파견의 사유에 해당하지 않음에도 불구하고 파견근로자를 사용하는 경우

② 절대적 금지 업무에 해당함에도 불구하고 파견근로자를 사용하는 경우

③ 파견기간의 제한에도 불구하고 2년을 초과하여 계속적으로 파견근로자를 사용하는 경우

④ 노동부장관의 허가를 받지 않은 파견사업주로부터 근로자파견의 역무를 제공받은 경우가 여기에 해당된다.

사용사업주가 파견근로자를 직접 고용하는 경우에 있어서 파견근로자의 근로조건과 관련하여서는, 사용 사업주의 근로자 중 당해 파견근로자와 동종 또는 유사업무를 수행하는 근로자가 있는 경우에는 그 근로자에게 적용되는 취업규칙 등에서 정하는 근로조건에 의하고, 사용사업주의 근로자 중 당해 파견근로자와 동종 또는 유사업무를 수행하는 근로자가 없는 경우에는 당해 파견근로자의 기존의 근로조건의 수준보다 저하되어서는 아니 된다.

(5) 파견근로자에 대한 차별금지

파견사업주와 사용사업주는 파견근로자임을 이유로 사용사업주의 사업 내의 동종 또는 유사한 업무를 수행하는 근로자에 비하여 파견근로자에게 차별적 처우를 하여서는 아니 된다([파견근로자보호등에관한법률] 제21조 제1항). 고용노동부장관은 파견사업주와 사용사업주가 차별적 처우를 한 경우에는 그 시정을 요구할 수 있다([파견근로자보호등에관한법률] 제21조의 2 제1항). 그러나 차별금지에 관한 규정은 사용사업주가 상시 4인 이하의 근로자를 사용하는 경우에는 이를 적용하지 아니한다([파견근로자보호등에관한법률] 제21조의 1 제4항).

3. [비정규직법]의 근로자 보호 한계

비정규직 근로자 보호를 위한 법을 제정하고 있지만 동법이 실질적으로 비정규직 근로자의 차별 및 고용불안정의 문제를 해결하는 역할은 제한적이다. 왜냐하면 첫째, 비정규직 근로의 유형은 한시적 근로자를 비롯하여 용역근로, 가정내 근로 등 매우 다양하지만 비정규직 근로자 보호법은 기간제 및 단시간근로자 보호 그리고 파견근로자 보호 양자에 국한하고 있으며, 둘째, 특히 다수의 여성비정규직은 1~4인 사업장에서 근무하는 경우가 많은데 [비정규직법]은 5인 이상 사업장에 대해서 적용하므로 4인 이하의 사업장에 근무하는 비정규직 근로자는 동법의 보호 대상에서 제외된다, 마지막으로 비정규직 근로자 보호를 위한 가장 중요한 제도는 차별시정제도이며 동법에서 차별시정 제도는 사업 또는 사업장에서 동종 또는 유사한 업무에 종사하는 기간의 정함이 없는 근로계약을 체결한 근로자([기간제및단시간근로자보호에관한법률] 제8조) 또는 사용사업주의 사업 내의 동종 또는 유사한 업무를 수행하는 근로자([파견근로자보호등에관한법률] 제21조)와 비교하여 차별여부를 결정하는데, 비교 대상이 되는 동종 또는 유사 업무에 종사하는 기간의 정함이 없는 근로자 내지 직접고용된 근로자가 존재하지 않는 경우가 있다. 이 경우에는 비교를 통해 차별유무를 판단하기 어려운 문제가 발생한다.

생각할 문제

1. 대표적인 비정규직의 유형 5가지의 종류와 개념을 설명하시오.
2. [기간제및단시간근로자보호등에관한법률]에 의하면 기간제 근로자를 고용할 수 있는 총 기간은 2년을 초과하지 않는 기간 동안 가능한데 이러한 기간의 제한을 두고 있는 목적은 무엇이며 기간의 제한이 기간제 근로자 보호에 기능을 어떤 여향을 줄지 생각해 보시오.
3. 기간제 근로자를 보호하기 위하여 사용자가 기간제 근로자 또는 단시간 근로자를 차별적 처우를 금지하고 있다. 이 때 차별처우의 기준은 누구이며 차별적 처우 금지의 내용은 어떤 것이 있는가?
4. 근로자 파견에서 파견사업주, 사용사업주, 파견근로자의 개념을 설명하시오.
   사용사업주는 불법파견에 해당하는 경우 직접고용의 의무가 부과되는데 그 구체적인 예는 무엇인가?

5. 비정규직의 보호를 위하여 [기간제및단시간근로자보호등에관한법률]과 [파견근로자보호등에관한법률]등을 제정하고 있다. 이러한 법률이 여성비정규직의 인권을 보호하는데 실질적인 기여를 할 수 있다고 생각하는가? 긍정과 부정의 각각의 근거를 제시해 보시오.

III. 비정규직 근로자 차별 여부에 대한 판단

1. 비정규직과 성을 원인으로 하는 이중 차별

(1) 임신을 이유로 한 계약직 여성의 계약해지
(국가인권위원회 2008. 3. 24 결정 07진차797)

가. 사건의 개요

진정인 여성은 2005. 1. 10. ○○금고에 계약직 직원으로 입사하여 계약기간 3개월 2회, 6개월 4회 등 총 6회에 걸쳐 아래 표와 같이 재계약을 하여 총 2년 6개월간 별다른 문제없이 근무하였다.

계약기간	개월 수
'05. 01. 10. ~ '05. 04. 09.	3개월
'05. 04. 10. ~ '05. 07. 09.	3개월
'05. 07. 10. ~ '06. 01. 09.	6개월
'06. 01. 10. ~ '06. 07. 09.	6개월
'06. 07. 10. ~ '07. 01. 09.	6개월
'07. 01. 10. ~ '07. 07. 09.	6개월

피진정인을 포함한 인사위원회가 2007. 2. 5. 계약직 직원의 일반직 전환 임용에 대하여 논의한 결과 진정인을 '품위유지 관련 사안'으로

인해 일반직 전환이 부결하였고, 진정인이 결혼 후 임신 7~8개월째인 2007. 6. 4. 피진정인은 진정인에게 특별한 사유 없이 계약만기를 이유로 근로계약 해지를 통지서를 보내자, 이에 대하여 진정인은 임신으로 인한 차별을 주장하였다.

나. 국가인권위원회의 결정

피진정인 ○○ 금고는 진정인이 기간의 정함이 있는 계약직 사원이었고 충분히 근로계약 내용에 대해서 진정인에게 설명하였기 때문에 계약기간 만료로 인한 퇴직처리는 아무런 문제가 없다고 주장하였다. 그러나 진정인 여성은 2005. 1. 10. 계약직 사원으로 입사한 이래 모두 여섯 차례에 걸쳐 근로계약을 중단 없이 체결해 왔고, 특별히 근무성적이나 근무태도 등 업무처리 능력에는 문제가 없었던 것으로 보인다.

한편, 피진정인은 진정인의 계약기간이 만료되기 전부터 후임자를 모집하였고 진정인이 퇴직후 후임자를 계약직으로 근무하게 한 점을 보면 회사의 경영상 어려움 또는 인력 구조조정을 위해 진정인을 퇴직시킨 것이 아니라는 것을 알 수 있다. 또한 시기적으로 볼 때 진정인은 2007. 1. 28. 결혼하였는데 같은 해 2. 5. 개최된 인사위원회에서 진정인과 동 시기에 입사한 계약직 남자사원은 정규직 일반사원으로 임용된 반면 진정인은 일반직으로 전환되지 못했으며 이에 대해 피진정인은 전환임용 부결 사유인 '품위유지 관련 사안'의 내용이 무엇인지 명확히 설명을 하지 못하고 있고, 계약기간 만료통지서를 보낸 같은 해 6.경에는 진정인이 임신 7~8개월의 상태였던 점을 감안하면 진정인의 결혼과 임신이라는 사유가 일반직 전환과 재계약 체결 여부 결정과 무관하지 않다고 판단된다. 결국 피진정인은 임신을 이유로 진정인과 재계약을 체결하지 않은 것으로 판단되며 이는 합리적 이유 없는 차별행위라

할 것이다.

(2) 출산휴가 후 부당해고
(서울행정법원 2007.12.20. 선고 2007구합28410)

가. 사건의 개요

서울지방노동위원회(서울지방노동위원회 2007.3.15. 결정)는 어린이대공원의 동물관리팀에서 사육사로 일하는 여성이 출산휴가를 마치고 출근하자 해고에 관한 통보를 받고 해고당하여 부당해고구제신청을 하지 이 사건 해고를 부당해고로 인정하고 여성을 즉시 원직에 복직시키고 임금 상당액을 지급하라는 구제명령을 하였다. 사용자인 공단은 이 사건 해고가 근로계약기간을 정한 경우에 있어서의 기간만료에 따라 당연 종료된 것이며, 해당 업무의 폐지와 근무평정결과로 인한 정당한 이유 있는 해고라고 주장하며 서울행정법원에 제소하였다. 그러나 서울행정법원도 부당해고를 인정하였다.

나. 판결의 요지

서울행정법원 2007.12.20. 선고 2007구합28410 [근로기준법]이 정당한 이유 없이 해고 등을 하지 못한다고 규정하고 있는 취지 등에 비추어 원고 공단의 계약직직원관리규정에서 "해당업무의 폐지 또는 예산의 감소 등으로 인원이 감축된 경우에는 고용부서장의 의견을 반영하여 심사위원회의 심의를 거쳐 지체 없이 고용계약을 해제할 수 있다."고 규정하고 있다고 하여 이에 따른 모든 해고를 모두 정당하다고 할 수는 없는 것이고, 그에 따른 해고가 정당한 것으로 인정되기 위해서는 해당 업무가 폐지됨으로 말미암아 발생하게 되는 인원감축을 위한 노력을 성실하게 하였고, 합리적이고 공정한 기준에 따라 그 대상자를 선정하였으며, 해고를 피하기 위한 방법과 해고의 기준 등을 근로자의 과반수로 조직된 노동조합 또는 근로자 대표와 성실하게 협의하였어야 할 것이다.

그런데 참가인에 대한 근무평정의 추이를 보면 참가인은 2004년에 평점 98점의 높은 점수를 받았다가 참가인의 근무태도가 특히 불성실해졌다거나 비위행위를 저질렀다는 등의 특별한 사정이 없음에도 2006년에는 73점을 받은 점에 비추어 참가인에 대한 근무평정점수 역시 그대로 받아들이기 어려우므로 원고가 이 사건 해고를 함에 있어 불공정한 근무평정결과 등을 기초로 하는 등 합리적이고 공정한 기준에 따라 그 대상자를 선정하였다고 할 수 없고, 원고가 이 사건 해고를 피하기 위한 방법과 해고의 기준 등에 관하여 근로자 대표 등과 성실한 협의를 하였다고 인정할 만한 증거도 없으므로 이 사건 해고는 더 나아가 살펴볼 것도 없이 해당 업무의 폐지로 인한 정당한 이유 있는 해고라고 할 수 없다.

2. 계약직 여직원의 근로조건의 차별

(1) 농협중앙회 사건
(서울행정법원 2011.11.17. 선고 2010구합32853 판결)

가. 사건의 개요

차별시정 신청자는 농협 매장의 금융텔러직, 농축산물 판매매장의 영업지원직 등으로 다수가 여성이었다. 이들은 월정액급여액, 상여금, 가정의 달 행사비, 피복비 등에서 비교 대상 근로자와 차별적 처우를 받고 있음으로 금전적 보상을 서울지방노동위원회에 신청하였다. 서울지방노동위원회는 2009. 12. 18. 서울2009차별22 결정에서 이 중 2개

그룹의 영업지원직 6명(계산원 5명과 배송원 1명)에 대해서만 차별을 인정하였다. 나머지 그룹에 차별이 부정된 이유는 자격증 유무와 권한과 책임의 수준에서 정규직과 동종 유사한 근로를 수행하지 않는다고 판단하였기 때문이다. 이에 사용자인 농협과 신청 근로자들은 모두 중앙노동위원회에 재심을 신청하였는데 중앙노동위원회는 2010. 6. 11. 중앙2010차별5 결정에서 12명의 근로자들의 차별을 추가로 인정하여 구제하였다.

나. 판례의 입장

이 판결에서는 업무의 동종, 유사성에 대한 중앙노동위원회의 판단을 그대로 유지하였다. 농축산물 판매매장의 계약직(여성)은 상품계산, 계산원 시재금 정산 등의 계산업무, 상품의 반품 및 교환업무 등을 담당하였고, 비교대상자인 정규직(여성, 주임, 별정직)도 주로 계산업무를 담당했고 관리업무의 비중이 높지 않기 때문에 동종, 유사성이 인정된다고 하였다. 화훼공판장에서 중도매인 미수금관리, 농산물 판매대금 출납 등 대금정산, 사무용품구입 등 서무보조 등의 업무를 담당하는 계약직(여성)의 경우 축산물공판장에서 지육대금수납, 부산물판매대금정산, 미수금관리 등의 업무를 담당하는 정규직(여성이 다수, 주임, 업무직)과 동종 유사한 업무를 담당한다고 하였다. 은행 매장의 '빠른 창구'에서 입·출금, 공과금수납 등의 업무를 담당하는 계약직(여성)은 상담창구에 근무하는 정규직(여성이 다수)과 동종 유사한 업무를 수행한다고 인정하였다. 비교대상인 정규직이 빠른 창구 업무 이외에 여신, 당좌 및 공제 등의 업무도 수행하고 있다고 하더라도 위 인정을 뒤집을 정도로 그 업무의 비중이 높지 않다고 하였다.

(2) 현대 그린푸드 사건
(서울행정법원 2012.2.2. 선고 2011구합18465 판결)

가. 사건의 개요

사용자는 전국에 지점을 두고 단체급식 위탁운영과 외식사업, 급식 컨설팅을 담당하는 회사이며 신청 근로자들은 회사가 위탁하여 운영하고 있는 회사 식당의 조리보조원으로 근무하고 있는 기간제이자 단시간 근로자들이다. 신청 근로자(36명 대다수가 여성)들은 동종 또는 유사한 업무에 종사하는 조리원(대다수가 여성)에게는 지급하는 상여금, 근속수당, 유급휴일수당을 받지 못하는 것이 차별적 처우라는 이유로 노동위원회에 차별 시정을 신청하였다.

나. 노동위원회 결정

전북지방노동위원회는, 조리원과 조리보조원을 비교하여 보았을 때 비록 직무기술서상에는 직무가 구분되어 있으나 실제로는 이러한 업무상의 엄격한 구별이 어렵고 조리원과 조리보조원이 같이 업무를 분담하거나 상호 업무를 대체하기도 하여 "주된 업무"에서의 실질적 구분이 이루어지지 않는다고 하여 조리원을 비교 대상 근로자로 긍정하였다. 그러나 중앙노동위원회는 조리원들과 조리보조원 사이에 업무대체가 있기는 했으나, 이는 조리원들의 휴가 사용 등의 경우 간헐적으로 이루어지며 조리원의 주된 업무와 조리보조원의 주된 업무가 나누어진다는 점을 들어 업무의 동종유사성을 부정하였다. 법원은 조리원과 조리보조원 사이에는 경력이 다르고 개별 조리보조원들이 조리원 업무에 투입된 시간은 조리보조원의 근무시간의 4.5%에 불과하다는 이유로 동종유사성을 부정하였다.

생각할 문제

1. 국가인권위원회 2008. 3. 24 결정 07진차797 사건에 의하면 계약직 근로 여성이 결혼 이후 임신 7~8개월이 될 때 특별히 업무관련 문제가 없었음에도 불구하고 재계약을 체결하지 않았다. 피진정인 OO 금고의 이러한 태도에 대하여 국가인권위원회는 임신을 이유로한 차별행위라고 판단하였다. 그러나 피진정인 OO 금고는 근로계약 내용에 대해서 진정인에게 설명하였기 때문에 계약기간 만료로 인한 퇴직처리이므로 문제가 될 수 없다고 주장하고 있다. 이러한 상황에서 계약직 근로자인 진정인 여성이 계약기간이 종료된 이후 재계약의 권리를 주장하려면 무엇을 근거로 주장할 수 있을까?
2. 서울행정법원은 2007.12.20. 선고 2007구합28410 사건에서 공단의 계약직직원관리규정에서 "해당업무의 폐지 또는 예산의 감소 등으로 인원이 감축된 경우에는 고용부서장의 의견을 반영하여 심사위원회의 심의를 거쳐 지체 없이 고용계약을 해제할 수 있다."고 규정하고 있어도 모든 해고를 정당하다고 할 수 없다고 하였다. 서울행정법원은 어떠한 근거에 의하여 이러한 판단을 하였는가?
3. 비정규직 여성에 대한 차별금지는 비정규직 보호를 위한 가장 중요한 원칙이다. 계약직 여직원 근로조건에 대한 차별에 관한 서울행정법원 2011.11.17.선고 2010구합32853 판결은 이러한 예를 잘 보여주는데, 비교 대상인 동종 유사업무를 수행하는 정규직 여성이 있기 때문에 비교 판단이 가능하였다. 만일 이러한 비교 대상의 동종 유사업무를 수행하는 정규직 여성 근로자가 없다면 비정규직 여성근로자는 월정액급여액, 상여금, 가정의 달 행사비, 피복비 등을 지급받지 못할 경우 어떤 방법으로 자신들의 권리를 주장할 수 있을지 생각해 보시오.

제4장

여성 전용직종 종사자의 법적 보호

I. 돌봄노동의 정의와 현황

1. 돌봄노동의 개념과 사회화 방식

돌봄은 사람과 사람사이의 정서적 유대관계에 기초하여 돌봄을 제공하는 사람이 대상자의 복지와 안녕에 책임을 느끼고 돌봄의 제공과정에서 정신적·정서적·육체적 노동을 수행하는 행위라고 정의할 수 있다. 돌봄은 전통적으로 가족내에서 여성에 의해 공급되었다. 그러나 여성의 경제활동이 점차 증가하고 1인 단독가구나 한부모 가구의 증가와 같은 가족구조의 변화, 노인인구의 증가와 같은 인구학적 요인이 발생하면서 가족내 돌봄에 점차 공백이 생기고 있다. 특히 인구구조가 점차 고령화되는 과정에서 노인에 대한 돌봄이 주로 여성이 부담하고 있었던 과거의 의식구조가 빠르게 변화하지 못함으로써 가족내 돌봄을 둘러싼 갈등이 발생하기도 한다. 1960년대 이후 고도 경제성장 시대를 거치며 우리나라 노인의 기대수명은 1970년 남성 58.7세, 여성 65.6세에서 2010년 남성 76.2세, 여성 82.9세로 남녀 모두 17세 이상 높아졌다. 평균수명은 증가하였지만, 다세대가 함께 생활하는 것은 급

감하고, 노인 한 세대만 생활하는 가구의 비율이 1994년의 42.7%에서, 2004년의 57.7%로 증가하였고, 『2011년 노인실태조사』에 의하면 노인독거 19.6%, 노인부부 48.5%, 자녀동거 27.3%로, 노인단독가구(노인부부, 노인독거)의 비중이 68.1%를 차지하는 것으로 나타나고 있다. 이러한 구조는 결국 노인에게 돌봄이 필요할 경우 가족내 다른 구성원이 이를 제공하기 보다는 함께 생활하고 있는 노인이 노인을 돌보게 되는 것이 현실이다.

이처럼 가족내 돌봄에 공백이 발생한 반면 고령화가 진행되는 과정에서 돌봄을 필요로 하는 대상이 확대됨에 따라 이를 사회서비스의 형태로 공적 영역에 포함시키는 현상이 가속화 되었다.

현재 우리나라에서 공식 영역의 돌봄서비스로 규정되어 제공되고 있는 서비스로는 노인장기요양서비스, 영유아보육서비스, 재가복지서비스 그리고 사회서비스일자리 대상사업의 노인돌봄, 가사간병도우미, 산모신생아도우미, 장애인활동보조 서비스가 및 아이돌보미서비스가 있다. 이러한 공적 영역의 서비스 이외에도 민간 영역에서 제공되는 것으로 베이비시터, 노인간병서비스, 가사도우미 등도 돌봄서비스 노동에 포함된다.

2010년 기준 4대 돌봄서비스로 구분되는 노인돌봄종합, 장애인활동보조, 산모신생아도우미 및 가사간병도우미 등에 종사하는 인력은 총 36,132명에 이르며 여성의 비율이 93.1%로 거의 절대 다수를 차지하고 있다. 종사자의 연령은 전체 인력 중에서 50세 이상 60세 미만 즉 50대가 39.1%, 40대가 38.7%, 30대가 10.1%의 비율로 그 뒤를 잇고 있다. 한편 60세 이상의 종사자가 노인돌봄서비스에서 12.1%, 가사간병서비스에서 13.9%를 나타내 40대와 50대 여성의 비율이 약 75%를 점하고 있다. 유치원교사의 경우 여성 비중이 99.1%이며 가사·육아도우미의 경우 여자의 비중이 98.5%로 돌봄노동은 명백히 여성전용직종으로 볼 수 있다.

2. 돌봄노동의 사회화 방식과 돌봄제공자의 노동인권

돌봄노동이 구체적으로 어떤 방식과 노동조건에 의하여 이루어져야 하는지 여부는 누구를 관점으로 보는지에 따라 큰 차이를 나타낸다. 즉 돌봄노동에는 기본적으로 약자로서 돌봄을 받는 자의 입장과 돌봄을 제공하는 자의 입장이 각각의 기대가치에 의하여 다를 수 있다. 여기서 돌봄을 받는 자의 관점에서 일방적으로 서비스의 내용과 질을 결정하게 되면 자칫 돌봄을 제공하는 자의 노동의 현실을 고려하는 것을 소홀하게 될 우려가 있다. 또한 아이 돌봄 및 보육 서비스 및 가사지원 등과 같이 돌봄의 영역은 전통적으로 여성이 가정내에서 행하던 것을 사회화 한 것이기 때문에 돌봄 서비스는 제공자와 소비자 모두가 여성인 경우가 상당히 많다. 이들 사이의 역할의 범위와 권리의 한계를 명확히 설정하지 않을 경우 돌봄노동의 질적 저하가 가중되고 돌봄노동 종사 여성들의 인권 또한 보장되기 어려운 악순환 결과가 발생하게 될 가능성이 있다.

돌봄서비스가 사회화 되는 과정에서 나타나는 방식은 ① 국가가 직접 서비스 제공, 시설 또는 재가 파견하는 것, ② 국가가 재정을 투입하여 민간에서 생산한 서비스를 제공, 시설 또는 재가 파견하는 것, ③ 돌봄을 받는 자에게 오직 돌봄서비스를 구매할 수 있도록 용도를 제한하되 그 비용을 지원하는 것, ④ 돌봄을 받는 자에게 용도를 정하지 않고 현금을 급여하는 것, ⑤ 돌봄제공자에게 현금급여하는 것으로 나눌 수 있다.

돌봄노동자의 대다수가 여성인 현실에서 이들의 일자리의 질은 돌봄노동의 사회화가 얼마나 '시장화' 방식에 의존하는지에 따라 달라진다. 1990년대 이후 돌봄의 사회화를 위한 제도설계의 과정에서 돌봄서비스의 영역에서도 소비자 주권과 선택권을 보장하는 입장이 강조되었다. 이 과정에서 돌봄서비스의 질을 향상시키기 위해서는 서비스제공자 간에 경쟁이 있어야하고 소비자는 선택권이 있어야한다고 하는 논리를 근거로, 정부가 공공부문에서 서비스를 직접 공급하는 대신, 민간시장을 활성화하고 재원을 부담하되 돌봄서비스를 필요로 하는 사람에게는 이용권(바우처)을 지급한다는 방식을 취하였다. 그러나 이러한 제도 설계의 폐해는 돌봄서비스에 종사하는 노동자의 권리가 전혀 보호되지 못하는 결과로 나타났다. 민간영리업자를 통해서 돌봄서비스를 제공하는 시스템 하에서 돌봄노동자의 임금이나 근로조건이 열악해진다는 사실은 우리나라 국공립보육시설과 민간영리시설에서 종사하는 보육교사의 임금 및 근로조건의 차이에서도 분명하게 드러난다.

생각할 문제

1. 돌봄노동이 사회화되는 원인은 무엇인가?
2. 구체적인 돌봄노동의 예에 해당하는 것은 무엇인가?
3. 돌봄노동 서비스를 필요로 하는 노인, 영·유아 및 장애인은 사회적 약자에 해당한다. 그런데 돌봄노동 종사자들은 대부분 여성들이고 이들의 노동환경도 상당히 열악한 것으로 알려져 있다. 돌봄 노동자들의 노동환경이 인간으로서의 존엄성이 보장되면서 동시에 돌봄노동 서비스 수혜자들의 돌봄을 통한 존엄성 보장이 조화롭게 되려면 어떤 것이 필요할까?

Ⅱ. 돌봄노동자의 법적 지위

1. 가사사용인의 법적 지위

(1) 가사노동자를 위한 양질의 일자리에 관한 협약 (Convention Concerning Decent Work for Domestic Workers, Convention. No. 189)

2011년 6월 16일, 스위스 제네바에서 열린 국제노동기구(ILO) 제100차 국제노동총회에서는 "가사노동자를 위한 양질의 일자리에 관한 협약(Convention Concerning Decent Work for Domestic Workers, Convention. No. 189 이하 가사노동자권리협약)"과 이 협약의 적용에 대한 지침이 포함된 "가사노동자를 위한 양질의 일자리에 관한 권고안(Recommendation Concerning Decent Work for Domestic Workers, Convention, Recommendation No. 201, 이하 권고안)"이 함께 통과되었다. 가사노동은 세계적으로 여성 노동자들이 주로 담당하는 노동의 형태이며 특히 정규 교육을 받지 못한 여성들이 주로 참여할 수 있는 임금노동의 형태이다. 그러나 가사노동이 대부분 개별 가정내에서 발생하기 때문에 공식적인 노동영역으로 편입되어 있지 않은 경우가 많다. 때문에 세계적으로 가사노동자들은 매우 열악한 처우를 받는 경우가 많다. [가사노동자권리협약]은 이러한 현실을 극복하고 가사노동자에게 적절한 법적인 보호를 제공하기 위하여 채택되었고 구체적인 가사노동자의 보호를 위한 규정은 다음과 같다.

가. 가사노동에 대한 정의

[가사노동자권리협약] 제1조는 가사노동이란 "한 가구 또는 가구들 안에서 또는 그들을 위해서 수행된 일"을 의미하며, 가사노동자는 "고

용관계하에 가사노동에 관련된 자"로 정의한다. 추가적으로, 가사노동자는 "때때로 또는 간헐적으로 가사노동을 하는 자이며, 직업적 기초에 있지 않은 자는 가사사용인 아니다."라고 정의하고 있다.

나. 최소연령과 교육기회 박탈의 금지

동 협약은 먼저 가사노동자의 최소연령이 1973년(고용을 위한) 최소연령협약의 규정, 1999년 아동노동의 최악의 형태에 대한 협약에 부합하고 그리고 일반적인 노동자들을 위한 국내법과 규정에 의하여 정해진 연령보다 낮지 않도록 규정되어야 하며(제4조 제1항), 18세 이하인 가사 노동자와 고용최소 연령을 갓 넘긴 가사노동자들을 가사노동자로 고용하게 될 경우 이러한 고용이 이들로부터 교육의 기회를 빼앗거나 장래의 교육 또는 직업적 훈련에 참여할 기회를 방해하지 않도록 당사국이 조치를 취할 것을 요구하고 있다(제4조 제2항).

다. 폭력으로 부터의 자유

협약은 당사국은 가사노동자들이 모든 형태의 학대, 괴롭힘 그리고 폭력으로부터 효과적인 보호를 향유할 것을 보장하는 조치를 취하여야 함을 명시하고 있다(동 협약 제5조).

라. 노동조건의 보장

협약 제6조는 가사노동자들이 일반적인 노동자들과 마찬가지로 적절한 노동조건과 공정한 고용기간을 향유하고 만일 이들이 가내에 거주하는 경우에는, 이들의 사생활이 존중되는 적절한 생활조건을 향유하도록 보장되어야 하며, 가사노동자들에게 고용의 기간과 조건에 대해 적정하고 검증가능하고 쉽게 이해할 수 있는 방법으로 정보가 제공될 것 그리고 가급적 가능한 곳에서는 이러한 정보가 국내법, 규정 또는 특별히 단체협약에 따라서 서면화된 계약을 통하여 제공되도록 하고 있다(협약 제7조). 그리고 여기에는 일을 시작하는 날짜 그리고 특정화된 시기와 기간을 위해 계약이 이루어지는 곳, 수행되는 일의 유형, 보수, 계산의 방식과 지급의 주기, 일반적인 노동시간, 및 연간 유급 휴가, 매일 그리고 매주 휴식기간 등의 내용이 포함되도록 하고 있다(협약 제7조).

또한 일반적인 노동시간, 추가근무수당, 매일 그리고 매주 휴식 기간 그리고 유급연차휴가 등에 있어서 일반적인 근로자와 가사노동자를 평등하게 취급할 것을 보장하도록 하고 있으며, 주당 적어도 24시간의 연이은 휴식 시간이 보장되어야 하고 가사노동자가 가능한 부름에 응대하기 위하여 가정에 남아있어야 하는 것 때문에 이들의 시간을 자유롭게 배치하지 못하는 기간은 노동의 시간으로 간주되어야 함을 명시하고 있다(제10조). 나아가 동 협약은 당사국가 성차별에 근거한 임금과 최소임금이 존재하는 경우 최소임금을 향유하는 것을 보장하기 위한 조치를 취하도록 하고 있다(제11조).

(2) 가사사용인의 국내법적 지위

[가사노동자권리협약]은 가사노동자의 법적인 지위를 보장하기 위하여 다양한 규정을 두고 있지만 국내법에서 가사노동자는 근로자로 법적인 보호를 받는 범주에서 배제되어 있다. 현행법은 [근로기준법] 제11조, [기간제및단시간근로자보호등에관한법률] 제3조, [최저 임금법] 제3조, [근로자퇴직급여보장법] 제3조, [남녀고용평등법시행령] 제2조 등에서 명시적으로, 가사사용인 이라는 용어를 사용하고 있다. 그러나 가사사용인에 대한 정의는 구체적으로 명시하지 않고 있다. 다만 2011년 고용노동부 학술연구용역 사업 결과 나타난 가사사용인은 한국고용

정보원이 작성한 한국고용직업분류표(KECO, 2009년)에 의하면 직업세분류 기준으로 가사사용인은 간병인, 육아도우미, 기타 사회복지 관련 종사원, 기타 자동차운전원, 가사도우미가 이에 해당되어 직업의 한 종류로 인정된다.

현행 [근로기준법]은 원칙적으로 '상시 5명 이상의 근로자를 사용하는 사업 또는 사업장'에 적용되지만, '동거하는 친족만을 사용하는 사업 또는 사업장'과 '가사사용인'에 대해서는 동법의 적용이 전면적으로 제외된다(동법 제11조 제1항 단서). 그 외 [최저임금법] 제3조 제1항 단서, [근로자퇴직급여보장법] 제3조, [남녀고용평등법] 제3조 및 [남녀고용평등법시행령] 제2조 제1항 및 [산업재해보상보험법] 제6조 및 [산업재해보상보험법시행령] 제2조 제1항 제4호 등에서도 가사사용인에 대해서는 가사사용인 또는 가구내 고용활동, 가사서비스업이라는 명칭 등으로 근로기준법과 마찬가지로 해당 법의 적용을 전면적으로 적용 제외시키고 있다.

(3) 각국의 가사근로자에 대한 법적인 보호 방법

우리나라는 가사사용인에게 법적 보호를 줄 수 있는 관련법의 적용을 배제하고 있기 때문에 가사사용인에 대한 법적 보호가 이루어지고 있지 않으나 다른 나라에서는 다양한 방법으로 가사사용인에게 법적인 보호를 주고 있다. 먼저 오스트리아, 덴마크, 핀란드, 헝가리, 이탈리아, 스페인, 스웨덴은 특별법으로 가사사용인에게 법적인 보호를 제공하고 있다. 프랑스, 벨기에, 캐나다, 말레이시아, 멕시코, 필리핀, 기타 여러 중남미 국가에서는 노동관계법이나 고용관계법에서 가사근로에 관한 별도의 규정을 두어 가사사용인을 보호하고 있다.

특히 프랑스는 가사사용인에게 적용되는 전국적인 단체협약이 존재하고 프랑스 「노동법전」 L.772-2조는 가사도우미에 대해 성희롱에 관한 규정과 유급휴일인 노동절에 관한 규정, 가정사로 인한 휴가에 관한 규정 등의 적용을 받음을 규정하고 있다. 그밖에 판례에 의하여 최저임금에 관한 규정은 적용되나, 근로시간(Soc. 13 juillet 2004)에 관한 규정은 적용되지 않고 있다. 아울러 양육보조자에 대해서는 L.773-2조에서 역시 적용되는 노동법 조항을 명시하고 있다. 즉, 모성휴가 관련 규정, 성희롱관련 규정, 단체협약 관련 규정, 성별동등임금에 관한 규정, 임금지급에 관한 규정, 유급휴일인 노동절에 관한 규정, 가정사로 인한 휴가에 관한 규정, 노동조합에 관한 규정, 종업원대표에 관한 규정, 기업위원회에 관한 규정, 분쟁에 관한 규정(파업 등 포함), 직업교육에 관한 규정 등이 바로 그것이다. 이러한 규정 형식을 감안할 때 노동법전에 가사근로자를 명시하여 일부 조항을 적용시키는 것으로 볼 수 있다.

중국, 태국, 베트남, 이디오피아, 몽고, 미국 등은 노동법에 가사사용인에 대한 제외규정을 두지 않음으로써 가사사용인에게도 일반 근로자와 같은 법적인 보호를 제공하고 있다. 예를 들어 미국 [공정근로기준법(Fair Labor Standards Act)] 제3조(e)(1)에서 "이 법에서 근로자라 함은 아래의 (2)와 (3) 및 (4)에서 규정하고 있는 경우를 제외하고는 사용자에 의하여 고용되어 있는 모든 자를 말한다."고 규정하고 있는데, 여기서 적용이 제외되는 동 규정의 (2)와 (3) 및 (4)에서는 군무원, 일정한 범위의 입법·사법·행정공무원, 우편공무원과 가사농업에 종사하는 근로자 및 공공기관에서 자원해서 근로를 제공하는 자를 열거하면서 가사근로자를 명시하지 않고 있다. 그리고 [공정근로기준법] 제13조(b)는 제7조(근로시간 및 시간외근로수당)의 적용제외대상으로, 자동차운수·철도·항공 등 특별법을 적용받는 경우, 농업 관련 근로자와 영화업 근로자, 택시 운전자와 함께 입주한 가사사용인을 명시하고 있다. 따라서 미국은 [공정근로기준법]을 적용함에 있어 입주하지 않은 가사근로자를 원칙적으로 통상근로자와 같이 취급한다고 해석할 수 있다.

2. [노인장기요양보험법]과 요양보호사

(1) 요양보호사의 노동방식

현행 [노인장기요양보험법]은 돌봄노동 제공자와 서비스 수급권자 양자가 직접 계약을 통하여 요양서비스를 제공하는 것이 아니라 일정한 요건을 갖춘 요양기관이 사업자가 되고, 해당 사업자가 요양서비스를 제공하고 건강보험공단으로부터 비용을 지급받을 수 있는 것으로 구성되어 있다. 그런데 요양기관으로 지정받기 위해서는 [노인장기요양보험법시행규칙] 에 따른 시설·인력기준을 갖춰야 하고(동 시행규칙 별표 1), 구체적으로 여기서 의미하는 하는 시설과 인력 기준으로 모든 종사자가 기관의 장(법인의 대표자)과 '근로계약이 체결'된 자일 것을 기준으로 규정 있다. 따라서 요양기관은 근로계약을 체결한 근로자인 요양보호사를 고용하고 있어야 한다. 그러나 이들의 보수는 근로계약 당시에는 특정되지 않고 수급자와 연결이 될 때 일을 하고, 일한 시간만큼 시간급을 임금으로 지급받고 있기 때문에 기본급이나 고정급이 없는 경우가 많다. 또한 상근직이 아닌 요양보호사의 경우 출퇴근 시각이 특정되지 않는다. 구체적인 표준서비스 업무수행에는 수급자의 신체활동지원, 가사활동 및 개인활동지원, 정서지원활동 등이 있으며, 이러한 업무의 특성상 구체적인 업무 자체에 대해서는 요양기관으로부터 직접적 지시를 받지 않고 수급자의 요구와 필요에 따라 업무내용이 결정된다고 볼 수 있다.

(2) 요양보호사의 근로자성

요양보호사 제도 시행 초기인 2008년 이후 고용노동부는 요양보호사가 특정 사안에서 출·퇴근시간 등 근로시간이 정해져 있지 않은 점, 업무수행 과정에서 구체적인 지휘·감독을 받지 않는 점, 다른 요양보호사로 업무대체가 가능한 점, 개인적으로 싫어하는 수급자로부터 서비스 요청이 오면 이를 거절할 수 있는 점 등을 근거로 근로자성을 부정하는 행정해석을 하기도 하였으나 (고용노동부 2008.8.19. 근로조건지도과-3266, 2009.4.30. 근로조건지도과-2479), 2009년 말 부터는 근로자성을 판단하기 위한 사용자의 지휘·감독권이 구체적·직접적인 것에서 점차 간접적·포괄적인 것으로 변화하고 있는 현실을 반영하여 "구체적이고 직접적인 지휘·감독"을 요구하던 입장에서 "상당한 지휘·감독"으로 입장 수정하였고, 이러한 입장을 전제로 요양보호사의 근무형태가 ① 사업주가 지정한 장소에서 지정된 시간에 근무하고, 근무시간을 변경하기 위해서는 사업주에게 사전에 통보하여 조정해야하며, 장기요양급여 제공기록지 등을 통해 사업주에게 근무상황을 보고해야 하는 등 사용자의 상당한 지휘·감독을 받을 것, ② 제3자를 고용하여 업무를 대행케 하는 등 독립하여 자신의 계산으로 사업을 영위할 수 없을 것, ③ 시간당 일정액에 정해진 근무시간을 곱한 금액을 보수로 지급받을 뿐 노무제공을 통한 이윤의 창출과 손실의 초래 등 위험을 스스로 안고 있지 아니할 것 등의 기준에 부합하는 경우 근로자로 인정하는 것으로 지침으로 마련하였다 (고용노동부 2009.12.30. 근로기준과-5761).

한국일보 2016. 01. 08

http://www.hankookilbo.com/v/b8e6a6a4ae3242c5aef2d1b860bc4039

요양보호사 이모(65)씨는 오전 8시 30분부터 오후 5시까지 한 달 평균 22일 동안 노인들을 돌본다. 오전에는 장기요양보호기관(요양기관)이 소개해 준 치매 어르신 집을 찾아 4시간, 오후에는 중풍에 걸린 어르신을 2시간 30분간 수발한다. 1주일에 3일씩은 다른 노인들의 집을 방문해 목욕도 시켜드린다. 일이 끝나면 팔, 다리, 어깨 어느 곳 하나 성한 곳이 없지만 그의 한 달 수입은 110만원 정도다. 시급(6,725원)이 너무 적기 때문이다. 이마저도 제대로 주지 않을 때도 있다. 이씨는 2012년 8월부터 하루 4시간 이상씩 치매노인을 돌봤지만 요양기관은 이씨가 일한 시간을 3시간 30분만 인정했다. 두 달 전에는 방문목욕서비스에 대한 임금 9만6,000원 중 이유 설명도 없이 3만6,000원만 준적도 있다. 이씨는 "기관이 내 임금을 착복해온 사실을 얼마 전에야 알았다"며 "평소에도 월급이 몇 만원씩 들쭉날쭉 할 때가 있지만 기관에 찍힐까 봐 자세히 물어보지도 못하는 형편"이라고 하소연했다.

연합뉴스 2014년 8월 25일

http://news.naver.com/main/read.nhn?mode=LSD&mid=shm&sid1=102&oid=001&aid=0007084291

복지부 '2013 노인학대 현황보고서' 발간

노인요양시설과 양로원 등 노인 생활시설에서의 노인학대가 최근 5년 새 5배가량 크게 늘어난 것으로 나타났다. 25일 보건복지부와 중앙노인보호전문기관이 발간한 '2013 노인학대 현황보고서'에 따르면 지난해 생활시설에서 발생한 노인학대는 모두 251건으로, 2008년 55건 이후 해마다 급증세를 보이고 있다. 전체 노인학대에서 차지하는 비중도 2008년 2.3%에서 지난해 7.1%로 크게 늘었다.

노인 생활시설에는 노인요양시설, 양로원, 노인공동생활가정 등이 포함된다. 이처럼 생활시설에서의 노인학대가 빠르게 늘어나고 있는 것은 2008년 7월 노인장기요양보험제도가 시행된 이후 노인요양시설이 크게 늘었기 때문으로 풀이된다. 특히 학대피해자 가운데 치매가 의심되거나 치매로 진단받은 노인이 61.8%로, 전체 노인학대피해자의 치매환자 비율 23.6%보다 훨씬 높아 생활시설에 머무는 치매 노인이 학대에 매우 취약한 것으로 나타났다. 보고서는 "노인요양관련 시설이 계속 늘어나고 있어 생활시설에서도 노인학대도 계속 증가할 것으로 보인다."며 "생활시설 노인학대의 경우 은폐 가능성이 높아 발견이 어렵고 장기화할 경우 심각성이 크기 때문에 대책 마련이 시급하다"고 지적했다.

(3) 간병인의 법적 지위

간병인은 요양보호사와 유사하게 돌봄 노동을 제공하지만 직업소개소에 개별 간병인으로 등록하고 돌봄 서비스를 필요로 하는 측의 요청에 의하여 병원 등에서 근무를 하게 된다. 그러나 간병노동종사자와 환자가 개별적으로 맺은 고용형태에 대해서는 그들의 노동이 '가사사용인'에 가까운 직종이라고 규정하여 [근로기준법]의 가사사용인에 대한 적용제외 원칙에 따라 이들 간병인을 근기법의 적용대상에서 제외시켰다 (고용노동부 2001.07.27, 근기 68207-2409). 이것은 [노인장기요양보험법]에 적용을 받는 요양보호사와 차이점이라고 할 것이다.

반면에 간병인이 간병사연합회 소속으로 간병사연합회를 통하여 임금을 지급받으면서 병원에 고용된 경우에는 간병사 연합회에 대해 사용자성을 인정하고 고용된 병원과의 실질적인 종속관계 등을 인정함에 따라 근로자성을 인정하고 있다 (고용노동부 2006.10.10., 근로기준팀-5557).

III. 노동의 새로운 유형 : 감정 노동

1. 감정 노동의 개념

감정노동이란 앨리 러셀 혹실드(A. R. Hochschild)가 1983년 처음 사용한 이후 서비스 노동의 보편적 특징으로 지칭되고 있는 노동의 유형이다. 혹실드에 의하면 감정노동이란 '소비자들이 우호적이고 보살핌을 받고 있다는 느낌을 만들어낼 수 있도록 외모와 표정을 유지하고, 자신의 실제 감정을 억압하거나 실제 감정과 다른 감정을 표현하는 등 감정을 관리하는 노동'으로 정의할 수 있다. 혹쉴드는 감정이 경험되는 공간을 '사적영역'과 '공적영역'으로 구분하여 사적영역에서 사용가치와 관련된 감정직업(emotional work)을 감정관리(emotional management)라고 하고, 공적 영역에서 교환가치와 관련되어 특정한 유형의 감정을 유발하거나 이를 표현하기 위해 노력하는 새로운 유형의 노동을 감정노동(emotional labor)이라고 규정하였다.

혹실드는 감정노동을 하는 직업의 세 가지 특성으로 첫째는 고객과 직접 대면하거나 일대일로 통화를 하는 일이며, 둘째는, 편안함·대접받는 느낌·만족감 등을 느끼도록 하거나 위협감을 느끼도록 하는 것과 같이, 다른 사람의 감정상태를 만들어내는 것, 마지막으로, 고용주는 연수와 모니터링 등을 통해서 직원들의 감정적 활동에 관해서 통제력을 행사할 수 있다는 것을 지적하였다.

2. 여성의 감정노동 참여 현황

한국직업능력개발원의 『한국의 직업지표 연구(2012)』에서 수행된'직업지표 조사'를 기초로 관리직, 경영재무직, 사회서비스직, 판매 및 개인서비스직, 등 203개 직업에 종사하는 현직자 5,667명을 대상으로 설문조사한 자료를 분석한 결과에 의하면 감정노동을 많이 수행하는 직업군은 음식서비스 관련직, 영업 및 판매 관련직, 미용·숙박·여행·오락·스포츠 관련직 등의 순서로 나타났다. 이들 직업군은 상대적으로 여성이 많이 진출하고 있는 분야이며, 실제 조사에서도 인구학적으로 여성, 30대 이하 연령층, 민간 기업에서 일하는 직업인이 감정노동을 많이 수행하는 것을 나타나고 있다.

감정노동은 일반적으로 남성보다 여성일 경우와 학력과 소득이 높을수록 상대적으로 감정노동에 많이 노출되며, 여성이 감정노동 업무에 상대적으로 더 많이 종사하고 있는 것으로 나타나고 있다. 이것은 우리

감정노동을 많이 수행하는 직업 30선

직업코드	직업명	평균	직업코드	직업명	평균
1241	항공기 객실승무원	4.70	0651	물리 및 작업 치료사	4.20
1054	홍보 도우미 및 판촉원	4.60	0291	비서	4.19
1032	통신서비스 및 이동통신기 판매원	4.50	1274	스포츠 및 레크리에이션 강사	4.18
1223	장례상담원 및 장례지도사	4.49	0614	치과의사	4.16
0863	아나운서 및 리포터	4.46	0711	사회복지사	4.16
0181	음식서비스관련 관리자	4.44	1233	여행 및 관광통역 안내원	4.15
1154	검표원	4.43	0531	경찰관	4.15
0882	마술사	4.39	1221	결혼상담원 및 웨딩플래너	4.13
1321	패스트푸드원	4.39	0471	유치원 교사	4.13
0282	고객 상담원(콜센터 상담원	4.38	0881	연예인 및 스포츠 매니저	4.13
1212	미용사	4.35	1111	경호원	4.12
1034	텔레마케터	4.35	0331	보험 영업원	4.12
0323	출납창구 사무원	4.34	0721	보육교사	4.12
0675	응급구조사	4.34	0631	약사 및 한약사	4.11
0641	간호사(조산사 포함	4.33	1231	여행상품 개발자	4.10

※ 직업능력개발원, 한국의 직업지표 연구 <표 5-25> 재인용

주변에 콜센터나 백화점 등에서 고객을 상대하거나 제품을 판매하는 서비스업에 여성이 좀 더 적합하다는 인식이 있으며 이에 따라 여성이 배치되는 경우가 일반적이기 때문이다. 연령대별로 살펴보면 20대의 감정노동 점수가 9.22로 가장 높았다. 이어 30대(9.03), 40대(9.00) 순으로 나타나 젊은 층일수록 감정노동 직무에 많이 노출되어 있는 것으로 조사됐다. 학력별로는 4년제 대학교 졸업자가 9.22로 감정노동 점수가 가장 높았고, 2~3년제(9.20), 대학원 석사졸업 이상(9.04), 고등학교 졸업(8.56) 순으로 나타나 상대적으로 여성이 서비스업 분야에 취업하는

경우가 증가함으로써 고학력자의 감정노동 정도가 증가하는 것으로 나타났다. 소득수준별로 살펴보면 6,000만 원 이상 고소득 직업 종사자의 감정노동 점수가 9.46으로 가장 높았다. 이어 2,000만 원 이하 저소득층(9.09), 4,000~6,000만원(9.07) 순으로 나타나 감정노동 직무도 소득에 따른 양극화 현상이 나타났다.

감정노동 연관 산업안전 분야 작업장 폭력 유형

용 어	내 용
폭행/공격 (Assault/Attack)	신체적 상해 시도 혹은 신체적 해를 입히려는 공격 (주먹, 발, 손바닥, 칼, 총, 성폭행, 강간 등)
협박 (Threat)	희생자에게 신체적, 성적, 정신적 피해나 다른 부정적인 결과를 두려워하게 하는 불법적인 강제력 사용
학대 (Abuse)	신체적, 정신적으로 학대하는 행위로 희롱하기, 협박하기, 집단 괴롭힘 등을 포함
희롱 (Harassment)	나이, 장애, 에이즈 감염, 가정환경, 성, 성적취향, 인종, 피부색, 언어, 종교, 정치색, 노동조합 혹은 다른 견해나 신념, 국가적 혹은 사회적 기원, 소수파와의 관련, 태생 등 각각의 존엄성에 부정적인 영향을 미치는 다른 상태를 기반으로 하는-언어적, 비언어적, 시각적, 정신적, 신체적-바람직하지 못한 행위(성희롱 포함)
성희롱 (Sexual harassment)	근무 중 피해자가 성별로 평가되는 것을 느끼게 하거나, 피해자가 모욕감, 굴욕감, 행복의 위협을 가지게 할 수 있는 바람직하지 못한 성적 행위
협박/집단 괴롭힘 (Bullying/Mobbing)	근로자 개인이나 집단에게 굴욕감을 주거나 명예를 훼손시키고자 보복성 행위로, 잔인한 혹은 고의적인 시도를 통한 학대행위로 정신적 희롱의 한 형태. 부당하게 지속적으로 부정적 견해를 밝히거나 비난하는 행동, 한 사람을 사회 접촉에서 고립시키는 행동, 잘못된 정보를 이야기하거나 퍼뜨리는 행동 등이 포함

※ 한국노동사회연구소, 한국 사회 감정노동 실태와 개선방향 연구, 9면 <표 2-3> 재인용

문제는 감정노동자의 상당수가 업무 과정에 일방적인 폭력과 모욕적인 상황에 노출되고 있다는 것이다. 특히 제3자인 고객에 의한 폭력이나 괴롭힘은 심각한 사회문제로 대두되고 있다. 감정노동자들이 경험하는 다양한 유형의 폭력을 제공자에 따라 세분하면 ① 내부 작업장 폭력(internal workplace violence) (예: 노동자간 행해지는 신체적 정신적 폭력), ② 외부 작업장 폭력(external workplace violence) (예: 노동자와 고객 간의 업무 수행과정에서 발생하는 신체적 정신적 폭력)으로 구분하기도 하고 (ILO, 2003), ③ 내부 작업장 폭력과 외부 작업장 폭력 외에 고객(client)에 의해 발생되는 클라이언트 폭력(client-initiated workplace violence) (예: 환자가 의사나 간호사에게 행하는 폭력)으로 구분하고 있다. 구체적으로 감정 노동자들이 노동현장에서 경험하는 폭력의 유형은 앞의 표와 같은 것이 있다.

3. 감정노동에 대한 법적인 보호

[산업재해보상보험법] 제5조 제1호에 의하면 "업무상의 재해"란 업무상의 사유에 따른 근로자의 부상·질병·장해 또는 사망을 말한다. 이러한 업무상 재해를 인정하기 위한 기준으로 [산업재해보상보험법] 제37조는 근로자가 "업무와 관련하여 발생한 질병"이 발생하였고, 업무와 재해 사이에 상당인과관계(相當因果關係)가 있는 경우 업무상의 재해로 본다(제1항). 구체적으로 무엇이 이러한 유형의 질병에 해당하는지는 [산업재해보상보험법시행령] <별표 3>에서 '업무상질병에 대한 구체적인 인정기준'을 규정하고 있다. 따라서 감정노동자들이 정신적인 스트레스로 인하여 발생한 질환이 업무상 재해에 해당되는지 여부는 그것이 법 제37조 제1항 제2호 다목에서 규정하고 있는 ① '그 밖

의 업무와 관련하여 발생한 질병'인지 그리고 ② [산업재해보상보험법시행령] <별표 3>에서 규정한 질병인지 ③ 업무와 발생한 질병 사이에 상당한 인과관계가 존재하는지 여부를 판단하여(대법원 2009. 3. 26. 선고 2009두164 판결) 인정하게 된다. 업무와 질병의 업무기인성에 대한 입증은 근로자가 해야 한다 (대법원 2008. 1. 31. 선고 2006두8204 판결 : 대법원 2005. 11. 10. 선고 2005두8009 판결).

'업무상질병에 대한 구체적인 인정기준'을 규정하고 있는 [산업재해보상보험법시행령] <별표 3>에서는 신경정신계 질병으로 '업무와 관련하여 정신적 충격을 유발할 수 있는 사건에 의해 발생할 수 있는 외상후 스트레스 장애'를 포함시키고 있다.[4] 따라서 감정노동자가 고객으로 부터 정신적 충격을 유발할 수 있는 사건으로 외상후 스트레스 장애를 입은 경우 감정노동자의 업무와 외상후 스트레스 장애 사이에 상당인과관계가 인정되면 산업재해로 인정된다.

---

4 [산업재해보상보험법시행령] <별표 3>은 다음을 '업무상 질병에 대한 구체적 인정기준'으로 들고 있다.

1. 뇌혈관 질병 또는 심장질병
2. 근 골격계 질병
3. 호흡기계 질병
4. 신경 정신계 질병
5. 림프조혈기계질병
6. 피부질병
7. 눈 또는 귀 질병
8. 간질병
9. 감염성 질병
10. 직업성 암
11. 금성중독 등 화학적 요인에 질병
12. 물리적 요인에 의한 질병
13. 그 밖에 근로자의 질병과 업무와의 상당인과관계가 인정되는 경우에는 해당 질병을 업무상 질병으로 본다.

또한 최근 서울남부지방법원은(2013. 6. 21. 선고 2012가단25092 판결) 감정노동에 대해 "배우가 연기를 하듯 타인의 감정을 맞추기 위해 자신의 감정을 억누르고 통제하는 일을 일상적으로 수행하는 노동, 이른바 감정노동(Emotional labor)을 수행하는 근로자의 경우, 고객에게 즐거움 같은 감정적 반응을 주도록 요구되는 동시에 사용자로부터 감정 활동의 통제, 실적 향상 및 고객 친절에 대한 지속적인 압력을 받고 있어 이로 인한 우울증, 대인 기피증 등 직무 스트레스성 직업병에 심각하게 노출되어 있다."고 지적하면서, 감정노동에서의 사용자의 배려의무에 대해 구체적으로 밝히고 있다.

이에 따르면 사용자는 "① 고객의 무리한 요구나 폭언에 대하여 근로자를 보호할 수 있는 방안을 적극적으로 마련하여야 하고, ② 발생 사안에 따라 적극적으로 대처할 수 있는 지침을 제공하여 근로자가 이를 활용할 수 있도록 해야 하고, ③ 고객과의 갈등이 있는 경우 관리감독자가 개입하여 분쟁의 원인을 밝히는 등 중재역할을 다하여야 하고, ④ 고객의 입장에서 사실관계를 따져보지도 않고 무조건적인 사과 등을 지시함으로써 근로자에게 인격적인 모멸감을 주어서는 안 되고, ⑤ 노동과정에서 기본적인 생활상의 욕구를 만족시켜야 하고 심리적인 휴식이 필요할 때 가능하도록 자율성을 보장해야 하고, ⑥ 과도한 업무량에 대해서는 적정선의 규제가 필요하다."는 점 등을 들었다.

그리고 재판부는 "감정노동으로 인한 정신질환의 발병에 대한 사용자의 보호의무 내지 안전배려의무를 인정하고, 피고 회사는 고객의 무리한 요구나 폭언에 대하여 근로자를 보호하기 위하여 적극적인 조치를 취하지 않은 채, 고객의 입장에만 지나치게 집중한 나머지 오히려 근로자 개인에게 책임을 떠넘기고, 사실관계를 따져보지도 않은 채 일방적으로 사과를 지시함으로써, 근로자인 원고로 하여금 무력감, 인격적인 모멸감을 주었고, 이는 사용자로서 당연히 부담하는 보호의무 내지 배려의무를 위반한 것"이며, 또한, "피고 회사의 이러한 보호의무 위반 행위는 원고로 하여금 우울증을 발병하게 하거나 적어도 우울증을 악화시킴으로써 자살시도와 같은 극단적인 선택에까지 이르게 하였음이 분명하고, 이를 두고 원고의 개인적 취약성에 기인한 것으로 치부해 버릴 수 없다고 할 것이다. 따라서 피고 회사는 원고에게 이 사건으로 인하여 원고의 우울증을 발병 내지 악화시킨 데에 대한 손해를 배상할 책임이 있다."고 판시하였다.

그러나 이 판결은 같은 법원 항소심 제1민사부에서 기각되었다. 항소심에서는 "평소 고객을 응대하는 과정에서 일정한 정도의 스트레스를 받았음은 경험칙상 인정될 수 있다."면서도 "설사 업무 스트레스로 우울증이 걸렸다하더라도 당연히 회사가 책임을 져야 하는 것은 아니라고 보았다. 회사에 책임을 묻기 위해서는 적절한 근로환경을 제공함으로써 피용자를 보호하고 부조할 의무를 위반한 사실 및 그로 인하여 근로자에게 우울증이 발생할 수 있음을 알았거나 알 수 있었음에도 불구하고 그 회피를 위한 별다른 보호조치를 위하지 않은 고의 또는 과실이 있음이 인정되어야 한다."고 판시하였다. 항소심은 나아가 "고객만족도를 성과금에 일부 반영하거나 고객의 클레임이 있을 경우 사실관계 확인 후 직원에게 사과를 요구하는 점 등은 인정하였으나 근로자 보호의무 위반하였다고 단정하기 어렵다."고 보았다. 그 논거로서는 성과급에 고객만족도 반영은 불가피하고, 반영비율이 높지 않은 점, 고객의 클레임이 있다고 무조건적인 사과를 요구하고 있다고 볼 수는 없는 점, 매년 1회 스트레스 관리교육을 실시하는 점, 업무내용이 극심한 우울증을 초래할 정도로 과도하다고 볼 자료가 없는 점 등을 들었다."

2014년 12월 OOO 아파트 경비원으로 일하던 이 씨는 한 입주민의 지속적인 모욕을 견디다 못해 아파트 주차장에 세워진 승용차 안에서 시너를 몸에 뿌리고 분신을 시도했던 사건이 있었다. 이 씨는 분신 이후 중환자실로 옮겨져 지속적인 치료를 받았지만 한 달 만에 사망하였다. 이에 대하여 유족들은 근로복지공단에 "근로환경이 열악한 동으로 부당하게 이전 당했으며 한 입주민의 욕설과 인간적인 모독 등이 원인이 돼 자살을 시도했다가 죽음에 이르렀다"며 업무상 사망을 인정해 달라고 요청했다.

공단 측은 "업무 중 입주민과의 심한 갈등과 스트레스로 인해 기존의 우울 상태가 악화돼 정상적인 인식 능력을 감소시켜 자해성 분신을 시도한 것으로 보인다"며 이같이 판단했다. 또 이 씨가 2012년 우울증 등으로 정신과 진료를 받았던 부분에 대해서도 "기존 질병(우울증)과의 관련성을 배제할 수는 없으나 업무상의 스트레스를 상당 부분 인정할 수 있다"고 밝혔다. 결국 여러 가지 상황을 고려했을 때 업무적으로 누적된 스트레스가 극단적인 형태로 발현돼 발생한 것으로, '업무 관련성이 있다'는 결론을 내린 것이다

(2014-12-01 18:15 CBS노컷뉴스 http://www.nocutnews.co.kr/news/4334648).

그러나 모든 감정노동자들이 고객의 횡포 등으로 '외상 후 스트레스 장애'만을 경험하는 것은 아니다. 때문에 감정노동자들이 경험하는 정신적인 고통을 산업재해로 인정하기 위해서는 산재보험의 적용범위를 확장해야 한다. 최근 고용노동부는 산재보험 업무상 질병 인정 기준에 적응장애와 우울병 등을 추가하는 등 감정노동자를 보호하는 내용을 담은 [산업재해보상보험법시행령·시행규칙] 개정(안) 등을 입법 예고하여 고객과 대면하는 근로자의 질병 피해가 늘어남에 따라 개정안은 당초 외상후 스트레스장애만 인정되던 산재 범위를 적응장애와 우울병 등으로 확대했다.

생각할 문제

1. 가사사용인은 대체로 가정내에서 근무를 하게 되는데 이들은 근로과정에서 어떠한 인권문제가 발생할 수 있을지 생각해 보시오.
2. 가사사용인의 인권을 어떤 방법으로 보호할 수 있을까?
3. 가사사용인에게는 어떠한 권리가 보장되어야 할까?
4. 우리나라의 노동 관련법에서 가사사용인은 어떠한 지위에 있는가?
5. 요양보호사가 근로자로서의 지위를 인정받기 위하여 요구되는 조건은 무엇인가?
6. 노인 돌봄 현장에서 일하고 있는 요양보호사의 대부분은 중년이상의 여성이다. 이들의 노동현실은 매우 열악한데, 반면 요양시설에서의 노인학대 사례도 증가하고 있다. 이러한 복합적 문제를 해결하기 위하여 어떤 제도적 지원이 필요할지 생각해 보시오.
7. 감정노동의 정의는 무엇인가?
8. 감정노동 종사자의 인구학적 특성을 간단히 정리해 보시오.
9. 최근의 조사에 의하면 감정노동자들은 다양한 유형의 폭력에 노출되는 것으로 나타나고 있다. 감정노동자들을 폭력으로 부터 보호하기 위하여 어떤 대책이 필요하다고 생각하는가?
10. [산업재해보상보험법시행령] 〈별표3〉에서는 신경정신계 질병으로 '업무와 관련하여 정신적 충격을 유발할 수 있는 사건에 의해 발생할 수 있는 외상후 스트레스 장애'를 포함시키고 있는데 이 규정으로 감정노동자들에게 나타날 수 있는 정신 건강 침해 문제가 보호될 수 있을지 생각해 보시오.

제5장

가사노동의 평가와 분배원리

I. 여성의 일과 노동 : 산업생산의 등장과 가사노동의 배제

근대 이전 여성의 노동이 어떤 모습이었고 어떻게 평가되었는지에 대해서는 두 가지 대립되는 입장이 있다. 먼저 앨리스 클라크(Alice Clark)의 『17세기 여성의 노동생활 Working Life of Women in the Seventeenth Century』(1919)는 자본주의의 산업 발전단계가 각각 '가내 산업(domestic industry)', '가족 산업(family industry)', '자본주의 산업(capitalist industry)'의 세 단계를 거치게 되는데, 가내 산업이란 오늘날 우리가 자급자족 경제라고 부르는 것과 같은 것으로, 여기서는 생산이 한 가구내에서 완결되어 이루어지며 생산된 것은 모두 가족 생산이 한 가구내에서 완결되어 이루어지며 생산된 것은 모두 가족내에서 소비되는 단계로 여기서는 남편과 부인은 가계 경제에 동등하게 기여하였고 가사 노동이 가정 밖에서의 노동과 동등하게 평가받았다고 본다. 반면에 자본주의적 산업 단계에서는 모든 생산이 공장에서 상업적으로 이루어지며, 여성의 가사노동은 생산적인 것으로 평가받지 못하게 되었다고 보는 입장이다.

반면에 역사상 모든 사회가 남성의 일과 여성의 일 사이에 뚜렷한 구분을 두었다는 것을 인정하는 입장이 있다. 중세 경제에서 가구(家口, household)는 생산의 기본 단위였지만, 이 시기에도 여성들의 노동경험은 대부분 가구를 벗어나지 못했고 도시와 농촌을 막론하고 여성의 일이 이루어지는 영역을 집안이었으므로 '여성의 일=집안일'로 분류되었고, 여성의 일이 '집안일'로 규정되고 결혼으로 부과되는 생애 주기에 맞춰 바뀜에 따라 낮은 보수, 낮은 숙련도와 낮은 지위, 잦은 이동은 근대 이전(사실은 그 이후까지도 지속되는) 여성 노동의 특징이 되었다고 보는 입장이다.

이후 근대 산업혁명은 노동자 계층을 인류 역사의 전면에 부각시켰다. 그런데 실제 산업혁명의 시기 여성의 노동 규모는 기존의 생계를 부양해왔던 남자들의 노동력과 비교하여 비슷하거나 더 우세하기도 한 것으로 나타난다. 그러나 19세기가 되며 자유주의, 사회주의, 민족주의의 사상이 등장하면서 새로운 성 역할 사상이 정립되기 시작했고 노동에 있어서 성 역할 분담은 여성 노동력은 값싼 노동의 원천이자 오직 특정한 종류의 노동에만 적합하다는 생각과 아내와 어머니들은 집에 머무르며 육아와 가사에 전념하고 남편은 험하고 정치적인 세상에 나가 급여를 받아오기 위해 노력한다는 관념까지 더해지면서 여성의 노동은 매우 낮게 평가되기 시작하였다. 이처럼 여성은 사적 영역인 가정과 공적영역인 임금노동시장에서 산업혁명시기부터 항상 노동을 해왔고 오늘날에도 여전히 그러하다. 그러나 19세기의 이데올로기가 여성의 역할과 영역을 사적 공간으로 임의적으로 결정지으며 여성은 임금노동시장에서의 지위를 지속적으로 확인 받지 못하게 되었다.

여성노동에 대한 제한적인 평가는 서구사회만의 특징은 아니다. 일찍이 이능화는 "조선여속고"에서 "조선은 예로부터 여자가 부지런히 일하여 남자에 뒤지지 않았다. 조선에서 나는 고치실과 명주·베·모시·무명 등, 하나도 여자의 손을 거치지 아니한 것이 없다. 市井에서 물건을 팔고 사는 일에나, 논밭에서 밭 갈고 씨 뿌리는 일에도 부녀의 조력이 태반이다. 衣類裁縫과 酒食謀議가 다 여자 아니고서는 되지 아니하는 바이니, 이로써 보건대 朝鮮産業史上에 실로 여자는 주요한 자리를 차지하고 있다"고 하였다. 이처럼 조선시대 여성의 노동과 경제활동은 여성이 곧 '생계부양자'이며, 나아가 국가경제의 근간을 생산하는 노동 주체였음을 확인하게 해준다. 그럼에도 조선시대 여성들이 담당해야 했던 노동이나 경제활동은 가려지고 평가절하 되어 왔다. 이것은 유교 가부장제가 여성의 가정내 노동을 여성이 가져야 할 부덕(婦德)의 하나로 놓으면서 당연시하는 한편, 그것을 가정내의 것으로 국한시켰으며, 여성노동의 가치를 인정하지 않았던 것과 관련이 있다.

이러한 논의는 여성의 일이 노동과의 관계에서 어떤 방식으로 평가되었는지에 대한 것이며 오늘날에도 여전히 유효한 쟁점이다. 산업사회에서 여성은 일을 하지 않았다는 것이 아니라 근대 산업체계 및 평가체계가 여성들이 수행하고 있는 일을 '노동(labor)'로 인정하지 않는다는 현실에서 비롯되는 것이다. 산업혁명 이후 공·사의 영역별 분리가 확고한 사회질서로 자리 잡고 생산이 공적영역에 국한된 것으로 간주되기 시작하면서 점차 경제적 의미의 생산만을 노동으로 개념화하였다. 또한 사용가치의 생산 보다는 시장에서의 가치가 결정되는 교환가치를 중심으로 노동개념을 정립하여 노동/비노동 혹은 직업/취미 등의 이분법으로 구별하였다. 이러한 개념으로 노동을 이해함으로써 이윤을 창출하지 않는 여성의 재생산 활동은 노동으로 평가되지 않고 가정내 노동을 하는 여성은 비경제활동인구로 분류되었다. 때문에 여성들이 수행하는 가사노동의 가치는 정당하게 평가되지 못하는 결과에 이르렀고, 노동이 아닌 가사는 여성에게 배타적으로 부과되었다.

Ⅱ. 혼인과 가족관계에서 평등의 원리

여성의 가사노동이 경제적 평가를 받지 못하고 때문에 여성이 비경제활동 인구로 분류됨으로써 여성은 혼인과 가족관계 전반에 걸친 다양한 관계에서도 불평등하게 취급되었다. 그리고 혼인과 가족생활에서 여성이 경험하는 이러한 불평등은 사실상 세계적으로 공통된 현상이었다. 이러한 불평등을 극복하기 위하여 [여성차별철폐협약]은 당사국이 혼인과 가족관계에 관한 모든 문제에 있어 여성에 대한 차별을 철폐하기 위한 모든 적절한 조치를 취하여야 하며, 특히 남녀평등의 기초 위에 '혼인중및 혼인을 해소할 때의 동일한 권리와 책임'이 보장되어야 함을 명시하고 있다(제16조 제1항 (c)). 따라서 협약의 비준국으로서 우리나라는 혼인 관계가 유지되는 동안뿐만 아니라 혼인관계가 해소될 때에도 혼인 당사자들에게 동일한 권리와 책임이 보장되도록 법을 구성하여야 한다.

[여성차별펄폐협약]의 이러한 입장과 같이 혼인과 가족에 대한 국가의 가치관을 밝히고 있는 우리 [헌법]은 제36조 제1항에서 "혼인과 가족생활은 개인의 존엄과 양성의 평등을 기초로 성립되고 유지되어야 하며, 국가는 이를 보장 한다."라고 규정하고 있다. [헌법] 제36조 제1항의 성격에 대하여 헌법재판소는 "헌법 제36조 제1항은 혼인과 가족생활을 스스로 결정하고 형성할 수 있는 자유를 기본권으로서 보장하고, 혼인과 가족에 대한 제도를 보장한다. 그리고 헌법 제36조 제1항은 혼인과 가족에 관련되는 공법 및 사법의 모든 영역에 영향을 미치는 헌

법원리 내지 원칙규범으로서의 성격도 가지는데, 이는 적극적으로는 적절한 조치를 통해서 혼인과 가족을 지원하고 제3자에 의한 침해 앞에서 혼인과 가족을 보호해야 할 국가의 과제를 포함하며, 소극적으로는 불이익을 야기하는 제한조치를 통해서 혼인과 가족을 차별하는 것을 금지해야 할 국가의 의무를 포함한다."라고 한다(헌재 1997. 7. 16, 95헌가6등 병합결정; 헌재 2002. 8. 29, 2001헌바82).

혼인과 가족제도에 정의의 가치로 양성평등이 구현되어야 함을 명시하고 있는 [헌법]의 이념은 가족법의 혼인계약을 통하여 구체화된다. 따라서 양성평등의 원리에 의하여 성립되는 혼인 계약은 혼인 중에 혼인 당사자의 관계, 혼인 중의 재산에 대한 권리 및 자녀에 대한 부모로서의 권리가 모두 평등하게 인정되어야 한다. 또한 양성평등의 원리는 혼인 해소시 까지도 반영되어야 하므로 혼인이 해소될 때에도 당사자들에게 재산관계 및 부모로서의 권리와 의무가 동등하게 부여되어야 할 것이다. 그리고 이때 보장되어야 하는 혼인과 가족생활의 개인의 존엄과 양성의 평등은 단순히 형식적인 평등이 아니라 실질적인 평등의 보장을 의미할 것이다. 실질적인 양성평등이 혼인과 가족생활에서 보장되기 위해서는 혼인과 함께 여성이 노동시장에서 이탈되는 현상과 그에 따른 경력단절이 가져오는 여성에 삶 전체에 시기별로 빈곤에 미치는 영향을 고려하여 혼인 중에 또는 혼인 해소시에 재산관계를 공정하게 산정해야 하며, 동시에 아직까지 여성이 주로 담당하고 있는 가사노동과 돌봄노동의 경제적 가치를 적절하게 평가하여 혼인중형성된 재산에 대한 권리를 인정해야 할 것이다.

Ⅲ. 여성의 가사노동의 정도와 그 경제적 평가

1. 여성의 가사노동 참여 정도

2009년 성별에 따른 가사노동 조사 결과에 의하면 우리나라 여성(20~49세)의 가사노동시간은 평일 기준으로 남성(20~49세)은 33.5분 여성은 276.1분을 가사노동에 쓰고 있어, 여성이 남성의 약 8배에 달하는 가사노동을 하고 있다. 여성은 평일 271.6분에서 일요일 284.2분으로 12.6분 증가하는데 그친 반면, 남성은 평일 33.5분에서 일요일 86.4분으로 52.9분 증가하여 남성이 일요일에 평일보다 2.6배 많은 시간을 가사노동에 사용하지만 총량에 있어서는 여전히 여성이 절대적으로 많은 것으로 나타났다.

남녀 모두 취업하고 있는 경우 취업자 남성의 평일 가사노동시간은 29.3분, 여성은 178.6분으로, 여성이 남성보다 가사노동을 149.3분 더 하여 여성이 남성의 약 6배에 달하며 일요일에는 남성이 86.4분 여성이 247.5분으로 여성의 가사노동 비율이 남성의 3배로 감소하지만 여전히 여성이 161분 더 투여하는 것으로 나타나고 있다.

미취학자녀수가 증가하면 여성의 취업여부와 요일에 관계없이 모두 가사노동시간이 증가하여 취업여성은 미취학자녀가 없는 경우 평일 가사노동시간이 160.1분, 자녀가 1명인 경우 239.2분, 자녀가 2명인 경우 266.3분까지 증가했다가 자녀가 3명인 경우 약간 감소하여 238분으로 증가하고, 일요일 가사노동시간은 자녀가 없는 경우 229.1분에서, 317.7, 344.3분, 540.6분까지 증가하였다. 비취업여성은 미취학자녀가 없는 경우 평일 가사노동시간은 332.4분에서 자녀수 증가에 따라서 495.4분, 523.7분, 499.9분까지 증가하고, 일요일 가사노동시간은 277.2분에서

503.8분까지 증가하였다. 그러나 여성의 가사노동의 경제적 가치는 여전히 정확한 평가가 이루어지고 있지 않으며 국민소득체계에 반영되지도 못하고 있다. 때문에 가사노동을 전담하는 입장에서는 가정경제에 자신의 기여가 어느 정도인지 산정하는 것도 역시 어렵다.

2. 가사노동의 경제적 평가 방법

전통적인 경제학 이론은 가사노동이 경제적 가치를 가지는 노동을 평가하지 않았다. 특히 가사노동은 사용가치는 있으나 시장에서의 교환을 목적으로 하는 노동이 아니므로 교환가치를 중심으로 경제적 가치를 파악하는 입장에서는 가사노동을 지불되는 노동 또는 금액으로 환산되는 노동으로 평가할 수 없었다. 그리고 이처럼 경제적 가치를 인정받지 못하는 가사노동을 담당해온 여성들은 노동가치를 생산하지 않고 소비만을 하는 집단이라는 편견을 받았다. 이에 대한 부당성과 여성의 무보수 가사노동을 재평가해야 한다는 주장은 1970년대 이래 지속적으로 제기되어 왔으며, 유엔개발계획(UNDP)은 '1995 인간개발보고서(Human Development Report)'를 통해 "여성의 무보수 노동의 가치평가를 위한 국가적인 노력"을 제안한 바 있다. 가사노동의 경제적 가치를 평가하는 대표적인 방법론으로 다음과 같은 것들이 제안되었다.

(1) 종합적 대체법

총합적 대체법은 가계에서 주부가 행하는 모든 가사노동을 하나의 직업으로 간주하여 거기에 상응할만한 한 명의 직업인을 가정에서 고용한다는 전제 하에서 그 임금으로 측정하는 방법이다. 즉 가정노동에 필적되는 것으로 생각되는 직업종사자의 급료나 임금을 기초로 하여 계산하는 것이다. 이 방법은 계산이 용이하다는 이점이 있지만, 가장 고려해야 할 점은 대체직의 선정문제이다. 대체직을 가정부나 파출부로 선정할 경우 과소평가의 문제가 지적되며, 한편 총괄관리자의 임금을 이용할 경우 직종 자체의 임금수준이 비교적 높기 때문에 과대평가되는 문제를 가지고 있다.

(2) 전문가 대체법

전문가 대체법은 가사노동을 각 작업 영역으로 분류하고, 각 영역에 소요된 시간을 측정한 후 해당 대체 직종의 시장 임금률을 적용시켜 전체 가치를 산출하는 것이다. 즉 가사노동과 관련된 직업은 각 영역별로 구분되어 각 분야의 전문가의 작업과 비교된다. 주부는 관리자, 구매자, 간호원, 요리사, 세탁부 등 여러 가지의 역할을 맡기 때문에 그의 역할을 전문적인 노동자에게 위임될 수 있다고 본다. 이 방법은 주부가 각 작업영역에 해당하는 전문가만큼 효율적이지 못할 수 있다는 것을 고려하지 못함으로써 가치를 과대평가 할 수도 있다.

(3) 기회비용법

기회비용법은 유급의 노동력에 참여하지 않는 가정주부가 가사노동을 포기하고, 임금노동에 참여할 경우에 벌어들일 수 있는 잠재적인 소득으로 가정노동의 가치를 산출하는 방법이다. 여기서 기회비용이란 일정한 목적을 위해 어떤 것을 선택하기로 결정했을 때, 그것을 선택함으로써 놓쳐버린 다른 이득의 가치를 평가하는 비용이다. 따라서 기회비용원칙에 의하면 주부가 가사에만 전념하는 것은 주부가 직업노동에 참여하는 기회를 놓친 결과가 되며, 주부의 가정노동의 기회비용은 바로 주부가 기타의 생산노동을 통해 벌어들일 수 있는 화폐소득이 된다.

그러나 이 방법에 의하여 가사노동을 평가하는 것은 동일한 가정환경적 조건과 동일한 가사노동 시간의 조건 하에서도 학력 수준이나 숙련기술의 수준에 따른 임금의 차이로 인해 그 가치가 달라질 수 있는 문제점이 있다.

(4) 요구임금법

요구임금이란 비취업 주부로 하여금 노동시장에 진입하게 만드는 최소한의 임금, 그리고 취업주부에게는 계속 노동시장에 남아있도록 하는 최소한의 임금을 의미한다. 요구임금법은 가사노동에서 시간당 한계가치를 반영한 기회비용의 개념으로 기존의 기회비용법의 문제를 좀 더 보완한 방법이다.

이처럼 가사노동의 경제적 가치를 평가하는 방법은 다양하지만 구체적인 가사노동에 대한 경제적 평가에서 고려해야 하는 영역은 식생활, 의생활, 주생활, 가족돌보기 등을 중심으로 가사노동의 유형을 분류하고 각각의 시간적인 투여 정도가 전체 가치 평가에 중요한 요건이 되고 있다. 그러나 식생활부터 가족돌보기 까지 가사노동의 범주에서 이루어지던 노동의 유형들은 그 시간과 가사노동에 있어서 차지하는 중요도에 있어서 고정적으로 동일한 요건은 아니다. 각 가정의 상황, 국민생활 방식의 변화, 가사노동의 사회화 및 인구구조의 변화 등 다양한 내외적 요건에 따라 상이하게 변화할 가능성이 있다. 가사서비스의 사회화가 다양화되고 기계에 의한 가사노동 대체 비율이 증가하고 있고 또한 노인 돌봄과 같은 것은 가족의 중요한 기능으로 가정의 영역에서 무임금으로 이루어지던 것이었지만 2007년 [노인장기요양보험법]의 제정 이후 이를 사회화함으로써 점차 사회보장의 영역으로 포섭되고 있지만, 기사와 돌봄의 주 책임자 역할을 하고 있는 것은 여전히 여성인 경우가 많다. 노인 돌봄을 사회화를 통하여 해결하는 비중이 점차 증가하지만 여전히 자녀양육은 여성을 사회로부터 가정으로 복귀하도록 만드는 계기로 작용하고 여성의 경력단절을 경험하도록 하는 가장 중요한 요인이다[5]. 따라서 이러한 가정에서 이루어지는 돌봄노동과 가사노동을 먼저 노동으로 인식하는 가치관의 정립이 필요하며 이들의 경제적 가치 평가가 법체계에서도 정당하게 반영되어야 할 것이다.

3. 가사노동의 가치에 대한 법원의 입장

가사노동의 경제적 가치를 평가하는 방식이 다양하기 때문에 어떤 방법으로 평가하는지에 따라서 가사노동의 경제적 가치는 다르게 산정될 수 있다. 그러나 우리 법체계에서는 이러한 방법으로 가사노동의 경제적 가치를 판단하지는 않았다. 다만 판례는 손해배상과 관련하여 가정주부의 일실이익의 산정할 때 학력, 경력, 가정주부로서의 위치 등을 기초로 구체적인 사례에 맞게 산정해야 하며 가정부의 수입으로만 산정한 것은 위법하다고 판단하였다(대법원 1968. 12. 24. 선고 68다536 판결). 이후 1971년 교통사고를 당한 가정주부의 손해액을 산정할 때, 건강한 가정주부의 수입은 최소한 일반농업 노동 임금정도의 수입은 있는 것이라고 보아야 할 것이라고 판단하였다(대법원 1971. 4. 30. 선고 71다467 판결). 그러나 1987년에는 도시에 사는 전업주부의 일실이익을 산정함

5 2004년도 연구결과에 따르면 18세 미만의 자녀와 함께 살고 있는 부모의 돌봄노동과 가사노동시간을 추정하고 자녀 1인당 인적자본 형성에 투입된 시간의 경제적 가치를 추산한 결과에 의하며 자녀의 인적자본형성 과정에서 1인당 필요로 하는 시간의 경제적 가치가 한 달에 평균 부모 합쳐서 664,231원에 이르는 것으로 나타나고 있다. 모의 취업여부와 관련하여 분리하여 분석하면 맞벌이 모는 한 달에 378,671원에 해당하는 시간을 자녀 1인에게 투입하고, 홑벌이 모는 한 달에 790,223원에 해당하는 시간 투입을 하고 있다.

에 있어 아무런 이유 설시도 없이 성인여자 농촌일용노임을 기준으로 삼은 것은 손해액 산정의 법리를 오해한 위법이 있다고 하면서 가사에 종사해 온 주부라도 평균적인 가동불능연령까지는 여자고용노동자의 평균임금에 의하여 그 손해액을 인정함이 옳다고 하였다(대법원 1987. 10. 26. 선고 87다카346 판결). 전업주부의 가사노동의 경제적 가치를 가정부 수입, 일반 농업노동 임금정도, 내지 도시 일용노임 어떤 것을 기준으로 평가하든지 실제 전업주부가 가사노동과 돌봄노동을 통하여 창출하는 경제적 사회적 가치는 평가절하 되고 있다.

4. 혼인중의 재산관계와 가사노동

혼인계약을 통하여 혼인 중에 당사자들에게 동일한 권리와 의무를 부여한다는 것은 구체적으로 어떠한 내용을 의미하는가? 우리 [민법]은 혼인을 당사자의 혼인의사의 합치에 의한 계약으로 이해하고 있지만 혼인 계약의 구체적인 내용과 그 효력에 대한 부분을 모두 당사자의 계약자유의 원칙에 따라 구성하도록 허용하지 않는다. 혼인계약의 체결과 함께 그 효과로서 당사자는 동거·부양·협조의 의무를 부담한다([민법] 제826조 제1항).

물론 혼인하려는 당사자들은 혼인성립 전에 부부재산에 대해서 약정을 체결하여 당사자가 그 내용을 구성할 수 있다(제829조). [민법]은 혼인하려는 당사자들이 혼인 이후의 재산관계에 대하여 약정할 수 있도록 규정하고 있다(제829조). 그러나 [민법]은 혼인성립 전에 부부재산 약정에 관하여 이를 ① 혼인중변경할 수 없다는 것(제829조 제2항), ② 부부 중 일방이 다른 일방의 재산을 관리하는 경우 부적당한 관리로 그 재산을 위태하게 한 때에는 자신이 관리할 것을 법원에 청구할 수 있다는 것(제829조 제3항 제1문) ③ 그리고 그 재산이 공유인 경우 분할을 청구할 수 있다는 것(제829조 제3항 제2문) ④ 부부재산 약정을 한 경우 혼인 성립시 까지 등기하지 않는 경우 제3자에 대항할 수 없다는 것(제829조 제4항) 등을 규정할 뿐 부부재산 약정의 상세한 내용적인 것은 규정하지 않고 있다.

부부 중 일방 당사자만이 임금노동을 하여 재산을 축척한 경우 그에 대한 권리는 누구에게 귀속되어야 하는가?

그리고 이러한 계약을 체결하지 않은 때에는 법정부부재산제로서 별산제의 적용을 받는다(제830조 및 제831조). 별산제의 핵심은 부부가 그 특유재산을 각자 관리, 사용, 수익한다는 것이다(제831조). 그러나 우리나라의 경우 부부 일방만이 소득활동을 하는 경우에 소득자의 명의로 재산을 취득하는 경향이 강하다. 우리 법원은 이러한 경우에도 이혼시에는 실질적 공유재산으로 보아 재산분할을 인정하지만 혼인 중에는 재산분할이 되기 전에는 명의자를 권리자로 본다.

이처럼 혼인 중에는 명의자의 특유재산으로 인정되므로 비록 부부재산이 형성되는 과정에 배우자의 기여가 절대적이었다고 하더라도 이혼을 전제하지 않는 한 혼인 관계를 유지하면서 명의자인 배우자가 이를 일방적으로 매각하거나 하여 이혼시 재산분할 청구권을 약화시키는 등의 문제가 제기되어 왔다. 이에 [민법] 개정 논의에서는 공통적으로 주거용 건물에 대한 처분은 다른 일방의 동의를 필요로 하는 것 그리고 명의자인 부부일방이 도박 등으로 재산을 낭비 가족을 궁박하게 할 경우에 이혼과 무관하게 재산분할을 가능하도록 하는 입법안 이러한 폐해를 예방하기 위한 방법으로 제시되어 왔다.

별산제를 취하는 대부분의 다른 국가들도 별산제가 가지는 이러한 한계를 극복하기 위하여 다양한 대안을 마련하고 있다. 미국에서는 별산제를 취한 주에서 부부를 위한 특별한 공동소유형태를 인정하여 이는 공동재산과 유사하여, 부부 일방은 다른 일방의 동의 없이 재산을 양도하거나 담보를 설정할 수 없고, 주에 따라 실질적인 기여를 한 처에게 특별한 형평원칙에 기하여 남편 재산에 대한 지분을 인정하기도 한다.

영국에서는 2차 대전 중 많은 기혼여성들이 임금근로자가 됨에 따라 별산제의 형식적인 적용에 의한 불합리한 결과를 낳자, 법원은 특히 집에 대한 권리에 관하여 배우자 모두의 권리를 인정하는 방식으로 별산제 원칙을 수정하였다.

5. 혼인해소시 재산에 대한 권리와 가사노동

(1) 혼인관계의 공정의 원리와 재산분할제도

부부가 이혼을 하게 되면 이혼에 대하여 원인을 제공한 자는(유책배우자) 이혼에 대하여 책임이 없는 상대방(무책배우자)가 입은 정신적인 상처를 위자료로 배상할 의무를 부담한다. 이것은 혼인계약의 파기에 따라 배상책임을 부여하는 것이다. 그러나 부부가 혼인하여 공동생활을 하면서 일정한 기간이 지나게 되면 함께 협력하여 형성된 재산이 있다. 재산분할제도는 이처럼 공동 형성한 재산을 청산하여 각자가 기여한 몫을 분배하도록 하는 제도이다. 즉 재산분할 청구권은 이혼을 한 당사자 일방이 다른 일방에 대하여 재산분할을 청구할 수 있는 권리로 이를 인정하는 근거는 부부가 혼인중 이룩한 재산은 처가 가사노동에만 전념한 경우라도 부부 공동노력으로 축척된 것으로 보는 것이 공정하다는 사고에서 출발한다.

(2) 분할대상 재산과 분배의 정의

혼인 중에 부부가 공동으로 협력하여 형성한 재산이 재산분할의 대상이 된다. 여기에는 구체적으로 부동산, 현금, 예금자산 모두 포함되면 그 명의가 누구에게 있는지 누가 관리하고 있는지 여부를 불문하고 공동 협력하여 형성된 것이면 분할대상으로 본다(대법원 1996. 6. 11, 선고 96므1397 판결). 또한 현행 [국민연금법]은 배우자가 국민연금에 가입하고 있는 기간 중에 혼인 기간이 5년 이상인 부부가 이혼을 할 경우 배우자였던 자의 노령연금액 중 혼인 기간에 해당하는 연금액을 균등하게 나눈 금액을 분할 할 수 있도록 규정하고 있다([국민연금법] 제64조).

여기서 공동협력의 개념에는 가사노동이 포함된다. 따라서 부부 중 일방만이 임금노동을 하였고 재산의 명의가 임금노동을 한 자로 되어 있는 경우에도 이혼시에는 모두 혼인 중에 공동으로 협력을 통하여 형성한 재산이므로 각자의 기여도에 따라 분할하게 된다.

그러나 혼인 전부터 부부 일방이 가지고 있었던 재산과 그로부터 증가한 재산 및 혼인 기간 동안 배우자 일방이 상속이나 증여를 받은 재산의 경우 명의자의 고유재산이므로 분할 대상 재산에 해당하지 않는다. 그러나 판례는 이러한 재산의 경우에도 일방이 적극적으로 그 재산의 유지와 감소방지 및 증가에 협력한 경우에는 분할 대상 재산이 될 수 있다고 한다.

① 아내가 가사를 전담하는 외에 '가업으로 24시간 개점하는' 잡화상 점포에서 경리업무를 전담하면서 잡화상 경영에 참가하여 가사비용의 조달에 협력하였거나, 또는 특유재산에 관한 융자금채무의 일부를 변제하였다면, 특유재산의 감소방지에 일정한 기여를 하였다고 할 수 있으므로 특유재산이 재산분할의 대상이 된다(대법원 1994. 5. 13, 선고 93므1020 판결 ; 1996. 2. 9, 선고 94므635 판결).

② 대법원 1993. 5. 11. 자 93스6 결정

[1] 혼인 중에 부부가 협력하여 이룩한 재산이 있는 경우에는 혼인관계의 파탄에 대하여 책임이 있는 배우자라도 재산의 분할을 청구할 수 있다.

[2] 민법 제839조의2 에 규정된 재산분할 제도는 부부가 혼인 중에 취득한 실질적인 공동재산을 청산 분배하는 것을 주된 목적으로 하는 것이므로 부부가 협의에 의하여 이혼할 때 쌍방의 협력으로 이룩한 재산이 있는 한, 처가가사노동을 분담하는 등으로 내조를 함으로써 부의 재산의 유지 또는 증가에 기여하였다면 쌍방의 협력으로 이룩된 재산은 재산분할의 대상이 된다.

③ 대법원 1993. 6. 11. 선고 92므1054 판결

이사건 재산분할의 대상이 된 원고 소유의 부동산등이 원고가 이미 처분한 상속재산을 기초로 형성된 것이라고 하더라도 결혼 이후 원고가 위 부동산등을 취득하고 유지함에 있어서 피고의 헌신적인 가사노동이 직접, 간접으로 기여한 것으로 인정되므로 위 부동산 전부를 재산분할 대상으로 보아야 한다.

④ 대법원 1994. 12. 13. 선고 94므598 판결

재산분할의 대상이 된 부 소유의 부동산 중 대지가 부의 부 소유의 주택을 매각한 대금을 기초로 구입한 것이라고 하더라도, 이러한 사정만으로는 그 대지가 '부부 쌍방의 협력으로 이룩한 재산' 임을 인정함에 아무런 장애가 될 수 없고, 가사 그것을 부의 특유재산으로 본다고 하더라도 결혼 이후 부가 이를 취득하고 유지함에 있어서 처가 적극적이고 헌신적인 가사노동과 가사비용의 조달로 직접, 간접으로 기여하여 특유재산의 감소를 방지한 이상 재산분할의 대상이 된다.

6. 혼인의 항구성과 이혼 후 배우자 부양

혼인계약은 재산법적 계약과 달리 시간적 한계를 규정하지 않는 계약이다. 자연적 원리로 일방이 사망하기 전까지는 원칙적으로 지속가능성을 전제로 하는 계약이며, 처음부터 일정한 시간적 제한을 두고 체결되는 것은 인정되지 않는다. 혼인계약을 이처럼 항구적인 것으로 접근하였기 때문에 서구에서는 이혼을 인정하지 않기도 하였으나, 현재 대부분의 국가는 이혼을 합법적으로 인정한다.

따라서 항구성을 전제로 체결되었던 혼인 계약이 해소되게 됨에 따

라서 발생하는 손실은 양성 모두에게 평등하게 분할되도록 이혼법이 구성되는 것이 정의로울 것이다. 특히 공·사 영역 분리에 따른 성별분업이 여전히 존재하고 많은 경우 사적영역에서의 보살핌 노동을 담당하는 여성배우자가 경험하는 대표적인 혼인의 불이익은 임금노동시장에서의 경쟁력 약화이다. 따라서 혼인이 해소된 경우에 발생하는 경제적 불이익은 남성에 비교하여 여성에게 더욱 절실하다. 따라서 혼인과 함께 양육을 책임지고 노동시장에서의 기회를 상실하였고 나아가 이혼 이후에도 자녀에 대한 직접양육을 담당함으로써 향후 일정기간 노동시장에 진출하는 기회가 차단된다면 상실된 기회에 대한 보상이 이루어지는 것이 정의롭다. 이혼 후 배우자 부양의 이념적 정당성은 바로 정의의 원리에 있다.

이혼 후 배우자 부양제도를 두고 있는 독일에서 연방헌법재판소는 2002년 [기본법(Grundgesetz)] 제6조 제1항 및 제3조 제2항에 의하여 혼인을 동등한 파트너의 생활공동체로서 보호되고 있다는 것을 전제로 혼인계약에서 양 당사자는 인격적 그리고 경제적인 생활방식을 공동의 책임으로 정하며 따라서 이들에게는 혼인과 가족생활 형성에 대한 동등한 권리와 책임이 귀속된다고 보았다. 그러므로 이들에 의한 공동의 결정으로 관계된 일과 과제의 급부는 동등한 가치를 가지는 것으로 본다. 가사노동과 아동양육은 혼인 당사자들의 삶에 임금노동에 비교하여 적은 가치를 가지는 것이 아니며 동등한 가치를 가진다. 혼인 당사자들이 혼인공동체에 조달하게 되는 급부가 동등한 가치를 가지는 것이라고 한다면, 이들은 공동의 경제운영에 대한 동등한 기여에 대하여 할당된 몫에 대한 청구권을 가진다. 이것은 혼인이 존속되고 있는 시기만이 아니라 별거와 이혼이후에도 아동에 대한 양육비, 연금에 대한 생계비 청구 그리고 공동 재산에 대한 분할에도 동일하게 적용된다. 그리고 이를 반영하는 것이 이혼 후 배우자 부양제도라고 한다(BVerfG NJW, 2002, 1185). 이혼 후 배우자 부양제도는 이처럼 "혼인에 대한 기여와 그로 인하여 발생 하는 불이익"이 공정하게 분배되기 위한 것으로 요구되는 제도이다. 우리 가족법에는 아직 이혼 후 배우자 부양제도가 도입되어 있지 않다. 혼인의 항구적 특성을 고려하고 혼인과 노동 양자 사이에서 생애 전반적인 불이익을 경험하는 여성들에게 분배의 정의를 구현하기 위해서는 이혼 후 배우자 부양제도의 도입이 요구된다고 할 것이다.

생각할 문제

1. 근대 산업혁명 시기를 거치며 여성의 노동자로서의 지위가 점차 부인되게 된 계기는 무엇인가?
2. 산업사회에서 여성은 항상 일을 해왔음에도 불구하고 여성이 수행하였던 일은 노동으로 인정되지 않았는데 그 원인은 무엇인가?
3. 우리 헌법재판소는 혼인과 가족생활이 개인의 존엄과 양성의 평등을 기초로 성립되고 유지되어야 하며 국가는 이를 보장한다고 규정하고 있는 [헌법] 제36조 제1항의 의미를 어떻게 정의하고 있는가?
4. 전통적인 경제학이 가사노동에 대하여 가지고 있는 입장은 무엇인가?
5. 가사노동의 가치평가를 위한 방법을 설명하고 각각의 장단점을 검토하시오.
6. 대법원은 손해산정에 있어서 가사노동을 어떻게 평가하고 있는가?
7. 우리 가족법은 혼인하려는 당사자들은 혼인성립 전에 부부재산에 대해서 약정을 체결하여 혼인 이후의 재산관계에 대하여 약정할 수 있도록 규정하고 있는데(제829조), 이 약정과 관련하여 구체적으로 어떠한 원칙들을 규정하고 있는가?
8. 혼인 전에 당사자들이 혼인 성립 이후에 부부재산에 관하여 약정하지 않은 경우 법이 정한바대로 별산제의 적용을 받는다. 별산제의 구체적인 내용은 무엇이며 별산제의 장점과 단점은 무엇인가?
9. 부부가 이혼하게 되면 혼인기간 중에 형성한 재산을 분할하도록 한다. 이때 분할대상

재산에 해당하는 것은 무엇이며 분할의 원칙은 무엇인가?

10. 독일의 경우 부부가 이혼하게 되면 일정한 조건하에 이혼 이후에도 일방 당사자가 전 배우자를 부양하도록 하는 이혼 후 배우자 부양제도가 있다. 이러한 제도를 정당하다고 생각하는가?

11. 독일법은 이혼 후 배우자 부양제도의 정당성의 근거를 어디에서 찾고 있는가?

제6장 노동과 가족의 조화를 위한 일과 가정 양립 정책

일과 가정 양립 정책의 관련 쟁점별 연계도

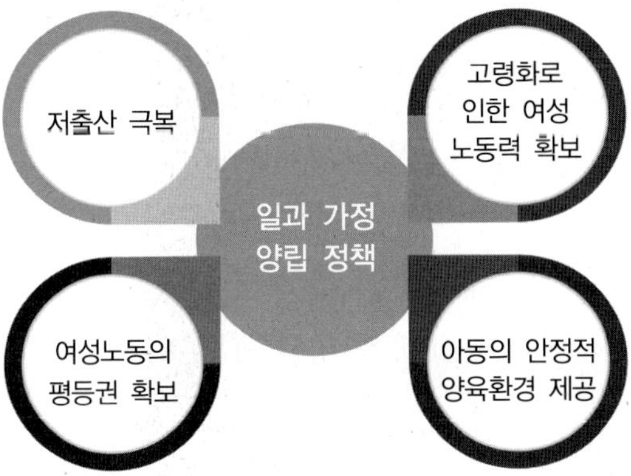

I. 일과 가정의 양립 정책의 필요성

여성이 교육수준이 높아지고 경제활동에 대한 참여가 점차 증가하고 있지만 여전히 아동에 대한 양육의 책임은 여전히 여성에게 귀속되는 것이 현실이다. 이러한 경제활동에서의 조건과 양육의 위무를 동시에 부담하는 어린 자녀가 있는 여성근로자들은 지속적으로 일과 가정을 양립하는 것에 많은 어려움을 겪고 있다. 이러한 어려움이 가중되게 되면 결국 여성들은 취업을 중단하는 선택을 하게 되고 결과적으로 경력단절에 이르게 되며 이는 여성인력이 사회에서 효과적으로 활용되지 못하는 상황에 이르게 되며 동시에 경력단절로 인하여 여성들은 지속적으로 노동능력을 향상시킬 기회를 잃어 버려 결과적으로 여성의 노년기의 빈곤 등에 영향을 주기도 한다.

특히 여성들이 일과 가정생활의 병행이 어려운 경우 출산을 미루거나 출산을 최소화하는 선택에 이르게 된다. 우리나라의 합계출산율은 2013년 1.187명으로 저출산과 초저출산율을 구별하는 합계출산율 1.3명을 기준으로 볼 때 우리나라는 초저출산율 국가이다.

	2003	2004	2005	2006	2007	2008	2009	2010	2011	2012	2013
합계 출산율	1.18	1.15	1.07	1.12	1.25	1.19	1.14	1.22	1.24	1.29	1.18

이처럼 출산율이 낮아지고 인구구조가 점차 고령화됨에 따라 정부는 다양한 출산장려책을 시행하고 있다. 그럼에도 불구하고 위의 통계가 보여주듯 출산율 향상을 위하여 투자한 재정에 비교하여 출산율은 나아지고 있지 않다. 그 원인으로 단순히 출산지원을 위한 산모지원 또는 출산용품 지원 등을 가지고는 출산율이 장기적으로 개선될 수 없다는 것이 지적된다.

이처럼 출산지원 정책에 비용을 투자함에도 불구하고 출산율이 개선되지 않는 원인으로 최근에는 일과 가정생활의 양립이 어려운 현실이 지적되고 있다. 동시에 이 문제는 여성의 경제활동에 경력단절을 야기하는 가장 중요한 원인으로 지적된다. 때문에 일과 가정을 양립할 수 있는 다양한 정책이 수립되면 출산율이 높아질 수 있을 것으로 기대된다. 또한 일과 가정을 양립이 가능하도록 하는 정책이 실현될 경우 경력단절을 예방하여 노년기 여성빈곤의 문제가 함께 해결에도 기여할 수 있을 것이다.

미국 CIA에서 발간하는 [THE WORLD FACTBOOK]은 세계 224개 나라의 합계 출산율 순위를 수록하고 있다. 이에 따르면 2014년 한국은 합계 출산율 1.25명으로 219위였다. 영국령 버진아일랜드와 공동 219위다. 한국보다 뒤에 있는 나라는 홍콩(1.17명), 타이완(1.11명), 마카오(0.93명), 싱가포르(0.80명) 4곳뿐이었다. 전부 아시아 국가들인데, 타이완을 제외하면 도시국가라, 사실상 한국의 출산율은 세계 꼴찌 수준으로 보면 된다. 아프리카 국가들은 제외하더라도 미국, 프랑스, 영국, 스웨덴, 노르웨이 등 흔히 선진국이라는 곳들은 물론 바로 옆 일본도 우리보다 고출산국이다.(한국 정부의 공식 출산율은 2014년 1.21명이다. CIA 월드팩트북의 추정치는 이보다도 높은데도 219위였다.) 2015년에는 한국의 합계출산율은 작년과 마찬가지로 1.25명, 순위는 하나 내려가 220위였다.

http://news.sbs.co.kr/news/endPage.do?news_id=N1003204546&plink=COPYPASTE&cooper=SBSNEWSEND

II. 다른 나라의 일과 가정 양립을 위한 정책

1. 영국의 일과 가족 양립 정책의 변화

(1) 휴가제도

[고용관계법(Employment Relations Act 1999)], [일과가족에관한법(Work and Family Act 2006)], [파트타임근로지침(Part-time working directive 2000)], [유연근무규정(Flexible Working Regulations, 2002)], [유연근무청구를위한부모의권리(The Rights of Parent to request Flexible Working Arrangement, 2003)] 등 관련법에 의하여 일과 가정 양립을 위한 정책적인 지원을 하고 있다.

구체적으로 2003년 이후 재직기간과 상관없이 법정 유급출산휴가가 18주에서 26주로 상향되어 최초 6주간은 평균 임금의 90%까지 지급하고 있다. 이후 무급으로 26주를 더 사용할 수 있게 되어 총 52주로 늘어났다. 2007년부터는 유급출산휴가를 26주에서 36주로 연장하고 어머니가 이를 다 사용하지 않은 경우 최대 3개월 까지 아버지가 유급으로 사용할 수 있도록 하였다.

(2) 유연근무 청구

[고용권리법]은 육아 및 간호를 이유로 근로자가 사용자에 대해 유연근무를 청구할 수 있는 권리를 규정하고 있다([고용권리법] 제8장A). 이후 2006년 [일과가족에관한법] 제12조에서 유연근무 청구 범위를 확장하여 가족간호를 위한 경우와 17세 이하의 아동에 대한 일반적인 육아를 위한 범위까지 확대되었다.

유연근무 청구권은 양육 책임이 있는 근로자 또는 간호의 필요가 있는 자를 돌보는 근로자가 근로시간과 근로장소 등 중요한 근로조건의 변경을 사업자에게 요구할 수 있는 권리를 말한다([고용권리법] 제80조F 제1항a). 유연근무 청구는 26주 이상 계속 근로한 근로자에게 인정되며, 소극적 요건으로 이전 12개월 동안 유연근무제를 활용하지 않았을 것이 규정되어 있다([고용권리법] 제80조F 제1항 b).

근로자가 유연근무를 청구하는 경우 사용자는 경영상의 이유를 이유로 근로자의 청구를 거절할 수 있다. 여기서 의미하는 경영상의 이유란 구체적으로 하여 ① 과다한 추가적 비용부담이 발생하거나 ② 기존 인원의 재편이 필요하거나 ③ 신규(정규) 인원 충원을 해야 하거나 ④ 업무 수행상 불가능하고 ⑤ 구조조정을 예정 하는 등을 의미한다([고용권리법] 제80조G).

근로자의 유연근무 청구가 거절된 경우, 근로자는 이에 대한 불공정성 심사를 고용위원회에 제기할 수 있으며, 고용위원회가 사용자가 불공정하게 근로자의 청구를 거절했다고 판단하는 경우에는 그 시점을 기준으로 유연근무가 개시됨과 동시에 절차 지연 등 근로자의 권리 침해에 대한 손해배상이 이루어진다.

2. 스웨덴의 일과 가족 양립 정책

스웨덴은 출산률의 저하로 인한 노동인력 감소를 대비하는 방식으로 여성을 노동시장에 남아있도록 하기 위한 정책적인 지원을 위하여 이미 1970년대 공보육서비스를 본격적으로 도입하였다. 또한 1974년에 부모휴가제도를 실시함으로써 남녀 공동양육의 모델을 제시하였고, 1975년에 보육을 모든 아동들의 권리로 규명하는 [보편적유아학교법]을 도입하여 여성의 육아 부담을 덜어주고 성별분업을 변화시키기 위해 남성의 육아참여를 독려하는 제도를 적극적으로 채택하고 있다.

먼저 출산휴가 14주를 인정하고 있으며, 8세 미만의 자녀를 둔 부모에게 16개월의 부모휴가를 사용할 수 있도록 하고 있다. 이 중 2개월은 아버지에게 할당하도록 하고 있는데 이는 사용하지 않을 경우 사라지는 권리이다. 일반적으로 남성의 임금이 높기 때문에 육아휴직 사용은 그에 따른 경제적 불이익이 발생할 수 있고 결과적으로 남성의 육아참여가 저조하게 될 가능성이 있으므로 이러한 문제를 해결하고 양성의 육아참여를 독려하기 위하여 부모 중 임금이 높은 소득자가 부모휴가를 사용할 경우 낮은 임금소득자에게 보너스를 제공한다. 그 이외에도 60일의 아픈 자녀를 돌보기 위하여 임시 육아휴직을 60일 사용할 수 있으며 유급으로 10일의 부성휴가를 제공하고 있다. 그리고 이러한 부모 휴가는 1/2, 1/3, 1/4, 1/8로 분할사용이 가능하다. 또한 부모는 자녀가 8세가 될 때까지 노동 시간을 25% 단축할 수 있다.

또한 취학전아동에게는 유아학교, 가정보육, 개방형 유아학교의 형태로 1세부터 6세 아동에게는 보육에 대한 권리와 3~7세 아동에게 유아교육 권리를 보장하고 6세부터 12세의 학령기 아동에게는 레저타임센터, 가정보육, 개방형레저타임센터를 통하여 방과후 서비스 권리를 받을 수 있도록 하고 있다.

III. 우리나라의 일과 가정 양립 정책

이러한 문제인식을 바탕으로 노동부는 2007년 11월 23일 [남녀고용평등법]을 대폭 개정하여 [남녀고용평등법과 일·가정양립지원에관한 법률]로 변경하고 일과 가정 양립 지원을 위한 제도적 기반을 마련하여 2008년 6월 22일부터 시행하고 있다.

1. 육아휴직

만 8세 이하 또는 초등학교 2학년 이하의 자녀를 둔 근로자는 아동의 양육을 위하여 육아휴직을 신청할 수 있다([남녀고용평등법] 제19조제1항 본문). 육아휴직의 기간은 1년 이내로 한다([남녀고용평등법] 제19조제2항). 육아휴직을 신청하려는 근로자는 휴직개시예정일의 30일 전까지 신청서를 사업주에게 제출하여야 한다([남녀고용평등법시행령] 제11조 제1항). 그러나 출산 예정일 이전에 자녀가 출생하였거나 배우자의 사망, 부상, 질병 또는 신체적·정신적 장애나 배우자와의 이혼 등으로 해당 영유아를 양육하기 곤란한 경우에는 휴직개시 예정일 7일 전까지 육아휴직을 신청할 수 있다([남녀고용평등법시행령] 제11조 제2항). 그러나 육아휴직을 신청하려는 근로자가 해당 사업에서 계속 근로한 기간이 1년 미만이거나 같은 영유아에 대하여 배우자가 육아휴직에 있는 경우 사업주는 육아휴직을 허용하지 않을 수 있다([남녀고용평등법시행령] 제10조).

육아휴직 기간은 무급으로 사업주는 급여 지급의무가 없다. 다만, 고용보험에서 근로자가 육아휴직기간 동안 육아휴직급여를 지급한다. 그 가액은 육아휴직기간 동안 월 통상임금의 40%, 현재 상한 100만원, 하한 50만원을 지급한다.

또한 사업주는 육아휴직을 이유로 해고나 그 밖의 불리한 처우를 하여서는 아니 되며, 육아휴직 기간에는 그 근로자를 해고하지 못하며, 근로자가 육아휴직을 마친 후에는 휴직 전과 같은 업무 또는 같은 수준의 임금을 지급하는 직무에 복귀시키고, 육아휴직 기간은 근속기간에 포함시켜야 한다([남녀고용평등법] 제19조 제3항 및 제4항). 기간제근로자 또는 파견근로자의 육아휴직 기간은 [기간제및단시간근로자보호등에관한법률] 제4조에 따른 사용기간 또는 [파견근로자보호등에관한법률] 제6조에 따른 근로자파견기간에 산입하지 아니한다([남녀고용평등법]제19조 제5항).

만일 이와 같은 의무사항을 위반하여 사업주가 근로자를 육아휴직을 이유로 해고나 그 밖의 불리한 처우를 하거나, 사업을 계속할 수 없는 경우가 아님에도 육아휴직 기간 동안 해당 근로자를 해고한 경우에는 3년 이하의 징역 또는 2천만 원 이하의 벌금에 처해진다([남녀고용평등법] 제37조제2항 제3호). 또한 사용자가 육아휴직을 마친 후 복귀한 근로자에게 휴직 전과 같은 업무 또는 같은 수준의 임금을 지급하는 직무에 복귀시키지 않은 경우에는 500만 원 이하의 벌금에 처한다([남녀고용평등법] 제37조제4항 제4호).

이처럼 육아휴직에 대한 법적인 제도 정비는 상당히 발전하였다. 또한 육아휴직제도의 활용률도 꾸준히 늘어 산전후휴가자 중에서 육아휴직자의 비율은 2002년 16.6%에 불과한 상태에서 빠르게 증가하여 2008년에는 40% 수준에 도달하였다. 그러나 이 수치는 고용보험에 가입된 여성근로자들 중에서 산전후휴가를 사용한 근로자들을 기준으로 한 육아휴직 사용비율이기 때문에, 실제로 육아휴직을 필요로 하는 전체 여성근로자중의 사용비율은 더욱 저조할 것이다. 특히 비정규직 여성들의 고용보험 가입률 39.2%('07년 8월 기준)를 고려한다면 거대한 비정규직 여성근로자들은 여전히 제도의 사각지대에 남겨져 있다.

2. 육아기근로시간단축제도

우리나라 가족내 남녀의 양육시간을 조사한 2005년 「전국가족실태조사」 결과에 의하면, 여성에 비해 남성의 자녀양육시간은 극히 미미하여, 0~2세 아동이 있는 가정에서는 여성의 양육시간은 88%, 남성 14.6%, 3~5세 아동이 있는 가정에서도 여성 82.4%, 남성 10%, 6~13세 아동이 있는 가정에서는 여성 69.1%, 남성 6.7%의 비율을 나타낸다.

2004년 한국노동연구원의 조사에 따르면(이규용 외, 2004) 육아휴직을 신청하지 않은 근로자 중 45.2%, 휴직을 신청하고 있는 자 중 28.2%, 사업장의 51.9%가 전일제 육아휴직 대신에 근로시간단축제도를 선호하고 있는 것으로 나타났다. [근로기준법]도 근로시간과 관련하여서는 월 40시간 근로 및 1일 8시간 근로(제50조), 탄력적 근로시간제(제51조), 선택적 근로시간제(제52조)를 두어 근로시간의 유연한 적용을 규정하고 있다.

또한 [남녀고용평등법]은 출산·육아기 여성들의 일과 가족생활을 병행할 수 있도록 하는 제도인 육아기 근로시간단축제도를 도입하였다. 이에 따라 육아휴직을 신청할 수 있는 근로자는 육아휴직 대신 근로시간 단축을 신청할 수 있으며 근로자의 근로시간 단축신청이 있는 경우 사업주는 이를 허용하여야 한다([남녀고용평등법] 제19조의 2 제1항). 다만 1. 단축개시예정일의 전날까지 해당 사업에서 계속 근로한 기간이 1년 미만인 근로자가 신청한 경우2. 같은 영유아의 육아를 위하여 배우자가 육아휴직을 하고 있는 근로자가 신청한 경우 3. 사업주가 [직업안정법] 제2조의2제1호에 따른 직업안정기관에 구인신청을 하고 14일 이상 대체인력을 채용하기 위하여 노력하였으나 대체인력을 채용하지 못한 경우. 4. 육아기 근로시간 단축을 신청한 근로자이 업무 성격상 근로시간을 분할하여 수행하기 곤란하거나 그 밖에 육아기 근로시간 단축이 정상적인 사업 운영에 중대한 지장을 초래하는 경우로서 사업주가 이를 증명하는 경우에는 근로시간 단축을 허용하지 아니할 수 있다([남녀고용평등법] 제15조의 2).

만일 사업주가 육아기 근로시간 단축을 허용하지 아니하는 경우에는 해당 근로자에게 그 사유를 서면으로 통보하고 육아휴직을 사용하게 하거나 그 밖의 조치를 통하여 지원할 수 있는지를 해당 근로자와 협의하여야 한다([남녀고용평등법] 제19조의 2 제2항).

구체적으로 육아기 근로시간 단축을 신청한 경우 단축 후 근로시간은 주당 15시간 이상이어야 하고 30시간을 넘어서는 아니 되며 육아기 근로시간 단축의 기간은 1년 이내로 한다([남녀고용평등법] 제19조의 2 제3항 및 제4항). 사업주는 육아기 근로시간 단축을 하고 있는 근로자에 대하여 근로시간에 비례하여 적용하는 경우 외에는 육아기 근로시간 단축을 이유로 그 근로조건을 불리하게 하여서는 아니 되며([남녀고용평등법] 제19조의 3 제1항), 육아기 근로시간 단축을 하고 있는 근로자에게 단축된 근로시간 외에 연장근로를 요구할 수 없다. 다만, 그 근로자가 명시적으로 청구하는 경우에는 사업주는 주 12시간 이내에서 연장근로를 시킬 수 있다([남녀고용평등법] 제19조의 3 제3항).

사업주는 육아기 근로시간 단축을 이유로 해당 근로자에게 해고나 그 밖의 불리한 처우를 하여서는 아니 되며, 근로자의 육아기 근로시간 단축기간이 끝난 후에 그 근로자를 육아기 근로시간 단축 전과 같은 업무 또는 같은 수준의 임금을 지급하는 직무에 복귀시켜야 한다([남녀고용평등법] 제19조의 2 제5항 및 제6항).

근로자는 육아휴직이나 육아기 근로시간 단축을 사용하려는 경우 아래에 방법 중 하나를 선택하여 사용할 수 있다. 이 경우 어느 방법을 사용하든지 그 총 기간은 1년을 넘을 수 없다([남녀고용평등법] 제19조의4).

① 육아휴직의 1회 사용
② 육아기 근로시간 단축의 1회 사용
③ 육아휴직의 분할 사용(1회만 할 수 있다)
④ 육아기 근로시간 단축의 분할 사용(1회만 할 수 있다)
⑤ 육아휴직의 1회 사용과 육아기 근로시간 단축의 1회 사용

이처럼 육아휴직 또는 육아기 근로시간 단축을 사용할 경우에 사업주는 근로자에게 불리한 처우를 해서는 아니 되지만 현실적으로 육아휴직 사용으로 인한 차별은 존재한다.

국가인권위원회 2008. 5. 19.자 07진차953결정

국가인권위원회는 진정인은 주식회사 OOOO에서 홍보팀장으로 근무하다 2007. 3. 1.부터 같은 해 8. 31.까지 출산 휴가 및 육아 휴직을 사용하였는데, 피진정인들이 복직 전후 진정인에게 사직을 강요하고 팀장에서 팀원으로 강등하였으며 업무를 제한하는 직무서약서의 작성을 강요하였다. 이에 대하여 국가인권위원회는 여성인 진정인이 출산 휴가 및 육아 휴직을 사용했다는 이유로 복직 과정에서 사직을 강요당하고 보직 등에서 불이익한 조치를 당하였다고 판단되며, 이러한 피진정인의 행위는 [국가인권위원회법] 제2조 제4호에 규정하는 성별 또는 출산을 이유로 한 고용상 차별행위에 해당한다고 판단하였다.

3. 비정규직 여성을 위한 일과 가정 양립 과제

근로자의 일과 가정 양립을 위한 정책은 휴가정책과 유연근로시간을 통하여 권리화되어 있으나 기간제 등 비정규직 여성노동자의 경우 근무기간 중에 출산하는 경우 산전후휴가에 따른 비용부담, 업무공백 등으로 인하여 사업주가 당해 근로자와 재계약을 기피하는 등 고용불안 요인이 발생하는 것이 현실이다. 이러한 문제를 해결하기 위하여 산전후휴가 또는 임신 중에 계약기간이 만료되는 계약직에 종사하는 여성근로자의 모성보호 및 고용안정을 지원하기 위해 이들과 1년 이상 계속고용계약을 체결한 사업주에게 지원금을 지급하여 계속고용을 촉진하기 위해 2006년 출산후 계속 고용 장려금 제도가 도입되었다.

구체적으로 출산후 계속 고용 장려금 제도의 지원요건은 [고용보험법시행령]에 따르면 산전후휴가 중이거나 임신 16주 이상인 여성근로자의 휴가기간이나 임신기간 중에 근로계약기간이나 파견계약기간이 끝나는 경우 당초의 근로계약기간이나 파견계약기간이 끝난 즉시 그 근로자와 근로계약 기간을 1년 이상으로 하는 근로계약을 체결하는 사업주에게 노동부장관이 정하여 고시하는 금액을 6개월 동안 지급한다.

이때 금액은 40만 원이다(제29조). 기간을 정하지 아니한 계약을 체결하는 사업주에 대하여는 1년 동안 지원하며 처음 6개월은 60만 원, 후반부 6개월은 30만 원이다.

국가인권위원회 2003.9.22.자 03진차76 결정 [육아휴직 불허관련 국가공무원법 개정 권고]

2003년 국가인권위원회는 당시 국가공무원법 및 지방공무원법이 정무직공무원, 별정직공무원, 계약직공무원, 고용직공무원을 특수경력직공무원으로 분류하고, 이들에게는 당시 국가공무원법 제71조 제2항 및 지방공무원법 제63조 제2항에서 공무원이 자녀를 양육하기 위하여 필요하거나, 여자공무원이 임신 또는 출산의 사유로 휴직을 원하는 경우에는 임용권자는 대통령령이 정하는 특별한 사정이 없는 한 휴직을 명하여야 한다고 규정하고 있음에도 불구하고, 특수경력직공무원에게는 이를 적용하지 아니하는 것으로 규정하여(국가공무원법 제3조 제1항 내지 지방공무원법 제3조 제1항) 특수경력직공무원에 대하여는 육아휴직을 허용하지 않았던 사례에 대해서 다음과 같은 근거로 평등권 침해를 인정하였다.

1. 관련 법령과 국제협약의 내용을 보면 육아휴직 제도는 여성뿐만 아니라 남성근로자에게도 일정기간 육아에 전념하였다가 직장에 복귀할 수 있도록 하여 가족부양과 직업종사를 조화롭게 양립할 수 있도록 하기 위한 중요한 국가정책의 목표라고 할 것이다.
2. 행정자치부 및 중앙인사위원회의 여성공무원 인사관리지침(2002. 3. 26)에는 여성공무원 인사정책의 방향으로 가정친화적인 근무환경을 조성해야 한다고 되어 있는데 그러한 인사정책은 특수경력직공무원을 포함하여 모든 공무원에게 차별 없이 적용되어야 할 것이다.
3. 육아휴직을 허용한다고 해서 특수경력직공무원의 신분불안이 가중된다고 볼 근거가 없고, 특수경력직공무원이 최초 임용 당시 육아휴직배제에 대한 동의가 있었다고 보기도 어려우며 달리 특수경력직공무원을 육아휴직 제도의 적용대상에서 배제할 합리적 이유를 발견할 수 없다.
4. 그렇다면 특수경력직공무원을 육아휴직제도의 적용대상에서 배제하는 것은 특수경력직공무원을 합리적인 이유 없이 경력직공무원보다 불리하게 대우하는 것으로서 평등권 침해의 차별이라고 할 것이다.

생각할 문제

1. 일과 가정을 양립할 수 있도록 지원하는 정책이 가지는 함의는 무엇인가?
2. [남녀고용평등법]에서 규정하고 있는 육아휴직의 기본 내용을 설명하시오.
3. [남녀고용평등법]에서 규정하고 있는 육아기 근로시간 단축제도의 기본 내용을 설명하시오.
4. 비정규직 여성근로자가 출산 이후에도 계속 고용을 유지하는 것을 지원하기 위한 출산후계속고용장려금제도의 지원 요건은 무엇인가?
5. 국가인권위원회는 2003년 특수경력직공무원에 대하여는 육아휴직을 허용하지 않았던 사례에 대해서 평등권 침해를 인정하였다. 특수경력직공무원은 경력직공무원 외의 정무직공무원이나 별정직공무원을 말하는데 이들은 일정한 기간을 전제로 근무를 하는 경우가 많다. 이러한 점에서 기간의 제한을 가지고 있는 근로자와 유사한 위치에 있는데 이들의 육아휴직을 허용하려면 어떤 방법으로 근로기간을 결정해야 할지 생각해 보시오.

제4부 여성과 폭력

제1장

노동인가 폭력인가? : 성매매와 여성인권

Ⅰ. 규제 대상으로서 성매매의 개념과 실태

1. 법적 규제 대상으로서 '성매매'의 정의

[성매매알선등행위의처벌에관한법률]에 의하면 성매매는 불특정인을 상대로 금품 그 밖의 재산상의 이익을 수수·약속하고 성교행위나 구강·항문 등 신체의 일부 또는 도구를 이용한 유사성교행위 어느 하나에 해당하는 행위를 하거나 그 상대방이 되는 것을 말한다.

또한 [아동·청소년의성보호에관한법률] 에서는 '아동·청소년의 성을 사는 행위'를 아동·청소년, 아동·청소년의 성(性)을 사는 행위를 알선한 자 또는 아동·청소년을 실질적으로 보호·감독하는 자 등에게 금품이나 그 밖의 재산상 이익, 직무·편의제공 등 대가를 제공하거나 약속하고 ① 성교 행위 ② 구강·항문 등 신체의 일부나 도구를 이용한 유사 성교 행위 ③ 신체의 전부 또는 일부를 접촉·노출하는 행위로서 일반인의 성적 수치심이나 혐오감을 일으키는 행위 ④ 자위행위 중 어느 하나에 해당하는 행위를 아동·청소년을 대상으로 하거나 아동·청소년으로 하여금 하게 하는 것을 말한다.

이처럼 [아동·청소년의성보호에관한법률]은 [성매매알선등행위의처벌에관한법률]에 비교하여 성매매의 개념을 좀 더 확장하여 세밀하게 규정하고 있다. 이는 아동 및 청소년의 성을 보호하는 입법목적에 좀 더 충실하려는 것으로 보인다. 이처럼 성매매는 일률적으로 하나의 정의로 규정하기 어려운 한계가 있다. 무엇이 성매매인지 여부 특히 법의 규제의 대상으로 성매매를 상정할 경우 그러한 규제를 통하여 보호하고자 하는 법익이 무엇인지에 따라 유동적으로 정의할 수 있다. 특히 대가를 전제로 성을 매개로 발생하는 다양한 유형의 행위가 점차 확대되고 있기 때문에 이러한 행위를 모두 매번 실정법에 규정하여 규제하는 것이 쉽지 않다. 때문에 법원에서는 새로 나타나는 유형의 성을 매개로 하는 행위를 유사성교행위의 일종으로 포섭하여 규제하고 있다.

대법원 2006. 10. 26. 선고 2005도8130 판결

[1] 성매매 등 근절과 성매매 피해자 인권 보호라는 성매매알선 등 행위의 처벌에 관한 법률의 입법 취지와 성교행위와 유사성교행위를 아무런 구별 없이 같이 취급하고 있는 같은 법 제2조 제1항 제1호 의 규정 등 고려하면, 위 법률 제2조 제1항 제1호 (나)목의 '유사성교행위'는 구강·항문 등 신체 내부로의 삽입행위 내지 적어도 성교와 유사한 것으로 볼 수 있는 정도의 성적 만족을 얻기 위한 신체접촉행위를 말하고, 어떤 행위가 성교와 유사한 것으로 볼 수 있는 정도의 성적 만족을 얻기 위한 신체접촉행위에 해당하는지 여부는 당해 행위가 이루어진 장소, 행위자들의 차림새, 신체 접촉 부위와 정도 및 행위의 구체적인 내용, 그로 인한 성적 만족감의 정도 등을 종합적으로 평가하여 규범적으로 판단하여야 한다.

[2] 마사지업소의 여종업원이 침대가 설치된 밀실에서 짧은 치마와 반소매 티를 입고 남자 손님의 온몸을 주물러 성적인 흥분을 일으킨 뒤 손님의 옷을 모두 벗기고 로션을 바른 손으로 손님의 성기를 감싸 쥐고 성교행위를 하듯이 왕복운동을 하여 성적 만족감에 도달한 손님으로 하여금 사정하게 한 행위가 [성매매알선등행위의처벌에관한법률] 제2조 제1항 제1호 (나)목의 '유사성교행위'에 해당한다.

대법원 2008. 5. 15. 선고 2008도692 판결

[성매매알선등행위의처벌에관한법률] 제2조 제1항 제1호는 '성매매라 함은 불특정인을 상대로 금품 그 밖의 재산상의 이익을 수수·약속하고 다음 각목의 어느 하나에 해당하는 행위를 하거나 그 상대방이 되는 것을 말한다.' 고 하면서, '성교행위' (가목)와 '구강·항문 등 신체의 일부 또는 도구를 이용한 유사성교행위' (나목)를 각 규정하고 있다. 성매매 등 근절과 성매매 피해자 인권보호라는 위 법률의 입법취지와 성교행위와 유사성교행위를 아무런 구별 없이 같이 취급하고 있는 위 법률의 관련 조항들을 고려하면, 위 법률에서 말하는 '유사성교행위' 란 구강·항문 등 신체 내부로의 삽입행위 내지 적어도 성교와 유사한 것으로 볼 수 있는 정도의 성적 만족을 얻기 위한 신체접촉행위를 말하는 것으로 볼 것이고, 어떤 행위가 성교와 유사한 것으로 볼 수 있는 정도의 성적 만족을 얻기 위한 신체접촉행위에 해당하는지 여부는 당해 행위가 이루어진 장소, 행위자들의 차림새, 신체 접촉 부위와 정도 및 행위의 구체적인 내용, 그로 인한 성적 만족감의 정도 등을 종합적으로 평가하여 규범적으로 판단하여야 할 것이다.

원심판결 이유에 의하면, 원심은 그 채용 증거를 종합하여 이 사건 업소의 고객은 밀실로 안내되어 그곳에서 샤워를 한 후 간호사 등으로 분장한 여종업원과 1:1로 대면하는데, 고객은 여종업원의 다리와 발을 만지고 여종업원은 고객과 대화하면서 발로 고객의 성기를 자극하는 등으로 발기를 유도하였던 사실, 그 과정에서 성적으로 흥분한 고객이 사정하거나 자위행위를 하기도 하였던 사실을 인정하고, 이러한 인정 사실에다가 당시 여종업원들이 자극적인 의상을 입고 있었던 점, 여종업원이 접촉한 고객의 주된 신체부위는 성기였던 것으로 보이는 점, 개별 밀실에 샤워시설이 구비되어 있었던 이 사건 업소의 구조에서 고객들이 사정함으로써 성적 만족감을 얻을 수 있도록 예정하고 있는 것으로 보이는 점 등의 사정을 종합하여, 이 사건 업소는 여종업원들로 하여금 자극적인 몸짓과 발을 이용한 접촉으로 고객의 사정을 유도하여 성적 만족감을 얻게 하는 방법으로 성교행위에 유사한 정도의 신체접촉행위를 하게 하였던 사실을 충분히 인정할 수 있다.

2. 성매매 실태

우리나라는 1970년대 이후 정격유착에 따라 향락과 접대가 만연하게 되었고, 국가가 외국인 관광 유치 정책의 일환으로 기생관광을 방치한데다가 오랜 기간 동안의 독재정권이 유지되면서 대중을 정치로부터 배재시키는 과정에서 향락산업을 조장하여 향락 사업이 급속도로 팽창하게 되었다. 이러한 배경이 있었음에도 불구하고 오랫동안 성매매는 사회적 구조의 문제로 법적인 규제되어야 하는 문제로 인식하지 못하였고 성매매 종사 여성 개인의 도덕적 일탈 행위로 인한 것으로 문제를 바라보는 관점이 개인화 되어 있었다.

과거 성매매를 규율하기 위한 법은 [윤락행위방지법]이 있었다. 이 법은 원칙적으로 성매매를 금지하면서도, 성매매를 도덕적 타락으로 보아 금지하는 입장을 취하고 있었다. 이처럼 성매매를 도덕적 타락으로 금지하는 정도에 그쳤기 때문에 이를 심각한 법 위반의 문제로 인식하지 않았을 뿐 아니라 알선업자나 포주 등 중간매개자에 대한 제재수단이 약했기 때문에 처벌이 성매매여성에 집중되고 성매매로 인한 실질적 이익의 향유자인 성매매업주나 중간매개자들은 방치하는 결과를 초래하여 성매매 규제의 효과가 거의 없었다. 뿐만 아니라 아직 미성년자인 청소년을 대상으로 하는 성매매가 사회적 문제가 됨에 따라서 2000년 2월 3일 [청소년의성보호에관한법률]을 법률 제6261호로 제정하여 "청소년의 성을 사는 행위"에 대하여 법적인 규제를 시작하였다.[6]

이후 2000년, 2001년 군산에서 화재로 인해 감금상태에서 성매매를 강요받아왔던 성매매여성들이 사망하는 사건이 발생하면서, 성매매여

---

[6] 동법 제2조 제2호 "청소년의 성을 사는 행위"라 함은 청소년, 청소년을 알선한 자 또는 청소년을 실질적으로 보호·감독하는 자 등에게 금품 기타 재산상 이익이나, 직무·편의 제공 등 대가를 제공하거나 이를 약속하고 다음 각목의 1에 해당하는 행위를 하는 것을 말한다.
가. 청소년과의 성교행위
나. 청소년과의 구강·항문 등 신체의 일부 또는 도구를 이용한 유사성교행위
이법은 2009년 6월 9일부터 법률 제9765호 [아동·청소년의성보호에관한법률]로 전부 개정되었다.

성들이 처한 인권 문제가 심각하게 제기되었다. 이러한 상황에서 여성단체 측에서 주도하여 2001년 4월 성매매방지 특별법 마련을 위한 전문가 간담회가 구성됨으로써 [성매매알선등범죄의처벌및방지에관한법률(안)]을 마련하여 2001년 입법청원하였다. 이후 이 법안은 [성매매처벌법(안)]과 [성매매피해자보호법(안)]으로 분리되어 2004년 3월 22일 [성매매알선등행위의처벌에관한법률]이 법률 제7196호로 [성매매방지및피해자보호등에관한법률]이 법률 제7212호로 각각 제정되었다.

동법 제정 이후 2004년 10월 여성가족부는 "성매매 실태 및 경제규모에 관한 전국조사"를 실시하였다. 당시 조사결과에 의하면 당시 우리나라 업종별 성매매 알선비율은 전국 일반유흥주점 업소의 성매매 알선율은 79.9%, 무도유흥주점은 45.6%, 간이주점은 9.0%, 중소도시와 농어촌에 소재하고 있는 다방의 경우 38.7%, 노래방 18.2%, 이발소 11.3%이며, 마사지업소의 성매매화 비율은 37.9%로 추정되었다. 전체 성매매 관련 산업에서 활동하는 성매매 종사여성 수치는 매우 가변적인 것으로서, 추정범위는 매우 탄력적이지만 당시 조사에 따르면 최소 33만 명 정도가 전문적 형태로 성매매에 가담하여 생계를 유지하는 것으로 추정되었는데, 이것은 20~30대 여성인구의 4.1%를 차지하며, 같은 연령대 취업여성인구의 8.0%를 차지하는 거대한 규모에 해당하는 것이다. 또한 성매매 관련 산업의 경제규모 는 2002년 기준 성매매로 인해 산출되는 총 매출액은 약 16조 5천억 원이었으며, 여기에 전업형 성매매 집결지의 연간 매출액 1조 8천여억 원과 기타 비업소형이 성매매 시장에서 차지하는 비중을 24% 정도로 볼 때, 24조원 정도로 추산되었는데 이는 당해 연도 추정 국내 총생산(GDP) 578.8조원의 4.1%를 차지하며, 이는 2001년 GDP기준 농림어업의 비중(4.4%)에 맞먹는 거대한 규모인 것으로 알려졌다.

최근에 여성가족부는 '2013 성매매실태조사'(국가 미승인 통계)에 따른 결과를 발표하였는데, 이에 따르면 이 수치는 2002년에 비해서는 집결지 수가 69개에서 44개로, 성매매 업소 수는 2938개에서 1,858개(36.8%)로 감소한 것으로 나타났다. 성 구매자 연령층은 30~40대가 70% 이상을 차지하고 있었다. 30대가 36.6%로 가장 많았고, 40대가 35.4%, 20대가 14.6%, 50대가 13.4% 순이었다. 성매매에 종사하는 여성들은 20~30대 여성이 80%를 차지하고 있었다. 30대가 43.5%, 20대가 33.6%였고, 여관이나 여인숙의 경우에는 40대가 가장 높은 비율을 차지하고 있었다. 또 10회 이상 상습 성 구매자 대상 분석 결과 미혼과 기혼 간 차이가 없어 성관계 파트너가 없는 남성의 성욕 해소를 위해 성매매가 필요하다는 주장은 설득력이 부족한 것으로 드러났다. 한편 일반 남성 1200명 중 1117명(93.1%)이 '성매매가 처벌 받는다'고 인지하고 있었으며, 1120명(93.3%)은 '성매매방지법을 인지'하는 등 성매매특별법 및 성매매의 불법성에 대해 높은 인식을 보였다.

II. 성매매 규제를 위한 법적 구조

1. 각국의 성매매 규제에 관한 입장

성매매 규제와 관련한 입장은 크게 두 가지로 대별된다. 첫째는 성매매 자체를 금지하기 보다는 성매매를 둘러싸고 발생하는 인신매매나 중간착취를 없애는데 중점을 두는 입장이다. 이러한 입장은 성매매가 강요에 의하여 폭력적으로 발생하는 경우도 있지만 본질적으로 자유의사에 의하여 성매매가 발생하는 경우도 있다는 점을 인정하는 것이다. 이것은 자유주의적 여성주의자들의 입장으로 자유로운 선택에 의한 성매매는 인정하지만 강제력이 개입되어 성매매에 이르게 되는 경우 이는 규제되어야 한다고 본다. 우리나라에서도 이러한 입장을 취하여 성매매를 선택한 여성의 자율성을 긍정하고 이들의 성적 서비스를 노동으로 인정하여 성노동자 여성의 주체성을 인정하고 이들로 하여금 스스로 근로권과 생존권을 지켜나갈 수 있도록 지원하는 정책을 펴야 한다고 주장하는 입장이 있다. 둘째는 모든 유형의 성매매는 그 자체로 여성을 상품화하는 것이며 어떤 경우에도 성매매는 여성인권을 침해하는 것으로 보는 입장이 있다. 급진주의적 여성주의의 입장에서 성매매는 단순한 성적 서비스를 판매하는 것이 아니라 여성의 성적 자아를 매각하는 것으로 성매매는 어떤 경우에도 자율적인 것으로 허용될 수 없는 폭력에 해당한다는 입장이다.

성매매 규제에 대한 국제협약 및 기준

a. 「인신매매금지및타인의성매매에의한착취금지에관한협약」 : 1950년 3월 21일 채택 / 대한민국 적용 1962년 5월 14일

제1조 현 협약의 체약국은 타인의 욕정을 만족시키기 위하여 아래 행위를 하는 자를 처벌하는데 합의한다.

1. 성매매 목적으로 타인을 합의 여부에 불구하고 소개하거나 유혹 또는 유괴하는 자
2. 합의 여부에 불구하고 타인을 성매매 하도록 착취하는 자

b. [여성차별철폐협약] : 1979년 12월 18일 채택 / 대한민국 1984년 12월 비준

제6조 당사국은 여성에 대한 '모든' 형태의 인신매매 및 성매매에 의한 착취를 금지하기 위하여 입법을 포함한 모든 적절한 조치를 취하여야 한다.

c. [인신매매특히여성과아동인신매매의예방억제처벌을위한UN의정서]

제3조 (a) 인신매매는 착취를 목적으로 무력사용, 위협 또는 각종 강압행위, 납치, 사기, 기만, 권력의 악용 또는 취약성 악용, 피해자에 대한 통제력을 가진 사람의 동의를 얻기 위해 돈이나 혜택을 제공 또는 수령하는 행위 등을 동원하여 인신을 모집, 운반, 이전, 은닉 또는 인수하는 행위를 의미한다.

이러한 입장에서 각국은 성매매를 규제하기 위하여 다양한 입장을 취하고 있다. 그 첫째는 성매매를 범죄로 간주하면서 이를 알선, 착취 및 성을 매수하는 자까지 처벌하는 금지주의적인 입장이다. 현대 우리나라와 태국 등이 이러한 입장을 취하고 있다. 그러나 이러한 입장이 지니는 한계는 여전히 음성적으로 발생하는 성매매까지 완전히 추방하지 못하며 성매매를 처벌함으로써 좀 더 음성화되는 현상이 발생할 수 있다. 둘째는 성매매 행위를 불법으로 통제하지 않으면서 공식적인 표면에 들어나도록 하여 국가가 이를 관리하는 규제주의 입장이다. 이 입장은 성매매행위를 하기 위해서는 행정관청의 허가를 필요로 하며 성매매에 종사하는 여성들은 건강검진, 특정 장소 이외의 곳에서의 호객행위 금지하기도 한다. 또한 성매매 종사자들의 소득에 따라 과세를 한다. 독일, 오스트리아, 그리스 네덜란드, 헝가리 및 영국이 이러한 입장을 취하고 있다. 규제주의 입장을 취하는 국가에서는 성매매 여성들이 등록을 하도록 되어 있기 때문에 일단 성매매를 직업으로 등록하게 되면 다른 직업으로의 이동이 어렵게 된다는 문제가 있다. 마지막으로 폐지주의는 국가가 성매매 행위에 대하여 개입을 하지 않는 입장으로 원칙적으로 성매매 자체는 불법이 아니며 개인적인 성매매는 자유로 허용된다. 다만 성매매를 통한 착취는 불법이며 길거리에서의 호객행위 및 성매매 업소를 운영하는 것은 불법으로 규제하는 입장이다. 이러한 입장을 취하는 국가로 프랑스, 이탈리아, 벨기에 등이 있다.

2. 우리나라의 성매매 규제관련 법

(1) [성매매알선등행위의처벌에관한법률]

[성매매알선등행위의처벌에관한법률]은 ① 성매매, ② 성매매알선 등

행위 ③ 성매매 목적의 인신매매 ④ 성을 파는 행위를 하게 할 목적으로 다른 사람을 고용·모집하거나 성매매가 행하여진다는 사실을 알고 직업을 소개·알선하는 행위를 금지하고 있다(동법 제4조).

이에 따라서 [성매매알선등행위의처벌에관한법률]은 금지행위를 하는 경우 벌칙을 부과하고 있다. 구체적으로 먼저 이 법에서 금지하는 성매매란 불특정인을 상대로 금품이나 그 밖의 재산상의 이익을 수수(收受)하거나 수수하기로 약속하고 ① 성교행위, ② 구강, 항문 등 신체의 일부 또는 도구를 이용한 유사 성교행위 등 어느 하나에 해당하는 행위를 하거나 그 상대방이 되는 것을 말하는 것으로 이에 따라서 성매매는 원칙적으로 성을 매도한 자와 매수한 자 모두 법에서 금지하는 행위를 한 주체가 된다([성매매알선등행위의처벌에관한법률] 제2조 제1호). 그리고 그러한 성매매를 한 사람은 1년 이하의 징역이나 300만 원 이하의 벌금·구류 또는 과료(科料)에 처한다([성매매알선등행위의처벌에관한법률] 제21조 제1항).

그러나 성매매 피해자의 성매매는 처벌하지 않는다([성매매알선등행위의처벌에관한법률] 제6조). 여기서 의미하는 성매매 피해자란 ① 위계, 위력, 그 밖에 이에 준하는 방법으로 성매매를 강요당한 사람 ② 업무관계, 고용관계, 그 밖의 관계로 인하여 보호 또는 감독하는 사람에 의하여 마약·향정신성의약품 또는 대마에 중독되어 성매매를 한 사람 ③ 청소년, 사물을 변별하거나 의사를 결정할 능력이 없거나 미약한 사람 또는 [성매매알선등행위의처벌에관한법률시행령] 별표에서 규정한 사람 또는 이에 준하는 사람으로서 타인의 보호·감독이 없으면 정상적으로 일상생활 또는 사회생활을 영위하기 어렵고, 이로 인하여 타인의 부당한 압력이나 기망(欺罔)·유인에 대한 저항능력이 취약한 사람으로서 성매매를 하도록 알선·유인된 사람 ④ 성매매 목적의 인신매매를 당한 사람([성매매알선등행위의처벌에관한법률] 제2조제1항 제3호, 4호 및 제2항 [성매매알선등행위의처벌에관한법률시행령] 제2조).

다음으로 "성매매알선 등 행위"란 ① 성매매를 알선, 권유, 유인 또는 강요하는 행위 ② 성매매의 장소를 제공하는 행위 ③ 성매매에 제공되는 사실을 알면서 자금, 토지 또는 건물을 제공하는 행위 어느 하나에 해당하는 행위를 하는 것을 말한다([성매매알선등행위의처벌에관한법률] 제2조 제2호). 만일 이러한 행위를 하게 되면 3년 이하의 징역 또는 3천만 원 이하의 벌금에 처한다([성매매알선등행위의처벌에관한법률] 제19조 제1항).

성을 파는 행위를 하게 할 목적으로 다른 사람을 고용·모집하거나 성매매가 행하여진다는 사실을 알고 직업을 소개·알선하는 행위를 한 경우에는 3년 이하의 징역 또는 3천만 원 이하의 벌금에 처한다([성매매알선등행위의처벌에관한법률] 제19조 제1항).

마지막으로, 이러한 성매매 행위가 행하여지는 업소에 대하여 광고행위를 하는 것도 금지되며 이를 위반하여, ① 성을 파는 행위 또는 [형법] 제245조에 따른 음란행위 등을 하도록 직업을 소개·알선할 목적으로 광고(각종 간행물, 유인물, 전화, 인터넷, 그 밖의 매체를 통한 행위를 포함한다. 이하 같다)를 한 사람 ② 성매매 또는 성매매알선 등 행위가 행하여지는 업소에 대한 광고를 한 사람 ③ 성을 사는 행위를 권유하거나 유인하는 광고를 한 사람에 대해서는 사람은 3년 이하의 징역 또는 3천만 원 이하의 벌금에 처한다([성매매알선등처벌에관한법률] 제20조 제1항). 이러한 광고물을 영업으로 제작 공급하거나 광고를 게재한 사람은 2년 이하의 징역 또는 1천만 원 이하의 벌금에 처하며(제20조 제2항), 영업으로 성매매 광고물이나 광고가 게재된 출판물을 배포한 사람은 1년 이하의 징역 또는 500만 원 이하의 벌금에 처한다(제3항).

(2) [아동·청소년의성보호에관한법률]

이 법은 아동·청소년대상 성범죄의 처벌과 절차에 관한 특례를 규정하고 피해아동·청소년을 위한 구제 및 지원 절차를 마련하며 아동·청소년을 성범죄로부터 보호하는 것을 목적으로 하며 19세 미만의 자를 적용대상으로 한다([아동·청소년의성보호에관한법률] 제1조 내지 제2조 제1호).

제2조(정의) 이 법에서 사용하는 용어의 뜻은 다음과 같다. <개정 2012.12.18., 2014.1.28.>

[아동·청소년의성보호에관한법률]에서는 "아동·청소년의 성을 사는 행위"를 아동·청소년, 아동·청소년의 성(性)을 사는 행위를 알선한 자 또는 아동·청소년을 실질적으로 보호·감독하는 자 등에게 금품이나 그 밖의 재산상 이익, 직무·편의제공 등 대가를 제공하거나 약속하고 아동·청소년과 ① 성교행위를 하거나 ② 구강·항문 등 신체의 일부나 도구를 이용한 유사 성교 행위를 하거나 ③ 신체의 전부 또는 일부를 접촉·노출하는 행위로서 일반인의 성적 수치심이나 혐오감을 일으키는 행위를 하거나 ④ 자위행위 등 어느 하나에 해당하는 행위를 아동·청소년을 대상으로 하거나 아동·청소년으로 하여금 하게 하는 것을 말한다([아동·청소년의성보호에관한법률] 제2조 제4호).

이러한 유형의 아동·청소년의 성을 사는 행위를 한 자는 1년 이상 10년 이하의 징역 또는 2천만 원 이상 5천만 원 이하의 벌금에 처하며, 아동·청소년의 성을 사기 위하여 아동·청소년을 유인하거나 성을 팔도록 권유한 자는 1년 이하의 징역 또는 1천만 원 이하의 벌금에 처한다([아동·청소년의성보호에관한법률] 제13조 제1항 내지 제2항).

또한 ① 폭행이나 협박으로 아동·청소년으로 하여금 아동·청소년의 성을 사는 행위의 상대방이 되도록 한 자 ② 선불금(先拂金), 그 밖의 채무를 이용하는 등의 방법으로 아동·청소년을 곤경에 빠뜨리거나 위계 또는 위력으로 아동·청소년으로 하여금 아동·청소년의 성을 사는 행위의 상대방이 되게 한 자 ③ 업무·고용이나 그 밖의 관계로 자신의 보호 또는 감독을 받는 것을 이용하여 아동·청소년으로 하여금 아동·청소년의 성을 사는 행위의 상대방이 되게 한 자 ④ 영업으로 아동·청소년을 아동·청소년의 성을 사는 행위의 상대방이 되도록 유인·권유한 자는 5년 이상의 유기징역에 처한다([아동·청소년의성보호에관한법률] 제14조 제1항).

나아가 아동 청소년에 대한 성매수를 알선하는 행위로 ① 아동·청소년의 성을 사는 행위의 장소를 제공하는 행위를 업으로 하는 자, ② 아동·청소년의 성을 사는 행위를 알선하거나 정보통신망에서 알선정보를 제공하는 행위를 업으로 하는 자, ③ 이러한 범죄에 사용되는 사실을 알면서 자금·토지 또는 건물을 제공한 자, ④ 영업으로 아동·청소년의 성을 사는 행위의 장소를 제공·알선하는 업소에 아동·청소년을 고용하도록 한 자는 7년 이상의 유기징역에 처한다([아동·청소년의성보호에관한법률] 제15조 제1항).

헌재 2003. 6. 26. 2002헌가14
청소년 성매수자 신상공개에 관한 위헌 제청 사건

2000년 2월 3일 국회는 [청소년의성보호에관한법률]을 제정하였는데 동 법률은 청소년을 대상으로 한 성매수자 및 성폭력범죄자의 처벌과 신상공개를 하도록 규정하였다. 이에 근거하여 청소년보호위원회가 형량, 범죄유형, 대상청소년의 연령, 범행수단 등의 정보를 합산하여 공개대상자를 선정하고, '관보게재'를 비롯하여 '청소년보호위원회 홈페이지에 6개월간 게재'와 '정부중앙청사 및 특별시·광역시·도의 본청의 게시판에 1개월간 게시'하도록 하였다. 이에 대해서 2002년 7월 26일 서울행정법원은 신상공개는 실질적으로 형벌의 속성을 가지므로 헌법 제13조 제1항이 금지하는 이중

처벌에 해당함을 주장하여 위헌여부심판을 제청하였다.

이에 대하여 헌법재판소는 공개대상자가 느끼는 수치심과 불명예는 입법목적의 부수적 효과일 뿐이며, 공개내용은 이미 공개재판에서 확정된 판결의 일부로서 사생활에 관한 새로운 내용을 밝히는 것이 아니므로 공개제도는 또 다른 형벌이라 볼 수 없다. 따라서 헌법 제13조의 이중처벌금지 원칙에 위배되지 않으며 이미 공개된 형사재판에서 유죄가 확정된 판결이라는 공적 기록의 일부를 공개하는 것이므로 공개대상자의 인격권이나 사생활의 비밀이 제한되는 정도가 청소년 성보호라는 공익적 요청에 비해 크다고 할 수 없으므로 과잉금지의 원칙에 위배되지 않는다. 또한 신상공개제도로 인하여 기본권 제한상의 차별을 초래하나, 그 입법목적(청소년의 성보호)과 이를 달성하려는 수단(신상공개) 간에 비례성을 벗어난 차별이라고 볼 수 없으므로 평등원칙에 위배되지 않는다고 하여 합헌 결정을 내렸다.

이 제도는 2010년 7월 26일 여성가족부는 성범죄자 알림e사이트를 개설하여 성범죄자의 신상정보조회를 가능하게 하였다.

(3) [성매매방지및피해자보호등에관한법률]

성매매에 대한 처벌 이외에도 성매매를 방지하고, 성매매피해자 및 성을 파는 행위를 한 사람의 보호, 피해회복 및 자립·자활을 지원하기 위하여 [성매매방지및피해자보호등에관한법률]이 제정되었다.

이법은 국가기관, 지방자치단체, 초·중·고등학교, 그 밖에 대통령령으로 정하는 공공단체(이하 "국가기관등"이라 한다)의 장은 성에 대한 건전한 가치관 함양과 성매매 방지 및 인권보호를 위하여 성매매 예방교육을 실시하고, 그 결과를 여성가족부장관에게 제출하여야 하고 있다([성매매방지및피해자보호등에관한법률] 제5조 제1항).

또한 국가와 지방자치단체에게 성매매를 방지하고 성매매피해자 및 성을 파는 행위를 한 사람을 "성매매피해자"로 보호하고, 피해 회복 및 자립·자활을 지원하기 위하여 성매매, 성매매알선등행위 및 성매매 목적의 인신매매 신고체계의 구축·운영하며, 성매매피해자등의 보호와 자립을 지원하기 위한 시설의 설치·운영 및 성매매피해자등에 대한 주거지원, 직업훈련, 법률구조 및 그 밖의 지원 서비스 제공 등을 위하여 법적·제도적 장치를 마련하고 필요한 행정적·재정적 조치를 취해야 할 의무를 부과하고 있다([성매매방지및피해자보호등에관한법률] 제3조 제1항).

구체적으로 이를 위하여 국가 또는 지방자치단체는 지원시설을 설치·운영할 수 있으며(제10조 제1항), 입소한 성매매피해자등의 보호를 위하여 필요한 경우 ① 생계비 ② 아동교육지원비 ③ 아동양육비 등의 보호비용을 해당 지원시설의 장 또는 지원시설에 입소한 성매매피해자등에게 지원할 수 있다. 다만, 지원시설에 입소한 성매매피해자등이 [국민기초생활보장법] 등 다른 법령에 따라 지원을 받고 있는 경우에는 그 범위에서 이 법에 따른 지원을 하지 아니한다([성매매방지및피해자보호등에관한법률] 제14조 제1항).

III. 남아있는 문제

성매매를 금지하며 알선행위를 처벌하고 성매매 피해 여성의 자립을 지원함으로써 장기적으로 성매매를 축소하고자 하는 정부의 의지가 반영된 것이 현행 성매매 관련법이다. 그러나 이 법은 2004년 제정 이후부터 10여년의 시간이 경과하였음에도 불구하고 여전히 법의 실효성에 대한 문제제기를 받고 있다. 즉 [성매매알선등행위의처벌에관한법률]이 실질적으로 성매매를 근절시키지 못하고 있다는 지적이 계속되고 있다. 또한 도리어 동법이 적용되기 시작함으로써 성매매는 더욱 관리가 어렵게 음성적인 방법으로 확장되고 있다는 풍선효과를 주장하는 입장도 있다.

더욱 성을 매개로 발생하는 다양한 유형의 인간 행동은 규제의 대상인 성매매를 명확하게 규정하는데 어려움이 있다. 성 서비스 제공은 점차 다양화 되고 키스방이나 휴게텔 등의 이름으로 법망을 피하면서 이루어지는 신종 변종 성매매 업소를 일관되게 성문법 규정으로 제한하는 것에 회의를 표현하는 입장도 있다. 그러나 이러한 문제의 이면에는 애초에 성매매를 금지하는 법이 제정되었으나 여전히 성매매를 축소하거나 근절 할 수 없다고 보는 소극적인 태도와 성매매가 규제되어야 하는 인권침해로 인식하려고 하지 않는 인식이 깔려있다.

특히 2012년 성매매를 하다 기소된 여성이 자발적인 성매매까지 처벌하는 것은 성적자기 결정권 침해이며 과잉금지 원칙에도 위배된다고 주장하며 위헌제청을 신청하였다. 더 나아가 헌법재판소의 공개변론에 맞추어 성매매에 종사하는 여성들이 성매매를 노동을 인정할 것을 주장하며 대규모 도심 집회를 열기도 하였다. 이처럼 여성 내부에서 실질적으로 성매매에 종사하는 여성들이 [성매매알선등행위의처벌에관한법률]이 종사자들의 여성인권을 침해하는 법으로 폐지를 주장함으로써 성매매를 법적으로 어떻게 접근하는 것이 적절한지 판단이 더욱 어렵게 되었다.

헌법재판소에 위헌 제청된 사건에서도 나타나듯이 성매매의 규제를 어렵게 하는 것은 "자발적 성매매"를 어떻게 이해할 것인지 문제와 직결된다. 그동안 성매매를 금지하는 입장에서는 궁극적으로 "자발적 성매매"라는 것이 과연 존재할 수 있는지에 대한 회의적인 시각을 가지고 있었다. 여성이 성매매로 유입되는 것은 자발적인 것처럼 보여도 결국은 성불평등한 노동시장 및 성별에 따른 부의 차이로 인하여 발생하는 것으로 구조적인 문제이기 개인의 자율적 선택으로 볼 수 없다는 것이다. 따라서 성매매는 여성인권을 침해하는 폭력이며 금지되고 근절되어야 한다는 관점이다.

이에 반하여 자발적인 성매매를 인정하는 입장에서는 모든 성매매를 처벌하는 것은 그 자체가 인권침해로 볼 여지가 충분히 있다. 여전히 남아있는 문제는 "자발적 성매매"를 어떻게 이해할 것인지 그리고 그에 따라서 "자발적 성매매"를 존재한다고 인정할 것인지 여부가 명확히 되어야 할 것이다.

[성매매알선등행위의처벌에관한법률]
제21조 제1항 위헌제청(2013헌가2)

법원의 제청이유 요지

- 건전한 성풍속을 확보하기 위하여 성매매를 전면적으로 금지하고자 하는 입법목적은 일응 정당하다고 볼 수 있으나, 개인주의·성개방적 사고의 확산에 따라 성매매에 관한 법 감정이 달라졌음에도 착취나 강요 등이 없는 성매매를 처벌하는 것은 성적자기결정권을 존중하는 변화된 사회의 가치관을 반영하지 못하는 것이며, 성매매처벌법 이후 성매매 종사 인원이 줄고 위반자에 대한 교육이 시행되는 등 변화가 있었지만 여전히 상당한 규모의 성매매 산업이 존재하고, 오히려 음성적 성매매는 증가하였으며, 자의적인 수사와 단속으로 성판매자들의 성착취 환경은 악화되었으며, 강요된 성매매나 자발적 성매매 모두 정도의 차이만 있을 뿐 사회적으로 성매매로 내몰린 자들이라는 점에서 성판매자들을 형사처벌하는 것은 수단의 적합성 및 침해의 최소성 원칙에 위배된다.
- 자발적 성매매와 성매매피해자를 구분하는 차별적 범죄화는 성판매자로 하여금 성매매피해자로 구제받기 위하여 먼저 성매매 사실을 진술하도록 유도하므로, 성판매자들의 진술거부권을 형해화 시킨다.
- 심판대상조항은 불특정인을 상대로 한 성판매자만을 처벌하고, 특정인을 상대로 한 소위 축첩행위나 외국인 상대 현지처계약 등은 처벌하지 않으므로, 평등권을 침해한다.
- 심판대상조항은 '인신매매금지 및 타인의 매춘행위에 의한 착취금지에 관한 협약' 등 성판매 여성에 대한 형사처벌과 행정규제를 금지하는 국제협약에 위반된다.

이해관계기관(법무부장관)의 의견 요지

- 성매매는 단순히 개인의 자유에 관한 문제가 아니라 인간의 성을 거래의 대상으로

할 수 있다는 그릇된 가치관을 형성하게 하여 우리 사회의 건전한 성풍속을 해하므로, 이를 금지하는 심판대상조항의 입법목적은 정당하고, 성매매처벌법 제정 이후 성매매집결지와 종사자 수가 감소하고, 성매매의 불법성에 대한 인식이 개선되는 등 성매매 근절에 기여하고 있으므로, 수단의 적합성도 인정된다. 또한, 성매매처벌법은 자발적인 성판매자만을 형사처벌하고 비자발적인 성매매피해자는 처벌하지 않고 있으며, 사회경제적 약자라는 이유만으로 성판매자를 처벌해서는 안 된다는 주장은 다른 범죄와의 관계에서 형평에 맞지 않으며, 성판매자가 형사처벌로 인하여 받는 불이익보다 성산업의 활성화 방지, 성매매피해자들의 인권보호, 양성평등 문화의 정착 및 왜곡된 산업구조 개선의 공익이 훨씬 중대하므로, 침해 최소성 및 법익균형성 원칙에도 위배되지 않는다.

- 심판대상조항은 형사상 불이익한 진술의무를 부과하고 있지 않으며, 자발적인 성판매자도 진술거부권을 행사할 수 있으므로, 성판매자의 진술거부권을 제한하지 않는다.

이해관계기관(여성가족부장관)의 의견 요지

- 성매매는 여성의 취약한 지위를 이용하여 이루어지는 것이므로 남성과 여성이 대등한 관계에서 이루어지는 성적자기결정권의 문제라고 보기 어렵고, 인간의 몸은 거래의 대상이 될 수 없다는 점에서 성매매 근절의 입법목적은 정당하다. 또한, 심판대상조항은 재화를 매개로 한 성매매만을 처벌하고 애정에 기초한 성행위를 처벌하는 것은 아니므로, 성적자기결정권의 본질적 내용을 침해하지 않는다.
- 축첩행위는 중첩적 사실혼으로서 일부일처제와 선량한 미풍양속에 반하는 불법행위이기는 하나, 불특정 다수인을 대상으로 한 성매매와는 다른 형태이므로, 본질적으로 같다고 볼 수 없다.

생각할 문제

1. [성매매알선등행위의처벌에관한법률]과 [아동·청소년의성보호에관한법률]은 각각 성매매를 어떻게 정의하고 있는가?
2. 우리나라의 성매매의 시장규모는 2002년 기준 농림어업의 비중에 맞먹는 거대한 규모로 파악되었다. 이처럼 우리 사회에서 성매매의 시장규모가 큰 원인은 무엇이라고 생각하는가?
3. 2013년 여성가족부의 성매매실태조사에 의하면 10회 이상 상습적인 성 구매자 대상 분

석 결과 기혼과 미혼 사이에 차이가 없는 것으로 나타나고 있다. 이처럼 기혼자의 성매수가 높은 원인은 무엇이라고 생각하는가?

4. 성매매 규제와 관련해서는 크게 두 가지 입장이 대립하고 있다. 첫째는 성매매 자체를 금지하기 보다는 성매매를 둘러싸고 발생하는 인신매매나 중간착취를 없애는데 중점을 두며 자유로운 선택에 의한 성매매는 인정하지만 강제력이 개입되어 성매매에 이르게 되는 경우 이는 규제되어야 한다는 입장과 둘째는 모든 유형의 성매매는 그 자체로 여성을 상품화하는 것이며 어떤 경우에도 성매매는 여성인권을 침해하는 것으로 보는 입장이다. 이와 관련하여 다음을 생각해 보시오.
   (1) 자발적인 성매매는 존재할 수 있는가?
   (2) 위의 언급된 두 가지 입장 중에서 무엇이 성매매 여성의 인권 보호에 적절한 방법일까?

5. [성매매알선등행위의처벌에관한법률]에서 규제하고 있는 행위는 무엇인가?
   [성매매알선등행위의처벌에관한법률] 제6조에서는 성매매피해자의 성매매는 처벌하지 않는다. 여기서 의미하는 성매매 피해자란 구체적으로 무엇을 의미하는가?

6. 2004년 제정 이후부터 10여년의 시간이 경과하였음에도 불구하고 여전히 법의 실효성에 대한 문제제기를 받고 있다. 즉 [성매매알선등행위의처벌에관한법률]이 실질적으로 성매매를 근절시키지 못하고 있다는 지적이 계속되고 있다. 또한 도리어 동법이 적용되기 시작함으로써 성매매는 더욱 관리가 어렵게 음성적인 방법으로 확장되고 있다는 풍선효과를 주장하는 입장도 있다. 그렇다면 성매매를 법에서 어떤 방법으로 규제나 관리를 하는 것이 이상적이라고 생각하는가?

제2장

성별에 기한 폭력

I. 여성에 대한 폭력 규제를 위한 국제인권법과 국내법

[세계 인권선언]은 제1조에서 모든 사람이 태어날 때부터 자유롭고, 존엄하며, 평등함을 천명하고 이어 제3조에서 모든 사람은 자기 생명을 지킬 권리, 자유를 누릴 권리, 그리고 자신의 안전을 지킬 권리가 있음을 확인하고 있다. 이로서 여성이 폭력으로부터 자유로울 권리는 이미 인권의 본질적인 내용으로 내재하고 있다고 할 것이다. 또한 [여성차별철폐협약]은 당사국이 여성에 대한 모든 형태의 차별을 규탄하고 여성에 대한 차별을 철폐하기 위한 정책을 모든 적절한 수단을 통해 지체 없이 추진해야 함을 명시하고 있다(제2조). 이처럼 [세계인권선언]과 [여성차별철폐협약]이 인간의 안전에 대한 권리와 차별 금지를 보편적 인권을 위하여 추구해야 할 내용으로 규정하고 있기 때문에 여성에 대하여 가해지는 모든 유형의 폭력이 규제되어야 한다는 것은 명백하다. 그러나 여성에 대한 폭력이 국제적인 의제가 된 것은 1985년 제3차 세계여성회의에서 '2000년을 향한 여성발전전략'에서 학대받는 여성의 문제가 논의되며 관심을 촉구하게 되면서 부터이다.

이후 UN은 1993년 12월 12일 제48차 총회에서는 여성에 대한 폭력을 규제하기 위하여 [여성폭력철폐선언(Declaration on Violence Against Women)]을 채택하였다. 이 선언은 여성에 대한 폭력이 남녀간의 힘의 불평등에서 기인하는 것으로 여성의 종속적 지위를 고착시키며, 궁극적으로는 여성의 인권과 기본적 자유를 침해하는 여성차별임을 명백하게 선언하고 있다.

구체적으로 이 선언은 여성에 대한 폭력을 '공사 모든 영역에서 여성에게 신체적, 성적, 혹은 심리적 손상이나 괴로움을 주거나 줄 수 있는 성(gender)에 기반을 둔 폭력행위, 그리고 그러한 행위를 하겠다는 협박, 강제, 임의적인 박탈'로 정의하고 있다. 나아가 여성폭력의 범주를 ① 가족내 폭력, ② 일반사회에서의 폭력, 그리고 ③ 국가에 의한 폭력 세 가지로 구분하였다. 여기서 가족내에서 발생하는 폭력은 아내 구타, 여자아동에 대한 성학대, 지참금과 관련된 폭력, 결혼내 강간, 여성음핵절단과 여성에게 위해한 전통적인 관습과 관련된 폭력이 해당하여, 일반사회에서 발생하는 폭력은 직장이나 교육기관 등에서 발생하는 강간, 성학대, 성희롱 및 위협, 인신매매 및 강제매춘 등을 포함한 신체적, 성적, 정신적 폭력이다. 또한 국가에 의한 여성폭력은 그것이 어디서 발생하든지 국가에 의해 자행되거나 묵인되는 신체적, 성적, 정신적 폭력으로 규정하였다.

1993년 [여성폭력철폐선언] 이후 1995년 북경 제4차 세계여성회의에서는 북경 여성선언과 행동강령(Platform of Action)을 채택하였다. 여기서는 여성과 여아의 인권과 기본적 자유의 보장이 UN활동의 중심과제임을 재차 확인하고 성에 근거한 차별과 폭력을 당하는 여성인권침해의 문제를 해소하기 위한 전략을 제시하였다. 구체적으로 여성폭력의 범주를 확대하여 무력분쟁 상황에서 여성에 대하여 가해지고 있는

살상, 조직적인 강간 및 성적 노예화, 강제임신 및 강제 낙태, 강제적인 피임제 사용, 여아에 대한 영아살해와 태아를 대상으로 하는 성별 감별 등을 모두 폭력의 유형으로 포함시켰다. 이를 규제하기 위한 전략적인 목표로서 ① 여성폭력을 예방하고 근절하기 위한 통합적인 조치 마련, ② 여성폭력의 원인과 결과 및 예방조치의 효과에 대한 연구, ③ 여성의 인신매매 근절 및 매춘과 인신매매로 인한 폭력 피해자 지원을 설정하고 이를 위하여 국가, 지방자치단체, 지역사회단체, 비정부기구, 교육기관, 공사부문, 특히 기업과 고용자, 노동조합, 그리고 미디어가 해야 할 역할까지 명시하였다.

우리나라는 이러한 국제적 흐름에 따라 1994년 「성폭력범죄의처벌및피해자보호등에관한법률」이 제정되었고, 성폭력 예방을 위해서는 성범죄자에 대한 처벌과 성폭력 피해자 보호를 위한 법령을 분리하여 대처하는 것이 성폭력 예방에 더욱 적절하다는 여론이 확산됨에 따라서 2010년 4월 15일 법률 제10258호 「성폭력범죄의처벌등에관한특례법」과 법률 제10261호 「성폭력방지및피해자보호등에관한법률」로 분리 제정되었다. 이에 따라서 성폭력피해자의 보호·지원을 위하여 국가 및 지방자치단체가 성폭력피해자 보호시설의 설치·운영 및 성폭력피해자를 위한 통합지원센터의 설치·운영을 할 수 있으며 성폭력피해자나 성폭력피해자의 가족구성원이 「초·중등교육법」 제2조에 따른 각급 학교의 학생인 경우로서 주소지 외의 지역으로 전학 등을 할 필요가 있을 때에는 그 취학이 원활히 이루어지도록 지원할 수 있게 되었다.

이어 1997년 12월 13일 법률 제5436호로 「가정폭력범죄의처벌등에관한특례법」이 그리고 법률 제5487호로 「가정폭력방지및피해자보호등에관한법률」이 제정되었다. 이것은 가정폭력이 다른 사회적 폭력보다 지속적이고 상습적으로 행하여진다는 점에서 문제가 매우 심각함에도 불구하고 가정내의 문제로 치부되어 사회적으로 방치되어 왔던 것에 대한 우려가 제기되었고 가정폭력에 사회와 국가가 적극 개입하여 해결하여야 한다는 의식이 증가함에 따라 가정폭력의 규제를 위한 입법에 이르게 되었다. 이에 따라서 피해자는 가정폭력의 행위자가 자기 또는 배우자의 직계존속인 경우에도 고소할 수 있도록 하였고, 판사는 가해자에 대하여 필요하다고 인정한 때에는 결정으로 접근행위의 제한, 친권행사의 제한, 사회봉사·수강명령, 보호관찰, 감호위탁 등의 처분을 할 수 있도록 하였다. 또한 피해자 보호를 위하여 국가와 지방자치단체가 가정폭력상담소와 가정폭력피해자보호시설을 설치·운영할 수 있도록 하고, 관련 경비의 일부를 보조할 수 있도록 하였다.

또한 1993년 10월 18일 우리나라에서는 처음으로 상급자인 교수의 지속적인 성적 언동으로 괴롭힘을 당한 피해 조교가 성희롱으로 인하여 입은 손해를 배상할 것을 주장하는 소송을 제기하였다. 이 사건 당시 우리나라의 [남녀고용평등법](법률 제3989호, 1987년 12월 4일 제정)은 직장내 성희롱에 대하여 아무런 규정을 두지 않았는데, 이후 1999년 2월 8일 개정으로 최초로 성희롱을 입법을 통하여 정의하였다. 즉 [남녀공용평등법]은 "직장내 성희롱"을 사업주, 상급자 또는 근로자가 직장내의 지위를 이용하거나 업무와 관련하여 다른 근로자에게 성적인 언어나 행동 등으로 또는 이를 조건으로 고용상의 불이익을 주거나 또는 성적 굴욕감을 유발하게 하여 고용환경을 악화시키는 것으로 정의하였다(제2조의 2 제2항). 또한 사업주에게 성희롱과 관련하여 피해근로자에게 고용상의 불이익한 조치를 하지 못하도록 하고, 이에 위반할 경우 500만 원 이하의 벌금에 처하도록 하였다(동법 제8조의2 및 제23조제2항).

나아가 여아를 대상으로 성을 사는 행위, 성매매를 조장하는 온갖 형태의 중간매개행위 및 청소년에 대한 성폭력행위가 우리 사회에 문제로 나타남에 따라서 이러한 행위를 하는 자들을 강력하게 처벌하고, 성매매와 성폭력행위의 대상이 된 청소년을 보호·구제하는 장치를 마련하기 위하여 2000년 2월 3일 법률 제6261호로 [청소년의성보호에관한법률]이 제정되었다. 이 법의 제정으로 청소년 본인, 청소년을 알선한 자 또는 청소년을 실질적으로 보호·감독하는 자에게 금품 기타 재산상 이익이나, 직무·편의제공 등 대가를 제공하거나 이를 약속하고 성교행위 또는 유사성교행위를 하는 청소년의 성을 사는 행위를 처벌하고(법 제2조 및 제5조), 폭행·채무·고용관계 등을 이용하여 청소년의 성을 사는 행위의 상대방이 되도록 강요한 자와 청소년의 성을 사는 행위를 알선하거나 장소·자금·토지·건물 등을 제공한 자를 처벌하게 되었다(법 제6조 및 제7조). 또한 청소년의 성을 사는 행위를 한 자에 대하여는 청소년보호위원회가 당해 범죄자의 신상을 공개할 수 있도록 하였다(법 제20조).

이 법은 2009년 6월 9일 [아동·청소년의성보호에관한법률](법률 제9765호)로 전부 개정하여 그 보호 대상이 청소년뿐만 아니라 아동도 이 법에 따른 보호대상임을 명확히 하였다. 또한 아동·청소년을 대상으로 한 유사 성교 행위 및 성매수 유인행위 처벌 규정을 신설하며, 성범죄 피해자 및 보호자에 대한 합의 강요행위를 처벌하는 규정을 신설하도록 하여 아동·청소년의 성보호를 더욱 강화하였고 아동·청소년 성범죄자는 재범가능성 및 범죄의 경중 등을 고려하여 정보통신망을 통하여 신상정보를 공개하도록 함으로써 아동·청소년 성범죄에 대한 경각심을 강화하였다.

II. 성폭력(Sexual Violence)과 젠더

1. 성폭력의 개념과 실태

함께 체크해보기

1. 여자가 끝까지 저항하면 강제로 성관계(강간)하는 것은 불가능하다.
2. 여자에 비해 남자는 성충동이 일어나면 이를 통제할 수 없기 때문에 해소해야 한다.
3. 여자들이 조심하면 성폭력은 줄일 수 있다.
4. 여자가 처음 만난 남자의 집에 찾아가는 것은 성관계를 허락한다는 뜻이다.
5. 강제로 성관계(강간)당한 여자는 그 사건에 대해 어느 정도 죄책감을 느껴야 한다.
6. 성폭력은 노출이 심한 여름에 주로 젊은 여자들에게만 일어난다.
7. 여자가 키스나 애무를 허용하는 것은 성관계를 허용하는 뜻이다.
8. 강간을 신고하는 대부분의 여자는 그 사건 이전에 이미 많은 성관계를 가졌다.
9. 어떤 여자들은 성폭행 당하는 것을 즐긴다.
10. 대부분의 강간 피해자는 평소 성관계가 난잡하거나 평판도 좋지 않다.
11. 여자가 친근감 있게 남자를 대하는 것은 성적 접촉을 허용한다는 의사표시이다.
12. 여자가 알지 못하는 남자의 차를 얻어 타려다 강간을 당했다면, 여자에게도 일부분 책임이 있다.
13. 강간을 신고하는 여성들은 상대에 대한 분노나 보복심 때문에 거짓말을 한다.
14. 여자가 술에 취한 상태에서 성폭행을 당했다면 여자에게도 책임이 있다.
15. 남자가 술을 마시고 하는 성적 행동은 실수로 용납 될 수 있다.
16. 여자가 '싫다' 고 말하는 것이 진심이 아닐 수도 있다.
17. 강제에 의한 성관계(강간)를 줄이기 위해서 성매매여성의 존재도 필요하다.
18. 성매매는 엄연히 돈을 주고받고 행하는 것이므로 정당하다.
19. 남자들은 스트레스 해소를 위해 성매매를 할 수 있다.
20. 남자가 사회생활을 하다보면 어쩔 수 없이 성매매를 할 수 있다.
21. 만일 처벌이 되지 않는다면 나는 성적만족을 위해 상대를 거칠게 다룰 수도 있다.
22. 만일 처벌이 되지 않는다면 나는 상대가 원하지 않음에도 불구하고 성관계를 강요할 수 있다.

(1) 성폭력을 정의하기

1991년 30세의 김부남이라는 여성이 9세 때 자신을 성폭행했던 55세의 남성을 살해하는 사건이 발생하였다. 김부남은 자신이 9세 때 이웃집 남성으로부터 성폭행을 당한 이후 결혼을 하였지만 정상적인 결혼생활을 이어가지 못하였다. 김부남은 자신의 행동이 어린 시절 당했던 성폭행 때문이라는 것을 알고, 가해자를 고소하려 하였으나 이미 공소시효도 지난 상태였기 때문에 법적인 처벌을 할 수 없게 되자 1991년 1월 30일 가해자를 식칼로 살해하고 현장에서 검거되었다. 1991년 8월 26일, 1심 재판부는 김부남에게 징역 2년 6월(집행유예 3년), 치료감호를 선고하였다. 이 사건은 성폭력 피해 여성의 삶이 얼마나 파괴될 수 있는지 보여주는 단적인 사례이있다.

1992년에는 대학생 김진관이 자신의 여자 친구 김보은을 9세 때부터 상습적으로 강간해온 계부를 찾아가 상습적 강간을 그만 둘 것을 요청하였으나 당시 충주지방검찰청 총무과장으로 근무하고 있던 가해자가 오히려 "다 잡아 넣겠다. 죽여 버리겠다"며 협박하자, 강도로 위장하여 살해하기로 공모하고 집에 몰래 침입하여 술에 취해 잠들어 있는 강간 가해자를 식칼로 살해하였다. 변호인단은 김보은과 김진관의 정당방위를 주장하였으나 재판부는 1992년 4월 4일 1심에서 김진관에게 징역 7년, 김보은에게 징역 4년을, 10월 2일 항소심에서 김진관에게 징역 5년, 김보은에게 징역 3년(집행유예 5년)을 선고하였다. 이 두 사건으로 우리 사회에 그동안 들어나지 않았던 성폭력의 피해자들의 고통을 알려지고 성폭력의 문제를 심각하게 인식하게 되었다. 또한 성폭력을 행하는 자들은 사회적으로 낮은 계층의 범죄인들이라고 막연히 인식하였던 것과 달리 이웃집 아저씨나 법과 관련한 일을 하는 외면적으로는 평범한 직장인이 잔인한 강간의 가해자였다는 점에서 매우 충격적이었다.

그리고 이 사건은 우리사회가 얼마나 성별에 따른 성에 대한 태도가 서로 다르게 구성되어 있으며 공식적인 성윤리와 비공식적인 성 윤리 사이의 괴리가 크다는 것을 보여주는 계기가 되었다. 이처럼 성별에 따라 공식적 비공식적 성윤리가 서로 다르게 구성되어온 가장 큰 원인은 남성 중심의 가부장적인 가치관이 강력하게 자리 잡고 있기 때문이다. 그리고 이러한 가부장 문화를 중심으로 형성된 왜곡된 가치관은 오랜 기간 동안 남성의 혼인 외 성관계에 대하여 관대한 반면에 여성에게는 어떤 경우에도 자신의 정절을 강요하는 윤리구조를 보편적인 것으로 정착시켰다. 이러한 이중 구조화된 성에 대한 태도로 성폭력에 대한 책임을 가해자에게 보다는 도리어 피해 여성의 잘못된 처신으로 돌리는 경우가 많았다.

남녀에 따라 다른 기준으로 적용되는 성관계에 대한 왜곡된 도덕적 기준과 남성 중심적인 성에 대한 윤리구조는 범죄로 평가되는 성폭력과 상호동의에 의한 성관계를 구별하는데 있어서도 그대로 나타난다. 무엇이 상호 동의에 의한 성관계인지 정의하는데 있어서 여성의 침묵은 동의로 해석되는 경우가 많았으며 결국은 물리적 폭행이 없고 여성의 목숨을 건 저항이 없는 때의 성관계는 동의에 의한 성관계로 성범죄로 분류하지 않는 경향이 강하였다. 이러한 사회적 조건 속에서 성폭력을 정의하는 것은 한 사회의 성에 관련된 태도와 성별에 대한 가치관이 종합적으로 고려되어야 하는 것으로 쉽지 않은 과제이다.

대법원 1999. 9. 21. 선고 99도2608 판결

강간죄에 있어 폭행 또는 협박은 피해자의 항거를 현저히 곤란하게 할 정도의 것이어야 하고, 그 폭행 또는 협박이 피해자의 항거를 현저히 곤란하게 할 정도의 것이었는지 여부는 유형력을 행사한 당해 폭행 및 협박의 내용과 정도는 물론이고, 유형력을 행사하게 된 경위, 피해자와의 관계, 범행 당시의 정황 등 세반 사정을 종합하여 판단하여야 한다. 피고인은 1997. 6.경 친구의 소개로 피해자(여, 19세)를 만나 사귀면서 같이 술을 마신 뒤 여관에서 같이 잠을 자기로 하여 그 날 23:30경 피해자가 여관비를 계산하여 여관에 들어갔는데, … 피고인은 아침에 깨어 보니 피해자가 옆에서 잠을 자고 있어서 순간적으로 피해자의 옷을 벗기고 성교하려고 하자 피해자는 잠에서 깨어나 하지 말라고 하면서 몸을 좌·우로 흔드는 등 거부하였으나 몸을 일으켜 그 장소에서 탈출하려고 하거나 소리를 질러 구조를 요청하는 등 적극적인 반항은 하지 않은 사실… 등 모든 사정을 종합할 때 피고인은 피해자의 의사에 반하는 정도의 유형력을 행사하여 피해자를 간음한 것에 불과하고, 그 유형력의 행사가 피해자의 반항을 현저히 곤란하게 할 정도에 이른 것은 아니므로 피고인의 행위는 강간치상죄에 해당하지 않는다.

대법원 1990. 9. 28. 선고 90도1562 판결

피해자는 제1공소 사실인 강간에 대하여, 피고인이 피해자의 손목을 비트는 등 강제로 여관에 끌고 들어가서 강간을 하였다고 진술하고 당시 여관주인이 방을 안내하였지만 창피해서 구조를 요청하지 아니하였다는 것인 바, 대학 4학년인 피해자가 강간의 위험을 느끼면서도 손쉬운 구조요청의 기회를 이용하지 아니하였다는 것은 우리의 경험칙상 쉽게 납득이 가지 아니하는 것이다. 또 피해자는 제2공소사실인 피고인의 하숙방에서의 강간에 대하여, 그 날 피고인이 전화로 만나자고 해서 다방에 나갔더니 강제로 하숙방에 끌고가 강간을 하였다고 진술하였으나, 수일 전에 자기를 강간한 피고인을 만나지 않으면 안 될 특별한 사정도 없이 간단히 만났다는 점에서 부터 다방을 거쳐 하숙방까지 끌려갔다는 점과 피고인의 하숙집 주인에게 구조를 요청하지 아니하였다는 점에 이르기까지 강간행위로 인정하는 데는 어느 것이나 쉽게 수긍이 가지 않는 사항들이다. 제3공소사실인 피고인의 하숙방에서의 강간에 대하여서도… 그 날 피해자의 집에서부터 피고인의 하숙집까지 강제로 끌려가 강간을 당하였다는 것이나 화상을 입고 담뱃불로 온몸을 지지는데도 하숙집 주인에게 구조를 요청하지 아니하였다는 것은 쉽게 납득이 가지 않는 일이다.

일반적으로 성폭력이란 자발적 동의가 없는 상태에서 상대방의 성적 자기 결정권을 침해하여 발생하는 성과 관련된 행위라고 할 수 있다. 그러나 이때 성과 관련된 행위를 단순히 성관계가 성립하였는지 여부만을 가지고 판단할 경우 성을 매개로 발생하는 다양한 폭력이 수반되는 행위를 성폭력으로 정의할 수 없다.

그동안 우리 [형법]은 "폭행 또는 협박으로 사람을 강간한 자는 3년 이상의 유기징역에 처한다."(제297조)라고 강간죄를 규정하고 있지만 어떠한 행위를 강간으로 정의하는지에 대해서는 규정하지 않고 있다.[7] 그러나 강간의 죄가 성립하기 위해서는 성교당시의 정황 등 제반 사정을 종합하여 가해자의 폭행, 또는 협박은 피해자의 항거를 불능하게 하거나 현저히 곤란하게 할 정도의 것이어야 한다고 판단한다(대법원 1992. 4. 14. 선고 92도259 판결) 따라서 성교의 성립이 되지 않을 경우 강간은 성립하지 않는다. 이처럼 [형법]이 규정하는 성범죄는 상대적으로 개념이 매우 협소하였다.

강간을 중심으로 성폭력을 이해하는 [형법]의 입장과 달리 일반적으로 성폭력은 성적 행위의 강제성 여부 또는 접촉 방식 등에 따라서 더욱 광범위하게 정의되었다. 즉 성폭력을 강간, 성추행, 성희롱, 성기노

7 본장의 명칭은 [형법]이 1995. 12. 29. 일부 개정되기 전에는『정조(貞操)에 관한 죄』로 되어 있었으나, 위 [형법] 개정으로『강간과 추행의 죄』로 변경되었다. '정조'의 사전적 의미가 '여자의 곧고 깨끗한 절개' 또는 '성적 관계의 순결' 이므로, 자칫 본장의 죄가 (여성의) 성적 순결을 보호하기 위한 범죄라는 인상을 주어 성적 자기결정권을 보호하는 범죄의 명칭으로는 적합하지 않았기 때문이다. [형법]개정안 심의과정에서 본장의 명칭을『성적 자기결정에 대한 죄』로 하자는 의견도 있었으나, 성적 자기결정의 자유는 본장의 죄의 보호법익인데, [형법]은 보호법익에 따라 장의 명칭을 붙이는 태도를 취하지 않고 있다는 이유에서 중립적인 명칭인『강간과 추행의 죄』로 결정되었다(법무부, [형법]개정법률안 제안이유서(1992. 10), 155.).

출, 강도강간, 음란전화, 음란 통신 등 성을 매개로 하여 가해지는 모든 언어·신체·정신적 폭력이라고 정의하기도 하고, 강간, 성추행, 성희롱, 성기노출, 음란전화, 온라인 성폭력 등 상대방이 원치 않고 거절하는데도 불쾌한 성적인 언어나 행동으로 상대방에게 굴욕적인 감정이나 신체적 손상, 정신적인 고통을 느끼게 하는 모든 행위를 포함하는 것으로 정의하기도 한다(여성가족부 2010 성폭력 실태조사, 14면).

성폭력을 이해하는 다양한 방식을 고려하여 2012년에는 우리 [형법]도 "폭행 또는 협박으로 사람에 대하여 구강, 항문 등 신체(성기는 제외한다)의 내부에 성기를 넣거나 성기, 항문에 손가락 등 신체(성기는 제외한다)의 일부 또는 도구를 넣는 행위를 한 사람은 2년 이상의 유기징역에 처한다."(제297조의2) 라고 하여 유사 강간까지도 처벌되어야 할 성범죄의 유형으로 성폭력의 범위를 확장하였다.

(2) 성폭력 실태

대검찰청이 발표한 2009년 범죄내용을 살펴보면(대검찰청, 2010), 2009년 발생한 성폭력 범죄는 총 16,156건으로 인구 10만 명당 성폭력 발생비가 32.5명인 것으로 나타났다. 그런데 대검찰청 범죄분석 통계는 수사기관에 접수된 사례들만을 집계한 것으로 실제 성폭력 발생률은 이를 훨씬 능가할 것이다. 실제로 2007년 여성가족부가 전국 성폭력실태조사 결과에 따르면 강간, 강간미수, 심한 추행, 가벼운 추행을 포함한 성폭력 피해를 조사한 결과 조사대상자 6,880명 중 200명이 성폭력 피해경험이 있는 것으로 나타나, 인구 1,000명당 29.1명이 조사시점에서 1년 이내에 성폭력 피해를 경험한 것으로 나타났다. 이와 같은 결과는 성폭력이 소수의 사람에게만 발생하는 것이 아니며 상당히 많은 수의 사람들이 성폭력으로 인한 피해를 경험하고 있음을 예측할 수 있게 한다. 또한 인구 10만 명당 성폭력 발생률을 외국과 비교해 본 결과에 의하면 인구 10만 명당 성폭력 발생은 한국은 32.5명, 미국은 28.6명, 일본 1.2명, 영국 24.1명, 프랑스 16.6명으로 한국의 성폭력 발생률이 상대적으로 높은 편임을 알 수 있다(여성가족부 2010 성폭력실태조사, 26-27면).

(3) 성폭력 피해자

우리 [형법]은 2012년 개정 이전에 강간죄의 객체는 부녀자로 정의하고 있었다. 그런데 누가 강간의 피해자인 '부녀자'에 해당하는지에 대하여 대법원은 남성이 음경과 고환을 제거하고 그곳에 여성의 성기를 만들어 넣는 방법으로 성전환 수술을 받고, 여성의 외관을 갖춘 피해자에 대한 강간사건에서 "기본적인 요소인 성염색체의 구성이나 본래의 내·외부성기의 구조, 정상적인 남자로서 생활한 기간, 성전환 수술을 한 경위, 수술 후에도 여성으로서의 생식능력은 없는 점, 사회 일반인의 평가와 태도 등을 고려해 볼 때 위 피해자를 사회통념상 여자로 볼 수 없다"고 하여 성전환자는 강간죄의 객체인 부녀자가 아니라고 판단하였다(대법원 1996. 6. 11, 선고 96도791 판결). 대법원의 이러한 판단에 대해서는 강간죄의 보호법익을 자녀를 출산하는 여성의 몸을 중심으로 생물학적이고 가부장적인 사고를 중심으로 부녀자를 판단하고 있다는 점에서 매우 많은 비판을 받았다.

이후 대법원은 강간죄의 객체는 부녀로서 … 종래에는 사람의 성을 성염색체와 이에 따른 생식기·성기 등 생물학적인 요소에 따라 결정하여 왔으나, 근래에 와서는 생물학적인 요소뿐 아니라 개인이 스스로 인식하는 남성 또는 여성으로의 귀속감 및 개인이 남성 또는 여성으로서 적합하다고 사회적으로 승인된 행동·태도·성격적 특징 등의 성역할을 수행하는 측면, 즉 정신적·사회적 요소들 역시 사람의 성을 결정하는 요소 중의 하나로 인정받게 되었으므로, 성의 결정에 있어 생물학적 요소와 정신적·사회적 요소를 종합적으로 고려하여야 한다고 전제하고, 성전환자를 여성으로 인식하여 강간한 사안에서, 피해자가 성장기부터 남성에 대한 불일치감과 여성으로의 성귀속감을 나타냈고, 성전환 수술로 인하여 여성으로서의 신체와 외관을 갖추었으며, 수술 이후 30여 년간 개인적·사회적으로 여성으로서의 생활을 영위해 가고 있는 점 등을 고려할 때, 사회통념상 여성으로 평가되는 성전환자로서 강간죄의 객체인 '부녀'에 해당한다고 판단하였다(대법원 2009. 9. 10. 선고 2009도3580 판결).

2012년 우리 [형법]은 강간죄에서 객체를 "부녀"에서 "사람"으로 확대하였고, 유사강간죄를 신설하는 대폭적인 개정을 하였다. 따라서 향후에는 생물학적인 의미에서의 남성과 여성은 물론 성 정체성에 따른 성역할을 중심으로 성전환자 역시 강간죄의 객체가 될 수 있을 것이다.

연합뉴스 11월 18일
http://www.yonhapnewstv.co.kr/tvscript/AKR20151118036400800/?did=2039m

2015년 10월, 부부 강간죄가 인정된 지 2년 만에 아내가 피의자로 구속된 첫 사례가 등장했다. 피의자인 아내는 지난 5월 김모(42)씨와 짜고 서울 종로구의 한 오피스텔에 남편을 가둔 뒤 청테이프로 결박해 거짓 진술을 유도, 강제로 성관계를 가진 혐의 등으로 구속 기소된 바 있다. 그러나 아내는 강간죄가 아니라 합의 하에 성관계를 가진 것임을 주장하였다.

2. 법적 규제의 대상으로서 성폭력

(1) 성폭력 범죄의 유형들

성적자기 결정권을 침해하는 성을 매개로 한 폭력행위의 범위는 다양하고 광범위할 수 있으나 현행 [형법]과 [성폭력범죄의처벌등에관한특례법]에서 규제하고 있는 성범죄의 유형은 다음과 같다.

① 강간: 상대방의 반항을 불능, 현저히 곤란케 할 수 있는 폭행, 협박으로 부녀를 간음함([형법] 제297조).

② 유사강간 : 폭행 또는 협박으로 사람에 대하여 구강, 항문 등 신체(성기는 제외한다)의 내부에 성기를 넣거나 성기, 항문에 손가락 등 신체(성기는 제외한다)의 일부 또는 도구를 넣는 행위를 하는 것([형법] 제297조의2).

③ 특수강간: 흉기나 그 밖의 물건을 지닌 채 또는 2명 이상이 합동하여 강간, 강제추행, 준강간, 준강제추행까지의 죄를 범한 경우([성폭력범죄의처벌등에관한특례법] 제4조).

④ 강제추행: 폭행, 협박으로 사람을 추행([형법] 제298조).

⑤ 업무상 위력 등에 의한 추행 : a. 업무, 고용이나 그 밖의 관계로 인하여 자기의 보호, 감독을 받는 사람에 대하여 위계 또는 위력으로 추행 b. 법률에 따라 구금된 사람을 감호하는 사람이 그 사람을 추행([성폭력범죄의처벌등에관한특례법] 제10조).

⑥ 공중 밀집 장소에서의 추행 : 대중교통수단, 공연·집회 장소, 그 밖에 공중(公衆)이 밀집하는 장소에서 사람을 추행한 사람은 1년 이하의 징역 또는 300만 원 이하의 벌금에 처한다([성폭력범죄의처벌 등에관한특례법] 제11조).

⑦ 준강간/준강제추행 : 사람의 심신상실 또는 항거불능의 상태를 이용하여 간음 또는 추행([형법] 제299조).

⑧ 미성년자 등에 대한 간음 : 미성년자 또는 심신미약자에 대하여 위계 또는 위력으로써 간음 또는 추행([형법] 제302조).

⑨ 업무상위력 등에 의한 간음 : a. 업무, 고용 기타 관계로 인하여 자기의 보호 또는 감독을 받는 사람에 대하여 위계 또는 위력으로써 간음함. b. 법률에 의하여 구금된 사람을 감호하는 자가 그 사람을 간음하는 것([형법] 제303조).

⑩ 13세 미만의 미성년자에 대한 강간, 강제추행 등 : 13세 미만의 여자를 강간, 강제추행, 준강간, 준강제추행 한 경우. 또한 유사성교행위(즉, 폭행이나 협박으로 구강, 항문 등 성기를 제외한 신체의 내부에 성기를 넣는 행위, 또는 성기, 항문에 성기를 제외한 신체의 일부나 도구를 넣는 행위)를 범한 경우([성폭력범죄의처벌등에관한특례법] 제7조).

⑪ 친족관계에 의한 강간 등 : 4촌 이내의 혈족 및 인척, 또는 사실상의 관계에 의한 친족이 강간, 강제추행, 준강간, 준강제추행의 죄를 범한 경우([성폭력범죄의처벌등에관한특례법] 제5조).

⑫ 장애인에 대한 간음 등 : 신체적인 또는 정신적인 장애로 항거불능인 상태에 있음을 이용하여 여자를 간음하거나 사람에 대하여 추행한 경우([성폭력범죄의처벌등에관한특례법] 제6조).

⑬ 미수범 : 강간, 강제추행, 준강간/준강제추행에 대해서는 미수도 처벌함([성폭력범죄의처벌등에관한특례법] 제14조).

⑭ 통신매체를 이용한 음란행위 : 자기 또는 다른 사람의 욕망을 유발하거나 만족시킬 목적으로 전화, 우편, 컴퓨터, 그 밖의 통신매체를 통하여 성적 수치심이나 혐오감을 일으키는 말, 음향, 글, 그림, 영상 또는 물건을 상대방에게 도달하게 하는 행위([성폭력범죄의처벌등에관한특례법] 제12조).

⑮ 카메라 등을 이용한 촬영 : 카메라나 그 밖에 이와 유사한 기능을 갖춘 기계장치를 이용하여 성적 욕망 또는 수치심을 유발할 수 있는 다른 사람의 신체를 그 의사에 반하여 촬영하거나, 그 촬영물을

반포·판매·임대 또는 공공연하게 전시 상영한 경우([성폭력범죄의처벌등에관한특례법] 제13조).

(2) 성폭력 범죄 처벌의 특례

가. 고소 제한에 대한 예외

[형사소송법] 제224조는 자기 또는 배우자의 직계존속을 고소하지 못하도록 하고 있지만 성폭력범죄에 대하여는 자기 또는 배우자의 직계존속을 고소할 수 있다([성폭력범죄의처벌등에관한특례법] 제18조).

나. 공소시효에 대한 예외

① [형사소송법] 제252조 제1항에 의하여 공소시효는 범죄행위의 종료한 때로부터 진행하지만 미성년자에 대한 성폭력범죄의 공소시효는 성폭력범죄로 피해를 당한 미성년자가 성년에 달한 날부터 진행한다([성폭력범죄의처벌등에관한특례법] 제21조 제1항).

② [형법]에 규정된 강간(제297조), 유사강간(제297조의2), 강제추행(제298조), 준강간, 준강제추행(제299조), 이러한 범죄의 미수범(제300조), 강간등 상해·치상(제301조), 강간 등 살인·치사(제301조의2), 미성년자등에 대한 간음(제302조), 업무상위력 등에 의한 간음(제303조), 미성년자에 대한 간음, 추행(제305조)의 죄 및 강도강간(제339조)의 죄의 경우 디엔에이(DNA)증거 등 그 죄를 증명할 수 있는 과학적인 증거가 있는 때에는 공소시효가 10년 연장된다([성폭력범죄의처벌등에관한특례법] 제21조 제2항).

③ 13세 미만의 사람 및 신체적인 또는 정신적인 장애가 있는 사람에 대하여 [형법]상의 강간, 강제추행, 준강간, 준강제추행, 강간등 상해·치상 또는 강간등 살인·치사의 죄를 가하거나, [성폭력범죄의처벌

등에관한특례법]에서 규정하고 있는 구강·항문 등 신체(성기는 제외한다)의 내부에 성기를 넣는 행위 또는 성기·항문에 손가락 등 신체(성기는 제외한다)의 일부나 도구를 넣는 행위를 가한 경우, 강간 등 상해·치상 및 강간 등 살인·치사를 범한 경우에는 [형사소송법] 제249조의 공소시효를 적용하지 않는다.

제249조(공소시효의 기간) ① 공소시효는 다음 기간의 경과로 완성한다. 〈개정 1973.1.25., 2007.12.21.〉

1. 사형에 해당하는 범죄에는 25년
2. 무기징역 또는 무기금고에 해당하는 범죄에는 15년
3. 장기 10년 이상의 징역 또는 금고에 해당하는 범죄에는 10년
4. 장기 10년 미만의 징역 또는 금고에 해당하는 범죄에는 7년
5. 장기 5년 미만의 징역 또는 금고, 장기10년 이상의 자격정지 또는 벌금에 해당하는 범죄에는 5년
6. 장기 5년 이상의 자격정지에 해당하는 범죄에는 3년
7. 장기 5년 미만의 자격정지, 구류, 과료 또는 몰수에 해당하는 범죄에는 1년

② 공소가 제기된 범죄는 판결의 확정이 없이 공소를 제기한 때로부터 25년을 경과하면 공소시효가 완성한 것으로 간주한다. 〈신설 1961.9.1., 2007.12.21.〉

다. 피해자의 신원과 사생활 비밀 누설 금지

성폭력범죄의 수사 또는 재판을 담당하거나 이에 관여하는 공무원 또는 그 직에 있었던 사람은 피해자의 주소, 성명, 나이, 직업, 학교, 용모, 그 밖에 피해자를 특정하여 파악할 수 있게 하는 인적사항과 사진 등 또는 그 피해자의 사생활에 관한 비밀을 공개하거나 다른 사람에게 누설하여서는 아니 되며 이러한 사항을 피해자의 동의를 받지 아니하고 신문 등 인쇄물에 싣거나 [방송법] 제2조제1호에 따른 방송 또는 정보통신망을 통하여 공개하여서는 아니 된다([성폭력범죄의처벌등에관한특례법] 제24조).

3. 성범죄자의 재범 방지를 위한 조치

(1) 성범죄자 신상정보 등록 및 고지

가. 성범죄자 신상정보 대상자([성폭력범죄의처벌등에관한특례법] 제42조)

① [형법]의 강간, 유사강간, 강제추행, 준강간, 준강제추행 및 그 미수범, 강간등 상해·치상, 강간등 살인·치사, 미성년자등에 대한 간음, 업무상위력 등에 의한 간음 및 미성년자에 대한 간음, 추행의 죄 및 강도강간의 죄를 범한 자

② [성폭력범죄의처벌등에관한특례법]의 특수강도강간, 특수강간, 친족관계에 의한 강간, 장애인에 대한 강간·강제추행, 13세 미만 미성년자에 대한 강간·강제추행, 강간 중 상해치상, 강간등 살인·치사, 업무상위력에 의한 추행, 공중밀집장소에서의 추행, 성적목적을 위한 공공장소 침입행위, 통신매체를 이용한 음란행위, 카메라 이용 촬영행위 등의 범죄를 범한 자

③ [아동·청소년성보호에관한법률]에 의하여 위의 행위를 19세 미만의 자에게 가하였거나, [아동복지법] 제17조의 2호에서 규정하고 있는 아동에게 음란한 행위를 시키거나 이를 매개하는 행위 또는 아동에게 성적 수치심을 주는 성희롱 등의 성적 학대행위를 가하여 유죄판결이 확정된 자

④ 그 이외에 [아동·청소년성보호에관한법률]에서 신상공개명령이 확정된 자(제49조 제1항 제4호).

나. 신상정보 제출과 등록고지

등록대상자는 판결이 확정된 날부터 30일 이내에 다음 각 호의 신상정보를 자신의 주소지를 관할하는 경찰관서의 장에게 제출하여야 한다

([성폭력범죄의처벌등에관한특례법] 제43조).

구체적으로 제출해야 하는 정보는 다음과 같다.

1. 성명
2. 주민등록번호
3. 주소 및 실제거주지
4. 직업 및 직장 등의 소재지
5. 연락처(전화번호, 전자우편주소를 말한다)
6. 신체정보(키와 몸무게)
7. 소유차량의 등록번호

이러한 등록정보의 고지는 여성가족부장관이 집행하며, 고지정보는 고지대상자가 거주하는 읍·면·동의 아동·청소년의 친권자 또는 법정대리인이 있는 가구, [영유아보육법]에 따른 어린이집의 원장, [유아교육법]에 따른 유치원의 장, [초·중등교육법] 제2조에 따른 학교의 장, 읍·면사무소와 동 주민자치센터의 장, [학원의 설립·운영및과외교습에관한법률] 제2조의2에 따른 학교교과교습학원의 장과 [아동복지법] 제52조제1항제8호에 따른 지역아동센터 및 [청소년활동진흥법] 제10조제1호에 따른 청소년수련시설의 장에게 고지한다.

(2) 성폭력범죄자의 성충동 약물치료에 관한 법률

2011년부터는 [성폭력범죄자의성충동약물치료에관한법률]을 적용하여 16세 미만의 사람에 대하여 성폭력범죄를 저지른 성도착증 환자가 재범위성성이 있는 경우 화학적 거세를 가능하게 하였고 이후 2012년 이 법을 개정하여 적용대상을 확대하여 성범죄자 중 성도착증 환자라면 모두에게 실시할 수 있도록 하였다.

(3) [특정범죄자에대한보호관찰및전자장치부착등에관한법률]

검사는 ① 성폭력 범죄로 징역형의 실형을 선고받은 사람이 그 집행을 종료한 후 또는 집행이 면제된 후 10년 이내에 성폭력범죄를 저지른 경우 ② 성폭력 범죄로 이 법에 따른 전자장치를 부착 받은 전력이 있는 사람이 다시 성폭력범죄를 저지른 경우 ③ 성폭력범죄를 2회 이상 범하여(유죄의 확정판결을 받은 경우를 포함한다) 그 습벽이 인정된 경우 ④ 19세 미만의 사람에 대하여 성폭력범죄를 저지른 경우 ⑤ 신체적 또는 정신적 장애가 있는 사람에 대하여 성폭력범죄를 저지른 경우 중에 어느 하나에 해당하고 성폭력범죄를 다시 범할 위험성이 있다고 인정되는 사람에 대해서 전자장치를 부탁하도록 하는 명령을 법원에 청구할 수 있다([특정범죄자에대한보호관찰및전자장치부착등에관한법률] 제5조 제1항). 법원은 전자 장치 부착명령 청구가 이유 있다고 인정하는 때에는 부착기간을 정하여 판결로 부착명령을 선고하여야 한다([특정범죄자에대한보호관찰및전자장치부착등에관한법률] 제9조).

4. 성폭력 피해자 보호를 위한 법과 정책

[성폭력범죄의처벌등에관한특례법]은 성폭력이라는 특수성을 고려하여 성폭력 범죄 피해자를 조사하는데 있어서 전담 경찰관과 전담 검사제도를 두고 있으며 이들에게 성범죄 수사에 필요한 전문지식과 피해자 보호를 위한 수상방법 및 수사절차에 관한 교육을 실시하도록 하고 있다(제26조). 수사 및 재판절차에서도 성폭력범죄를 당한 피해자의 나이, 심리 상태 또는 후유장애의 유무 등을 신중하게 고려하여 조사 및 심리·재판 과정에서 피해자의 인격이나 명예가 손상되거나 사적인 비밀이 침해되지 아니하도록 주의하도록 하고, 피해자가 편안

한 상태에서 진술할 수 있는 환경을 조성하여야 하며, 조사 및 심리·재판 횟수는 필요한 범위에서 최소한으로 제한하고 있다(제29조). 또한 피해자의 사생활 보호를 위하여 성폭력 범죄 심리는 공개하지 않을 수 있다(제31조).

법원은 성범죄 피해자를 증인으로 신문하는 경우 부득한 경우가 아니라면 피해자와 신뢰관계에 있는 사람을 동석하게 하도록 하며(제34조), 피해자가 13세 미만의 아동이거나 신체적 또는 정신적 장애로 의사소통이나 의사표현의 어려움이 있는 경우 정신건강의학, 심리학, 사회복지학, 교육학 등 아동·장애인의 심리나 의사소통 관련 전문지식이 있거나 관련 분야에서 상당 기간 종사한 경험이 있는 진술조력인을 수사 및 재판과정에 참여하도록 하여 의사소통을 중개하거나 보조하도록 할 수 있다(제36조 내지 제37조).

이처럼 수사 및 재판절차에서의 피해자 보호 이외에도 국가와 지방자치단체로 하여금 성폭력을 방지라고 피해자 보호를 위하여 성폭력 신고체계를 구축 운영하도록 하며, 피해자 보호를 지원하기 위한 시설을 두고 그 이외에 피해자에게 주거지원 및 직업훈련 등을 실시 사회복귀를 지원하고 있다([성폭력방지및피해자보호등에관한법률] 제3조).

구체적으로 성폭력 예방을 위하여 국가기관 및 지방자치단체의 장, [유아교육법] 제7조에 따른 유치원의 장, [영유아보육법] 제10조에 따른 어린이집의 원장, [초·중등교육법] 제2조에 따른 각급 학교의 장, 그 밖에 대통령령으로 정하는 공공단체의 장은 대통령령으로 정하는 바에 따라 성교육 및 성폭력 예방에 필요한 교육을 실시하고, 그 결과를 여성가족부장관에게 제출하도록 하고 있다([성폭력방지및피해자보호등에관한법률] 제5조 제1항). 또한 성폭력 피해자뿐만 아니라 그 가족 구성원이 학생인 경우 주소지 외의 지역에서 취학할 필요가 있을 때에는 피해자 등의 사생활이 침해되지 아니하도록 유의하면서 그 취학이 원활히 이루어지도록 지원하도록 하고 있다(｢성폭력방지및피해자보호등에관한법률｣ 제7조 제1항).

또한 여성가족부장관, 특별자치시장·특별자치도지사 또는 시장·군수·구청장은 국립·공립병원, 보건소 또는 민간의료시설을 피해자등의 치료를 위한 전담의료기관으로 지정할 수 있으며 이때 지정된 전담의료기관은 피해자 본인·가족·친지나 긴급전화센터, 상담소, 보호시설 또는 통합지원센터의 장 등이 요청하면 피해자에 대하여 보건 상담 및 지도, 치료, 및 그 밖에 대통령령으로 정하는 신체적·정신적 치료 등 의료 지원을 하여야 한다(｢성폭력방지및피해자보호등에관한법률｣ 제27조). 나아가 여성가족부장관은 대한법률구조공단 등의 기관에 법률상담등을 요청할 수 있고 그 비용은 대통령령으로 정하는 바에 따라 국가가 부담할 수 있다(｢성폭력방지및피해자보호등에관한법률｣ 제7조의 2).

5. 남아있는 문제

그동안 성폭력 범죄 처벌 및 피해자 보호를 위하여 입법적인 정비는 잘 이루어 졌다. 그러나 2010년 여성가족부 성폭력실태조사에서 조사대상자들의 성통념을 살펴본 결과에 의하면, '여자가 알지 못하는 남자의 차를 얻어 타려다 강간을 당했다면 여자에게도 일부분 책임이 있다', '여자들이 조심하면 성폭력은 줄일 수 있다', '여자가 끝까지 저항하면 강제로 성관계(강간)하는 것은 불가능하다', '여자가 술에 취한 상태에서 성폭행을 당했다면 여자에게도 책임이 있다'의 항목에 대한 응답은 50% 이상으로 추정된다. 그리고 '강제에 의한 성관계(강간)를 줄이기 위해서 성매매여성의 존재도 필요하다', '여자가 키스나 애무를 허용하는 것은 성관계를 허용하는 뜻이다'의 항목은 40% 이상으로 추정된다. 이러한 결과는 여성과 남성을 구분해 살펴보았을 때도 유사하게 나타났다. 이것은 우리 사회의 성통념이 여전히 가부장적이고, 남성중심주의에 젖어있으며 성폭력에 대한 잘못된 생각을 가지고 있는 측면이 있음을 나타내는 결과이다(여성가족부 2010 성폭력실태조사, 131면). 결국 제도의 정비가 있어도 그를 뒷받침하는 우리 사회 구성원들의 의식의 변화가 함께 발생하지 않을 경우 성폭력 발생을 억제하는 과제는 여전히 쉽지 않을 것이다.

특히 이러한 의식의 문제는 일반인들의 경우만이 아니라 일선 수사현장에서도 여전히 문제로 제기되고 있다. 성폭력 범죄 피해자 보호를 위하여 전담조사관 제도를 두고 있지만 전담조사관의 인력부족과 같은 물리적인 한계가 여전히 존재하며 나아가 여전히 가해자와 피해자를 직접 대질 조사하는 관행화된 방식으로 성폭력 범죄 수사를 하는 경우도 문제로 지적되고 있다(여성가족부, 2010성폭력실태조사, 65-66면).

현재 우리 대법원은 그동안 논란이 되었던 부부강간에 대해서 이를 인정하는 입장을 취하고 있다. 그러나 최근에는 10대와 20대를 중심으로 데이트 과정에 상대방으로부터 성폭력을 당하는 경우가 점차 나타나고 있는데, 이들이 데이트 관계에 있기 때문에 이들 사이의 성관계를 성폭력으로 규정하는 것 자체가 쉽지 않은 상황이다. 나아가 데이트 관계에 있었던 자가 헤어지거나 관계가 일방이 원하는 방식으로 이루어지지 않을 경우 사이버 공간에서 보복성으로 상대방의 노출 사진을 개시하거나 성관계와 관련한 영상을 유포하여 상대를 사회적으로 매도하는 행위, 개인의 성적 사생활을 폭로하는 행위를 하는 경우도 있다. 이러한 행위 자체는 법적으로 규제가 가능할 수 있다고 하더라도 문제는 피해자의 사회적 매도라는 부분은 사실상 법적 보상으로 해결될 수 있는 수준이 아닐 수 있다.

부부강간 인정 대법원 판례
(대법원 2013. 5. 16. 선고 2012도14788 판결)

(가) 형법(2012.12.18. 법률 제11574호로 개정되기 전의 것, 이하 같다) 제297조는 부녀를 강간한 자를 처벌한다고 규정하고 있는데, 형법이 강간죄의 객체로 규정하고 있는 '부녀'란 성년이든 미성년이든, 기혼이든 미혼이든 불문하며 곧 여자를 가리킨다. 이와 같이 형법은 법률상 처를 강간죄의 객체에서 제외하는 명문의 규정을 두고 있지 않으므로, 문언 해석상으로도 법률상 처가 강간죄의 객체에 포함된다고 새기는 것에 아무런 제한이 없다.

(나) 부부 사이에 민법상의 동거의무가 인정된다고 하더라도 거기에 폭행, 협박에 의하여 강요된 성관계를 감내할 의무가 내포되어 있다고 할 수 없다. 혼인이 개인의 성적자기결정권에 대한 포기를 의미한다고 할 수 없고, 성적으로 억압된 삶을 인내하는 과정일 수도 없기 때문이다. 결론적으로 헌법이 보장하는 혼인과 가족생활의 내용, 가정에서의 성폭력에 대한 인식의 변화, 형법의 체계와 그 개정 경과, 강간죄의 보호법익과 부부의 동거의무의 내용 등에 비추어 보면, 형법 제297조 가 정한 강간죄의 객체인 '부녀'에는 법률상 처가 포함되고, 혼인관계가 파탄된 경우뿐만 아니라 혼인관계가 실질적으로 유지되고 있는 경우에도 남편이 반항을 불가능하게 하거나 현저히 곤란하게 할 정도의 폭행이나 협박을 가하여 아내를 간음한 경우에는 강간죄가 성립한다고 보아야 한다.

III. 성희롱과 젠더

1. 직장 내 성희롱과 법의 조우

직장의 남성 상사가 여직원에게 성적인 관심을 표현하는 것은 문제가 되는 행위인가 아니면 이성에 대한 자연스러운 관심의 표현으로 허용되어야 하는가? 이러한 의문은 어느 사회에서든지 발생할 수 있는 문제이다. 과거 이러한 문제는 성별에 근거한 차별로 이를 이해하기 보다는 가해자와 피해자의 개인적인 문제 정도로 인식하였고 피해자에게 실질적인 불이익이 발생하는 경우에도 이를 가해자의 비도덕적인 행동의 문제 정도로 인식하는 경향이 강하였다. 1975년 Arizona 주에서 발생한 성희롱 사건에 대한 법원의 태도는 이러한 입장을 잘 나타내고 있다. 이 사건에 원고 여성들은 피고인 상급 남성 직원으로부터 지속적으로 언어적으로 그리고 신체적으로 성적인 요구를 받아왔다. 그리고 그러한 성적인 요구 때문에 결국 원고 여성들은 Bausch and Lomb사를 그만두어야 했다. 이에 대하여 원고 여성들은 회사가 여성 직원들이 청하지도 않고 원하지도 않았던 성적인 자유를 행사하는 남성 직원을 상급자로 인명하는 것은 성차별적인 조건을 만들어내는 것이고 결과적으로 여성들에게 고용의 기회균등을 박탈하는 것이므로 이러한 남성 직원의 행동에 대하여 회사는 알고 있어야 하는 지위에 있으므로 그 책임을 부담해야 한다고 주장하였다. 그러나 법원은 실질적인 고용상의 이익 또는 불이익을 전제로 성희롱이 발생하여도 이를 성에 근거한 차별적인 것으로 이해하기 보다는 가해자와 피해자 사이의 좀 더 개인적인 편애 현상으로 다루는 경향이 지배적이었고 피해자가 이로 인하여 실질적으로 불이익을 당하는 경우에도 마찬가지였다.[8]

그러나 법원의 이러한 입장은 1977년 Barnes v. Costle[9] 사안에서 변화하기 시작하였다. 이 사건의 원고 여성은 행정부의 직원으로서 그녀의 상급 남성 직원으로부터 수차례 퇴근 이후 사적인 만남을 요구 받

8 Corne v. Bausch and Lomb, 390 F. Supp., 161 (D. Ariz. 1975).

9 Barnes v. Costle 561 F. 2d, 983 (D.C. Cir. 1977).

았고, 이에 대하여 원고 여성은 매번 거절하였다. 그러나 상급자 남성 직원은 원고 여성에게 그녀가 자신과 성적인 관계를 가지게 됨으로써 직업적으로 좀 더 나은 위치를 가지게 될 것이라는 점을 암시하기도 하였다. 이에 대하여 원고 여직원이 명백하게 거절의 의사를 전달하자 이후부터 상급 남성 직원은 원고 여성을 비난하고 업무를 곤란하게 하였다. 결국 원고는 이 모든 것이 원고가 상급자의 요구를 거절하여 발생하였으며 이는 그녀가 여성이라는 이유에서 발생되는 것이라고 주장하였다.

이에 대하여 Columbia 자치구 항소심은 원고가 여성 직원이 아니었다면 어떠한 경우든 상급자로부터 그러한 성적인 관심의 대상이 되지 않았을 것이므로 원고가 여성이라는 집단에 속하고 있다는 것은 상급자의 성적 행위와 인과 관계가 형성된다고 인정하였고, 이후 법원은 직업상의 이익을 대가로 성적인 요구가 있는 경우 미국 인권법(Civil Rigjhts Act) 제7편에서 금지하고 있는 노동관계에서의 성별에 기한 차별행위에 해당한다고 인정하게 되었다. 나아가 1986년 Meritor Saving Bank v. Vinson[10]에 이르러서 연방대법원은 좀 더 전향적인 입장을 취하여 직장에서 성적인 요구에 응하는 것을 조건으로 고용상의 이익을 주거나 또는 불응을 이유로 불이익을 직접적으로 주는 경우 뿐 아니라 고용상의 불이익에 직결되지 않더라고 노동환경을 악화시키는 경우도 인권법 제7편이 금지하고 있는 고용에서의 성차별에 해당한다고 하였다. 이와 같이 미국에서는 70년대와 80년대를 거치면서 법원의 판결을 통하여 직장에서 성희롱이 발생하는 경우 이는 더 이상 가해자 개인의 비도덕적 행위로 비난받는 것에 그치는 것이 아니라 법적인 책임을 부

10 Meritor Saving Bank v. Vinson, 477 U. S. 57, 106 S. Ct. 2399.

담해야 하는 것으로 정착하게 되었다.

우리나라에서 성희롱 사건을 가해자의 도덕적 일탈이 아닌 법적 책임의 대상으로 전환하게 된 것은 1994년 서울 모 대학의 여성 조교가 상급자였던 교수를 성희롱에 근거한 배상 책임을 주장하면서 부터이다. 원고 여성은 실험실을 담당하는 유급조교로서 1992년 5월 경 부터 원고는 실험실담당 조교로서 근무하기 시작하였으며 그 과정에서 피고 교수 (피고(1))로부터 여러 차례 성적 괴롭힘을 당하였다. 그때마다 원고는 완곡한 거절의 표시를 해왔고, 1992년 10월경에는 명확하게 거절 의사를 전달하였다. 이후 원고는 재임용되지 않았다. 이에 원고는 피고(1)의 행위에 의하여 프라이버시와 성적 자유를 침해당하였으며 일하는 직장에서 일할 권리를 침해당하였고 그로 인해 극심한 정신적 고통을 받았음을 근거로 손해배상을 청구하였다. 또한 원고는 관련 사건의 발생당시 동 대학의 총장인 피고 (피고(2))에 대하여 피고(1)의 사용자인 대한민국의 대리감독자로서 상사 또는 동료 직원의 성희롱 행위에 의한 불법행위가 발생하지 않도록 직장 내 근무환경을 보장할 안전배려 의무를 부담하게 되는데, 이러한 의무를 성실히 수행하지 아니한 중대한 과실로 위와 같은 손해를 가져오게 되었으므로 피고 (1), 피고 (2), 피고 대한민국 (피고(3))은 공동불법행위자로서 연대하여 원고에게 손해배상의 의무가 있음을 주장하였다. 이 사건 이후 우리나라에서도 성희롱이라는 용어가 정착하게 되었고 이를 법적인 책임이 귀속되는 행위로 재정립되었다.

성희롱에 대한 법적 책임을 인정한 판례
(대법원 1998. 2. 10. 선고 95다39533 판결)

[1] 성적 표현행위의 위법성 여부는, 쌍방 당사자의 연령이나 관계, 행위가 행해진 장소 및 상황, 성적 동기나 의도의 유무, 행위에 대한 상대방의 명시적 또는 추정적인 반응의 내용, 행위의 내용 및 정도, 행위가 일회적 또는 단기간의 것인지 아니면 계속적인 것인지 여부 등의 구체적 사정을 종합하여, 그것이 사회공동체의 건전한 상식과 관행에 비추어 볼 때 용인될 수 있는 정도의 것인지 여부 즉 선량한 풍속 또는 사회질서에 위반되는 것인지 여부에 따라 결정되어야 하고, 상대방의 성적 표현행위로 인하여 인격권의 침해를 당한 자가 정신적 고통을 입는다는 것은 경험칙상 명백하다.

[2] 피해자가 엔엠알기기 담당 유급조교로서 정식 임용되기 전후 2, 3개월 동안, 가해자가 기기의 조작 방법을 지도하는 과정에서 피해자의 어깨, 등, 손 등을 가해자의 손이나 팔로 무수히 접촉하였고, 복도 등에서 피해자와 마주칠 때면 피해자의 등에 손을 대거나 어깨를 잡았고, 실험실에서 "요즘 누가 시골 처녀처럼 이렇게 머리를 땋고 다니느냐."고 말하면서 피해자의 머리를 만지기도 하였으며, 피해자가 정식 임용된 후에는 단둘이서 입방식을 하자고 제의하기도 하고, 교수연구실에서 피해자를 심부름 기타 명목으로 수시로 불러들여 위아래로 훑어보면서 몸매를 감상하는 듯 한 태도를 취하여 피해자가 불쾌하고 곤혹스러운 느낌을 가졌다면, 화학과 교수 겸 엔엠알기기의 총책임자로서 사실상 피해자에 대하여 지휘·감독관계에 있는 가해자의 위와 같은 언동은 분명한 성적인 동기와 의도를 가진 것으로 보여지고, 그러한 성적인 언동은 비록 일정 기간 동안에 한하는 것이지만 그 기간 동안만큼은 집요하고 계속적인 까닭에 사회통념상 일상생활에서 허용되는 단순한 농담 또는 호의적이고 권유적인 언동으로 볼 수 없고, 오히려 피해자로 하여금 성적 굴욕감이나 혐오감을 느끼게 하는 것으로서 피해자의 인격권을 침해한 것이며, 이러한 침해행위는 선량한 풍속 또는 사회질서에 위반하는 위법한 행위이고, 이로써 피해자가 정신적으로 고통을 입었음은 경험칙상 명백하다고 한 사례.

[3] 이른바 성희롱의 위법성의 문제는 종전에는 법적 문제로 노출되지 아니한 채 묵인되거나 당사자간에 해결되었던 것이나 앞으로는 빈번히 문제될 소지가 많다는 점에서는 새로운 유형의 불법행위이기는 하나, 이를 논함에 있어서는 이를 일반 불법행위의 한 유형으로 파악하여 행위의 위법성 여부에 따라 불법행위의 성부를 가리면 족한 것이지, 불법행위를 구성하는 성희롱을 고용관계에 한정하여, 조건적 성희롱과 환경형 성희롱으로 구분하고, 특히 환경형의 성희롱의 경우, 그 성희롱의 태양이 중대하고 철저한 정도에 이르러야 하며, 불법행위가 성립하기 위하여는 가해자의 성적 언동 자체가 피해자의 업무수행을 부당히 간섭하고 적대적 굴욕적 근무

환경을 조성함으로써 실제상 피해자가 업무능력을 저해 당하였다거나 정신적인 안정에 중대한 영향을 입을 것을 요건으로 하는 것이므로 불법행위에 기한 손해배상을 청구하는 피해자로서는 가해자의 성희롱으로 말미암아 단순한 분노, 슬픔, 울화, 놀람을 초과하는 정신적 고통을 받았다는 점을 주장·입증하여야 한다는 견해는 이를 채택할 수 없다. 또한 피해자가 가해자의 성희롱을 거부하였다는 이유로 보복적으로 해고를 당하였든지 아니면 근로환경에 부당한 간섭을 당하였다든지 하는 사정은 위자료를 산정하는 데에 참작사유가 되는 것에 불과할 뿐 불법행위의 성립 여부를 좌우하는 요소는 아니다.

2. 성희롱의 법적 개념과 유형

(1) 성희롱의 법적 개념

이처럼 대법원이 성희롱을 인격권을 침해하는 불법행위로 인정하고 난 후 성희롱에 대한 개념이 실정법에도 규정되기에 이르렀다. 1999년부터 [남녀고용평등법]은 직장 내 성희롱을 규정하였다. 당시 [남녀고용평등법]은 "직장내 성희롱"을 사업주, 상급자 또는 근로자가 직장내의 지위를 이용하거나 업무와 관련하여 다른 근로자에게 성적인 언어나 행동 등으로 또는 이를 조건으로 고용상의 불이익을 주거나 또는 성적 굴욕감을 유발하게 하여 고용환경을 악화시키는 것으로 정의하여 단순히 성적 굴욕감을 느끼게 한 것뿐만 아니라 '고용환경을 악화시킬 것'을 성희롱을 성립시키는 요건으로 구성하였다(1999년 개정된 동법 제2조의 2 제2항). 그러나 동법은 2001년도 '고용환경을 악화시킬 것'을 성희롱 성립의 요건에서 삭제하고 성적언동으로 성적 굴욕감 내지 혐오감을 느끼게 하는 경우로 개정하였다. 성희롱에 대한 다양한 법적 규제가 행하여지고 국민들이 이에 대한 정보를 접하게 됨으로써 성희롱 행위가 법적인 규제 대상에 해당하는 행위라는 인식은 상당히 높아진 것으로 보인다.

현행 [남녀고용평등법] 제2조 제2호에서는 "직장 내 성희롱"이란 사업주·상급자 또는 근로자가 직장 내의 지위를 이용하거나 업무와 관련하여 다른 근로자에게 성적 언동 등으로 성적 굴욕감 또는 혐오감을 느끼게 하거나 성적 언동 또는 그 밖의 요구 등에 따르지 아니하였다는 이유로 고용에서 불이익을 주는 것으로 정의하고 있다.

2005년부터는 [국가인권위원회법]에서 공공기관에서 발생하는 성희롱까지 포함하여 적용영역을 확대하여 규정하여 현재 동법 제2조 3호 라목에서는 "성희롱"을 업무, 고용, 그 밖의 관계에서 공공기관(국가기관, 지방자치단체, [초·중등교육법] 제2조, [고등교육법] 제2조와 그 밖의 다른 법률에 따라 설치된 각급 학교, [공직자윤리법] 제3조의2제1항에 따른 공직유관단체를 말한다)의 종사자, 사용자 또는 근로자가 그 직위를 이용하여 또는 업무 등과 관련하여 성적 언동 등으로 성적 굴욕감 또는 혐오감을 느끼게 하거나 성적 언동 또는 그 밖의 요구 등에 따르지 아니한다는 이유로 고용상의 불이익을 주는 것으로 규정하고 있다.

또한 2015년 전면 개정된 [양성평등기본법]은 제3조 제2호에서 "성희롱"이란 업무, 고용, 그 밖의 관계에서 국가기관·지방자치단체 또는 대통령령으로 정하는 공공단체(이하 "국가기관등"이라 한다)의 종사자, 사용자 또는 근로자가 가. 지위를 이용하거나 업무 등과 관련하여 성적 언동 또는 성적 요구 등으로 상대방에게 성적 굴욕감이나 혐오감을 느끼게 하는 행위 또는 나. 상대방이 성적 언동 또는 요구에 대한 불응을 이유로 불이익을 주거나 그에 따르는 것을 조건으로 이익 공여의 의사표시를 하는 행위 어느 하나에 해당하는 행위를 하는 경우를 말한다고 정의하고 있다.

(2) 성희롱 행위 유형

[남녀고용평등법시행규칙] 제2조 [별표 1]에서는 직장 내 성희롱을 판단하기 위한 기준을 예시하고 있다.

유 형		구체적 행위의 예시
성적 언동	육체적 행위	▪ 입맞춤, 포옹 또는 뒤에서 껴안는 등의 신체적 접촉행위 ▪ 가슴·엉덩이 등 특정 신체부위를 만지는 행위 ▪ 안마나 애무를 강요하는 행위
	언어적 행위	▪ 음란한 농담을 하거나 음탕하고 상스러운 이야기를 하는 행위 (전화통화를 포함한다) ▪ 외모에 대한 성적인 비유나 평가를 하는 행위 ▪ 성적인 사실 관계를 묻거나 성적인 내용의 정보를 의도적으로 퍼뜨리는 행위 ▪ 성적인 관계를 강요하거나 회유하는 행위 ▪ 회식자리 등에서 무리하게 옆에 앉혀 술을 따르도록 강요하는 행위
	시각적 행위	▪ 음란한 사직·그림·낙서·출판물 등을 게시하거나 보여주는 행위 (컴퓨터 통신이나 팩시밀리 등을 이용하는 경우를 포함한다) ▪ 성과 관련된 자신의 특정 신체부위를 고의적으로 노출하거나 만지는 행위
	기타	그 밖에 사회통념상 성적 굴욕감 또는 혐오감을 느끼게 하는 것으로 인정되는 언어나 행동
고용상 불이익		채용탈락, 감봉, 승진탈락, 전직, 정리, 휴직, 해고 등과 같이 채용 또는 근로조건을 일방적으로 불리하게 하는 것
비고		성희롱 여부를 판단하는 때에는 피해자의 주관적 사정을 고려하되, 사회통념상 합리적인 사람이 피해자의 입장이라면 문제가 되는 행동에 대하여 어떻게 판단하고 대응하였을 것인가를 함께 고려하여야 하며, 결과적으로 위협적·적대적인 고용환경을 형성하여 업무능률을 떨어뜨리게 되는지를 검토하여야 한다.

3. 성희롱 성립요건

(1) 성희롱의 행위의 주체

성희롱을 규정하고 있는 각 법의 입법목적에 따라서 성희롱 가해 주체는 다르게 설정되어 있다. [남녀고용평등법]은 사업주·상급자 또는 근로자를, [국가인권위원회법]은 공공기관의 종사자, 사용자 또는 근로자를 가해자로 규정하고 있다.

여기서 공공기관 종사자란 국가기관, 지방자치단체, [초·중등교육법] 제2조, [고등교육법] 제2조와 그 밖의 다른 법률에 따라 설치된 각급 학교, [공직자윤리법] 제3조의2제1항에 따른 공직유관단체를 말한다. 또한 [양성평등기본법]은 공공단체의 종사자, 사용자 또는 근로자를 가해자로 규정하고 있다. 여기서 "사용자"란 사업주 또는 사업경영담당자, 그 밖에 사업주를 위하여 근로자에 관한 사항에 대한 업무를 수행하는 자를 말하며([양성평등기본법] 제3조 제3호), 공공단체란 각각 [초·중등교육법], [고등교육법] 및 그 밖의 다른 법률에 따라 설치된 각급 학교와 [공직자윤리법 시행령] 제3조의2제2항에 따라 인사혁신처장이 관보에 고시한 공직유관단체를 의미한다([양성평등기본법시행령] 제2조).

직장에서 발생하는 성희롱 규제를 목적으로 하는 [남녀고용평등법]은 성희롱 피해자를 '다른 근로자'로 한정하고 있으나 [국가인권위원회법]이나 [양성평등기본법]은 피해자 집단을 특정하지 않고 있다. 그러나 가해자 집단을 각각 공공기관 종사자, 사용자 또는 근로자([국가인권위원회법]) 및 공공단체종사자, 사용자 또는 근로자([양성평등기본법])으로 한정하고 있기 때문에 성희롱이 근로자 상호간에 발생하였거나, 공공기관 종사자가 성희롱 가해자가 되는 경우에는 [남녀고용평등법]과

[국가인권위원회법]등 에서 규정하고 있는 성희롱 규제 절차와 방식에 의하여 피해자 구제가 가능할 것이다.

일반적으로 성희롱의 피해자 집단은 여성인 경우가 많고 반대로 가해자는 남성이지만 항상 이러한 구도가 적용되는 것은 아니다. 특히 성희롱 규제를 위한 입법이 가해자=남성, 피해자=여성으로 구별하고 있지 않기 때문에 여성 가해자에 의한 남성 피해자도 동일한 법적 보호를 받는다. 실제 의류제조회사의 생산부에서 일하는 기혼여성들이 보조사원으로 입사한 미혼 남성에 대하여 행한 성적 언동이 피해자로 하여금 성적 굴욕감이나 혐오감을 느끼게 함과 동시에 근무환경을 악화시켜 피해자의 인격권을 침해한 것이며, 이러한 침해행위는 [남녀고용평등법]에서 정한 직장 내 성희롱에 해당하는 위법한 행위라고 보아 위자료 지급의 손해배상책임을 인정한 하급심 판결이 있다(서울지방법원 동부지원 2002. 5. 3. 선고 2001가합6471 판결).

(2) 성희롱 행위 방식

성희롱을 규제하고 있는 대표적인 위의 세 가지 입법 모두 성희롱을 하는데 있어서 지위를 이용하거나 업무와 관련하여 성적 언동이나 성적요구를 하는 방식으로 발생하였을 것을 요구하고 있다. 구체적으로 '지위를 이용하거나 업무와 관련하여' 라는 요건의 의미를 대법원은 (대법원 2006. 12. 21. 선고 2005두13414 판결) 포괄적인 업무관련성을 나타낸 것으로서 업무수행의 기회나 업무수행에 편승하여 성적 언동이 이루어진 경우뿐 아니라 권한을 남용하거나 업무수행을 빙자하여 성적 언동을 한 경우도 이에 포함된다고 할 것이고, 어떠한 성적 언동이 업무관련성이 인정되는지 여부는 쌍방 당사자의 관계, 행위가 행해진 장소 및 상황, 행위의 내용 및 정도 등의 구체적 사정을 참작하여 판단하도록 하고 있다.

또한 성희롱 판단을 하기 위한 성적 언동의 예시는 [남녀고용평등법 시행규칙]에 나타나 있으나 이러한 예시 이외에도 대법원은 (2007. 6. 14. 선고 2005두6461 판결) '성적언동'을 "남녀간의 육체적 관계나 남성 또는 여성의 신체적 특징과 관련된 육체적, 언어적, 시각적 행위로서 사회공동체의 건전한 상식과 관행에 비추어 볼 때 객관적으로 상대방과 같은 처지에 있는 일반적이고도 평균적인 사람으로 하여금 성적 굴욕감이나 혐오감을 느끼게 할 수 있는 행위를 의미한다."고 판시하여 성과 관련된 다양한 언동이 성희롱을 구성하는 '성적 언동'에 포함될 가능성을 인정하고 있다.

(3) 성적굴욕감과 혐오감

성적 언동이나 성적 요구가 있으면 무조건 성희롱이 성립하는 것이 아니라 이러한 행동이 성적 굴욕감이나 혐오감으로 이어지는 경우에 성희롱이 비로소 성립한다. 그런데 사회에서 모든 성적인 표현이 금지된다는 것을 생각할 수 없으며 만일 이러한 입장에서 모든 성적 언동을 성희롱으로 판단하게 된다면 개인의 기본적 인권의 내용인 표현의 자유를 침해하는 것이 될 수 있을 것이다. 따라서 어떤 성적 언동이 법이 인용할 수 있는 정도를 넘어서 개인에게 성적 굴욕감 내지 혐오감으로 이어질 경우 비로소 성희롱으로 법적 규제를 가할 수 있는 것이다. 문제는 어떠한 또는 어느 정도의 성적 언동에 대해서 성적 굴욕감과 혐오감을 느끼는지 여부는 개개인의 성에 대한 인식에 따라서 다르기 때문에 이에 대한 판단이 용이하지 않다. 대법원은(1998. 2. 10. 선고 95다39533 판결) 종래 어느 정도의 성적 표현의 위법성을 가지는지에 대하여 사회공동체의 건전한 상식과 관행에 비추어 볼 때 용인될 수 있는 정도의 것인지 여부 즉 선량한 풍속 또는 사회질서에 위반되는 것인지 여부에 따라 결정되어야 한다고 하였다. 이러한 관점에 따르면 성희롱의 판단을 "그 사회의 건전한 상식과 관행을 가진 합리적 인간"의 관점에서 판단한 것으로 볼 수 있다.

그러나 이와 같은 '합리적 인간의 관점'을 가지고 성적 언동의 위법성 여부를 판단할 경우 결과적으로 이는 성적 표현에 대한 여성의 반응을 적절하게 반영하지 못하고 자칫 남성 중심의 기준으로 성적 굴욕감과 혐오감을 판단하게 될 수 있다는 비판이 제기되었다. 때문에 국가인권위원회는 이에 대해서는 "일반 여성의 합리적 관점"(국가인권위원회 2005. 9. 13. 05진차470), "사회 통념상 합리적인 보통 사람이 피해자의 입장이라면 문제가 되는 행동"(국가인권위원회 2009. 6. 22. 09진차245) 및 "피해자의 주관적 사정 외에도 보통의 합리적 피해자의 관점"(국가인권위원회 2012. 7. 26. 11진정0696100)으로 성적 언동이 성적 굴욕감과 혐오감을 주는지 여부를 판단하기도 한다.

그리고 이에 대해서 [남녀고용평등법시행규칙] [별표 1]에서는 "피해자의 주관적 사정을 고려하되, 사회통념상 합리적인 사람이 피해자의 입장이라면 문제가 되는 행동에 대하여 어떻게 판단하고 대응하였을 것인가를 함께 고려하며 결과적으로 위협적·적대적인 고용환경을 형성하여 업무능률을 떨어뜨리게 되는지" 검토할 것을 요구하고 있다.

또한 대법원은 이러한 성적언동이 있을 경우 단지 주관적으로 성적 굴욕감과 혐오감을 느꼈다는 것만으로는 성희롱으로 인정하지 않으며 객관적으로 상대방과 같은 처지에 있는 일반적이고도 평균적인 사람으로 하여금 성적 굴욕감이나 혐오감을 느끼게 하는 행위하고 인정되어야만 성희롱이 성립된다.

성적굴욕감과 혐오감의 객관적 기준
(대법원 2007. 6. 14. 선고 2005두6461 판결)

성희롱의 전제요건인 '성적 언동 등'이란 남녀간의 육체적 관계나 남성 또는 여성의 신체적 특징과 관련된 육체적, 언어적, 시각적 행위로서 사회공동체의 건전한 상식과 관행에 비추어 볼 때 객관적으로 상대방과 같은 처지에 있는 일반적이고도 평균적인 사람으로 하여금 성적 굴욕감이나 혐오감을 느끼게 할 수 있는 행위를 의미한다고 할 것이고, … 객관적으로 상대방과 같은 처지에 있는 일반적이고도 평균적인 사람으로 하여금 성적 굴욕감이나 혐오감을 느낄 수 있게 하는 행위가 있고, 행위의 상대방이 성적 굴욕감이나 혐오감을 느꼈음이 인정되어야 할 것이다. 따라서 객관적으로 상대방과 같은 처지에 있는 일반적이고도 평균적인 사람으로 하여금 성적 굴욕감이나 혐오감을 느끼게 하는 행위가 아닌 이상 상대방이 성적 굴욕감이나 혐오감을 느꼈다는 이유만으로 성희롱이 성립될 수는 없다고 할 것이다.

… 담임교사들의 회식 자리에서 교감인 원고가 … 여자교사들에게 교장선생님께 술 한 잔씩 따라 줄 것을 권유한 사실을 인정한 다음, 위 회식 장소에서의 대화 내용, 원고가 위와 같은 말을 하게 된 정황 등에 비추어 원고가 성적 의도를 가지고 위와 같은 언행을 하였다기보다 직장 상사인 교장으로부터 술을 받았으면 답례로 술을 권하여야 한다는 차원에서 한 것으로 보여지는 점, 회식에 참석한 여자교사 3명 중 2명이 원고의 언행으로 인하여 성적인 굴욕감 또는 혐오감을 느끼지 않았다고 진술하고 있는 점 등에 비추어 … 원고의 이 사건 언행이 우리 사회공동체의 건전한 상식과 관행에 비추어 볼 때 용인될 수 없는 선량한 풍속 또는 사회질서에 위반되는 것이라고 보기 어렵다.

4. 성희롱 발생시 사후 처리 원칙

직장에서 성희롱이 발생이 확인된 경우 사업주는 지체 없이 행위자에 대하여 징계나 그 밖에 이에 준하는 조치를 하여야 하지만, 업주는 직장 내 성희롱과 관련하여 피해를 입은 근로자 또는 성희롱 피해 발생을 주장하는 근로자에게 해고나 그 밖의 불리한 조치를 하여서는 아니 된다(「남녀고용평등법」 제14조).

5. 성희롱 예방의무

성희롱 문제는 이러한 사건이 발생한 이후 사후 처리 못지않게 사전에 성희롱이 발생하지 않도록 예방을 하는 것도 중요하다. 따라서 성희롱의 규제를 규정하는 [남녀고용평등법]과 [양성평등기본법]은 성희롱 예방 교육에 관하여 규정하고 있다. 먼저 [남녀고용평등법]은 사업주, 상급자 또는 근로자에게 직장 내 성희롱을 금지하며(제12조), 사업주에게 직장 내 성희롱을 예방하고 근로자가 안전한 근로환경에서 일할 수 있는 여건을 조성하기 위하여 직장 내 성희롱의 예방을 위한 교육을 실시하도록 의무를 부과하고 있다(제13조 제1항). 이에 따라 근로자는 성희롱 예방 교육을 받아야 한다.

교육은 연 1회 이상 실시하여야 하며, 구체적인 내용에는 ① 직장 내 성희롱에 관한 법령 ② 해당 사업장의 직장 내 성희롱 발생 시의 처리 절차와 조치 기준 ③ 해당 사업장의 직장 내 성희롱 피해 근로자의 고충상담 및 구제 절차 ④ 그 밖에 직장 내 성희롱 예방에 필요한 사항이 포함되어야 한다. 성희롱 예방 교육은 사업의 규모나 특성 등을 고려하여 직원연수·조회·회의, 인터넷 등 정보통신망을 이용한 사이버 교육 등을 통하여 실시할 수 있다. 다만, 단순히 교육자료 등을 배포·게시하거나 전자우편을 보내거나 게시판에 공지하는 데 그치는 등 근로자에게 교육 내용이 제대로 전달되었는지 확인하기 곤란한 경우에는 예방 교육을 한 것으로 보지 아니한다([남녀고용평등법시행령] 제3조).

또한 [양성평등기본법]은 국가기관 등의 장과 사용자에게 성희롱을 방지하기 위한 교육을 하도록 의무를 부과하며 성희롱 방지를 위한 교육조치의 결과를 여성가족부 장관에게 제출하도록 하되 여성가족부 장관은 성희롱 방지조치가 부실하다고 판단할 경우 국가기관의 관리자에 대한 특별교육 등 필요한 조치를 취하도록 하고 있다. 또한 ① 국가기관 등에서 성희롱 사건을 은폐한 사실 ② 성희롱에 관한 국가기관 등의 고충처리 또는 구제과정 등에서 피해자의 학습권·근로권 등에 대한 추가적인 피해가 발생한 사실이 확인된 경우에는 여성가족부 장관은 관련자 징계 등을 그 관련자가 소속된 국가기관 등의 장에게 요청할 수 있다([양성평등기본법] 제31조).

6. 남아있는 문제

미국과 우리나라에서 성희롱이 처음 법적인 문제가 되었던 것은 직장에서 남성상사에 의하여 하급 여성 직원이 성적인 괴롭힘을 당하는 형상이 보편적으로 나타나면서 부터이다. 때문에 성희롱을 규제하기 위한 입법의 공통적인 특징은 가해자와 피해자가 일정한 업무관계를 가지고 상하관계를 구성하거나 또는 같은 동료 근로자들 사이에서 발생하는 경우를 전제로 하고 있었다.

그러나 성희롱이 단지 직장 또는 공공기관에서만이 아니라 사회에서 보편적으로 발생하는 현상으로 나타남에 따라 언급한 가해자 유형 이외에 제3자에 의한 성희롱이 점차 문제되고 있다. 이에 대한 규제를 위하여 [남녀고용평등법]은 사업주가 고객 등 업무와 밀접한 관련이 있는 자가 업무수행 과정에서 성적인 언동 등을 통하여 근로자에게 성적 굴욕감 또는 혐오감 등을 느끼게 하여 해당 근로자가 그로 인한 고충 해소를 요청할 경우 근무 장소 변경, 배치전환 등 가능한 조치를 취하도록 노력하도록 하고 있다(제14조의2제1항). 그러나 고객 등 제3자에 의한 성희롱은 직장 내에서 상급자 또는 근로자 상호간에 발생하는 문제가 아니기 때문에 사업주가 그에 대한 주의를 기울이는데 한계를 가지고 있으며 특히 예방대책으로 언급된 근무 장소의 변경, 배치전환 등의 조치가 다른 근무 장소가 없거나 배치전환이 불가능한 경우도 많기 때문에 현실적으로 피해자 보호 기능의 한계를 가지고 있다.

또한 성희롱 문제를 법적 책임이 부과되는 위법한 행위로 규정함에 따라서 국민들이 성희롱이 법적인 규제 대상에 해당하는 행위라는 공감은 상당히 높아졌다. 그러나 성희롱이 법적 규제 대상이라는 의미가 모든 공공영역에서 성적인 표현 자체가 규제되는 것을 의미하는 것은 아니다. [남녀고용평등법시행규칙]에서는 음란한 농담, 음탕하고 상스러운 이야기, 개인이 지속적으로 음란하고 상스러운 언어습관을 구사하는 것, 음란한 사진, 그림, 낙서, 출판물을 게시하는 것을 성희롱에 해당할 수 있는 유형으로 정의하고 있지만, 이것은 그 도덕적인 평가와는 별도로 경우에 따라서 개인의 저속한 성적 취향을 표현하는 수단이 될 수도 있기 때문에 어떤 경우가 위법한 성적 표현인지 어느 정도까지가 다소 저속하지만 개인의 취향으로 인정되어야 하는지에 대한 공감대가 형성되어야 비로소 성희롱의 예방과 규제에 있어서 기준이 명확하게 될 것이다.

IV. 가정폭력과 긴밀한 관계의 폭력

1. 가정폭력의 들어내기

근대 이후 보편적으로 정착한 사적인 영역과 공적인 영역을 엄격히 분리하는 공사분리의 사고에 따르면 가정은 명백히 사적인 영역에 속한다. 공사영역의 분리는 성별분업의 사고와 중복적으로 교차하면서 사적인 영역인 가정을 여성의 영역으로 노동과 정치와 같은 공적인 영역은 남성의 영역으로 이분화 하는 사회구조를 고착화 하였다. 그리고 여기서 사적영역인 가정은 '어머니다움'에 의하여 유지되는 자연의 영역으로 규정함으로써 가족내부의 관계에는 정의의 원칙이 개입되지 않는다는 것은 근대 정치철학의 일반적인 입장이었다. 또한 공사영역의 분리가 엄격하게 적용되어 국가가 사적 영역인 가정에 개입하는 것을 자제해야 한다는 사고가 보편적으로 작용하였다. 이러한 가치관은 가정내부에서 폭력이 발생하여도 이는 사적 영역인 가정문제로 국가 경찰력이 이를 저지하기 위하여 개입하는 것을 억제하는 결과로 이어지게 되었다.

이러한 가치관은 가정폭력이 단순한 사생활 영역의 문제가 아니라 심각한 폭력의 문제임은 미국에서는 1970년대부터 꾸준히 문제제기가 시작되었으나 입법적인 결실은 1994년 연방차원에서 [여성폭력방지법(The Violence Against Women Act)]가 제정되었고, 영국은 2004년 가정폭력범죄 및 피해자에 관한 법(Domestic Violence Crime and Victim Act), 호주는 1986년 [가정폭력방지법], 그리고 우리나라는 1998년 [가정폭력범죄의처벌등에관한특례법]이 처음으로 시행되었다. 일반 사회에서의 폭력과 달리 가정내 폭력은 20세기 중반이 지나서야 비로소 사적문제가 아닌 법의 개입을 통한 처벌이 필요한 범죄로 인식전환이 이루어졌다.

우리 사회에서도 이러한 가치관은 동일하게 작용하였다. 가정폭력이 폭력문제로 인식되기 보다는 가정문제로 간주되는 과정에서 폭력의 희생자들은 사실상 국가의 아무런 보호를 받지 못하고 방임되어있는 상태가 되었다. 이러한 상황에서 1990년대 이후 오랜 기간 동안 가정폭력의 피해자들이 잇달아 폭력행위자인 남편을 살해하는 사건이 발생하였다. 문제가 되었던 사건들의 경향은 매우 유사하였다. 남편을 살해한 아내들은 모두 10년에서 23년에 이르는 오랜 기간 동안 폭력에 시달려

왔는데 폭력의 양상 또한 매우 중하여 목을 조르며 죽이겠다고 협박을 당하거나, 칼이나 깨진 병, 도끼와 같은 흉기로 협박, 변태적 성행위를 강요당하였거나 임신하여 만삭인 상태에서도 폭력을 당하였다. 이혼을 요구하거나 이혼을 통고한 경우에는 죽이겠다고 협박하거나 친정식구까지 괴롭혔다. 경찰에 신고했던 사례도 있었으나 '부부싸움에 관여할 수 없다'며 아무런 조치를 취하지 않고 돌아가 국가로부터의 아무런 도움도 받을 수 없었다, 이들 사건에서 정당방위 주장은 받아들여지지 않았다.

특히 1995년에는 18년 동안 아내구타 뿐만 아니라 아들과 딸 모두에게 거의 매일 폭행을 가해온 가정폭력 행위자를 아들이 살해한 사건이 있었고 1996년에는 결혼 전 이미 성폭행을 하였고 혼인 이후에도 칼과 도끼 등으로 죽이겠다는 위협과 협박 및 구타를 가하는 사위를 장모가 살해하는 사건이 발생함으로써 가정폭력이 단순히 부부 상호간의 폭력의 문제만이 아니라 아내구타와 자녀학대 등의 포괄적인 문제라는 것이 사회에 알려지게 되면서 가정폭력 규제를 위한 관련법 제정이 시급하다는 것에 공감대가 형성되어 1997년 12월 13일 법률 제5436호로 [가정폭력범죄의처벌등에관한특례법]이 제정되었다. 당시 이 법의 제정 이유로 그동안 가정폭력이 그 문제의 심각성에도 불구하고 가정내의 문제로 치부되어 사회적으로 방치되어 왔으나 최근 가정폭력이 다른 사회적 폭력보다 지속적이고 상습적으로 행하여지고 있다는 우려가 제기되면서 가정폭력에 사회와 국가가 적극 개입하여 해결하여야 한다는 여론이 증가하고 있어, 가정폭력범죄행위자에 대한 보호처분제도를 도입하고 가정폭력으로 입은 손해에 대한 민사처리특례를 규정하는 등 궁극적으로 건강한 가정을 육성하고 가정의 평화와 안정을 회복하려는 것이라고 밝히고 있다.

2. 가정폭력의 개념과 유형

(1) 가정폭력의 개념

[가정폭력범죄의처벌등에관한특례법] 제2조에 의하면, 가정폭력은 혼인관계에 있는 배우자, 사실혼 관계에 있는 자 또는 배우자 관계에 있었던 자, 사실상 양친관계를 포함하는 자 또는 배우자의 직계존비속 관계에 있거나 있었던 자, 계부모와 자의관계 또는 적모와 서자의 관계에 있거나 있었던 자, 동거하는 친족관계에 있는 자 등 가족구성원 사이의 신체적, 정신적 또는 재산상 피해를 수반하는 행위를 의미한다. 이어 구체적으로 이법에 의하여 범죄로 규정되는 가정폭력은 다음과 같다([가정폭력범죄의처벌등에관한특례법], 제2조 제3호).

① [형법] 제2편 제25장 상해와 폭행의 죄 중 제257조(상해, 존속상해), 제258조(중상해, 존속중상해), 제260조(폭행, 존속폭행)제1항·제2항, 제261조(특수폭행) 및 제264조(상습범)의 죄

② [형법] 제2편제28장 유기와 학대의 죄 중 제271조(유기, 존속유기)제1항·제2항, 제272조(영아유기), 제273조(학대, 존속학대) 및 제274조(아동혹사)의 죄

③ [형법] 제2편제29장 체포와 감금의 죄 중 제276조(체포, 감금, 존속체포, 존속감금), 제277조(중체포, 중감금, 존속중체포, 존속중감금), 제278조(특수체포, 특수감금), 제279조(상습범) 및 제280조(미수범)의 죄

④ [형법] 제2편제30장 협박의 죄 중 제283조(협박, 존속협박)제1항·제2항, 제284조(특수협박), 제285조(상습범)(제283조의 죄에만 해당한다) 및 제286조(미수범)의 죄

⑤ [형법] 제2편제32장 강간과 추행의 죄 중 제297조(강간), 제297조의

2(유사강간), 제298조(강제추행), 제299조(준강간, 준강제추행), 제300조(미수범), 제301조(강간등 상해·치상), 제301조의2(강간등 살인·치사), 제302조(미성년자등에 대한 간음), 제305조(미성년자에 대한 간음, 추행), 제305조의2(상습범)(제297조, 제297조의2, 제298조부터 제300조까지의 죄에 한한다)의 죄

⑥ [형법] 제2편 제33장 명예에 관한 죄 중 제307조(명예훼손), 제308조(사자의 명예훼손), 제309조(출판물등에 의한 명예훼손) 및 제311조(모욕)의 죄

⑦ [형법] 제2편 제36장 주거침입의 죄 중 제321조(주거·신체 수색)의 죄

⑧ [형법] 제2편 제37장 권리행사를 방해하는 죄 중 제324조(강요) 및 제324조의5(미수범)(제324조의 죄에만 해당한다)의 죄

⑨ [형법] 제2편 제39장 사기와 공갈의 죄 중 제350조(공갈) 및 제352조(미수범)(제350조의 죄에만 해당한다)의 죄

⑩ [형법] 제2편 제42장 손괴의 죄 중 제366조(재물손괴등)의 죄

⑪ 위에서 언급한 죄로서 다른 법률에 따라 가중처벌되는 죄

이처럼 가정폭력 범죄는 가족구성원들 사이에서 [형법]이 규정하고 있는 일정한 유형의 범죄행위가 발생하게 되는 경우를 의미한다. 그러나 가정폭력의 정의 규정은 이와 같이 구체적인 범죄의 유형뿐만 아니라 "가족구성원 사이의 신체적, 정신적 또는 재산상 피해를 수반하는 행위"로 폭넓게 규정하고 있으므로 위에서 구체화하고 있는 가정폭력 범죄에 해당하지 않더라도 가정폭력의 범위에 포함될 수 있을 것이다.

아직까지 가정폭력의 개념은 연구하는 학자들 사이에서 단일의 개념으로 통일되어 있지 않으며 이를 신체적 폭력이나 성학대에 중심을 두고 사용하기도 하며 이보다 좀 더 광범위하게 정서적 폭력이나 경제적

폭력도 가정폭력으로 분류하는 경우도 있다. 특히 최근에는 가정폭력을 정의하는데 있어서 피해자의 관점을 중심으로 신체적 폭력이나 성적 학대와 같이 직접적인 형태 이외에도 경제적 폭력, 방임 및 통제 등을 가정폭력으로 분류하여 그 개념을 광의로 접근하기도 하고 있다.

(2) 가정폭력의 유형

가정폭력의 유형은 직접적인 폭력부터 방임 및 통제에 이르는 정서적인 폭력까지 매우 다양하다. 또한 가족구성원인 피해자 집단의 유형에 따라 구체적인 내용이 다소 차이 있게 나타난다. 먼저 배우자에 대한 가정폭력의 대표적인 유형은 다음과 같다.

① 신체적 폭력 : 폭력의 심각성에 따라 경한 폭력과 중한 폭력으로 구분되며, 경한 폭력은 배우자에게 물건을 집어던지는 행위, 배우자의 어깨나 목을 꽉 움켜잡는 행위, 손바닥으로 뺨이나 신체를 때리는 행위 같은 것. 중한 폭력은 배우자의 목을 조르는 행위, 칼이나 흉기 등으로 위협하거나 다치게 하는 행위, 또는 혁대나 몽둥이 같은 도구를 이용하여 구타하는 행위 등.

② 정서적 폭력 : 배우자에게 모욕적인 이야기를 하거나, 때리려고 위협하는 행위, 배우자의 물건을 파손하는 행위 등.

③ 경제적 폭력 : 배우자에게 생활비를 주지 않는 행위, 배우자의 동의 없이 재산을 임의로 처분하는 행위, 수입과 지출을 독점하는 행위 등.

④ 성학대 : 배우자가 원치 않음에도 불구하고 성관계를 강요하는 행위, 배우자가 원치 않는 형태의 성관계를 강요하는 행위 등.

⑤ 방임 : 배우자를 무시하거나 무관심하게 대하는 행위, 배우자가 병원에 가야 할 때에 허락을 받도록 하는 행위 등.

⑥ 통제 : 배우자가 친구들을 만나지 못하도록 하는 행위, 가족(친정식

구/본가)과 접촉을 못하도록 하는 행위, 배우자가 어디에 있는지 항상 알려고 하는 행위, 배우자가 다른 이성과 이야기를 하면 화를 내는 행위, 배우자가 다른 이성을 만난다고 의심하는 행위 등(여성가족부, 2013 가정폭력 실태조사, 88면).

이러한 유형 중 피해 대상자가 자녀인 경우 방임은 자녀의 식사를 제때에 잘 챙겨주지 않거나, 치료가 필요할 때 자녀를 병원에 데리고 가지 않거나, 술이나 약물에 취해서 자녀를 돌보지 않거나 어른과 함께 있어야 함에도 불구하고 혼자 있게 하는 등의 형태로 주로 나타날 수 있다. 또한 피해 대상자가 노인인 경우에 방임은 노인을 길이나 낯선 장소에 버려 사고를 당할 수 있는 위험한 상황에 처하게 하거나, 스스로 식사하기 힘든 노인을 방치하거나, 경제적 능력이 있음에도 불구하고 고의로 노인이 필요한 의료보조 장비를 고의로 제공하지 않거나, 필요한 의료적 지원을 하지 않거나, 노인에게 필요한 기본 생계비용을 제공하지 않거나 중단하거나, 노인과 연락 또는 왕래하지 않고 방치하며, 노인의 동의 없이 시설에 입소시키거나 병원에 입원시키고 연락을 끊는 행위 등이 나타난다.

3. 가정폭력 발생원인

가정폭력의 발생원인에 대해서는 다양한 이론이 제시되고 있지만 구체적으로 가정폭력행위자를 중심으로 폭력이 발생할 당시의 특징을 보면 가장 공통적으로 나타나는 것이 음주이다. 또한 가정폭력 행위자들에게서 공통적으로 높게 나타나는 가치관으로 남성과 여성에 대한 성역할태도에 있어서 매우 가부장적이며 남성우월적인 태도를 가지고 있는 것으로 보고되고 있다. 폭력에 대한 태도 역시 매우 허용적인 태도를 취하고 있어 이러한 태도와 폭력 행동과의 강한 관련성이 있는 것으로 제시된다. 폭력에 대해 허용적인 태도를 가지고 있으며 반대로 부부간의 의사소통이 원만히 진행되지 못하는 경우에는 의사소통의 한 수단으로 폭력이 사용될 가능성이 높으며 실제 연구결과 부부간의 의사소통 유형 중 남편이 공격형이거나 산만형일 때 아내에게 폭력을 행사하는 것으로 보고되었다. 마지막으로 가정폭력 행위에 영향을 주는 요인으로 성장기 학대 경험과 아내폭력과의 유의미한 관련성이 있는 것으로 나타나고 있다(여성가족부 2010 가정폭력실태조사, 20-21면).

가정폭력 발생 원인에 대한 이론적인 고찰로는 다음과 같은 것이 제시되고 있다.

- **정신의학적 이론(Psychological Theory)**
  - 가정폭력을 행사하는 행위자에게는 개인적인 어떤 특성이 있다는 관점, 개인의 생물학적(기질적) 요소, 정신병리학적 요소, 알코올 사용 등을 중요하게 고려함
- **사회심리학적 이론(Social-Psychological Theory)**
  - 폭력의 하위문화이론(Subculture of Violence Theory)은 폭력이 모든 사회구조에 존재하는 것이 아니라 특정 사회에서 더 많이 존재한다는 전제를 가짐(Wolfgang & Ferracuti, 1967)
  - 사회학습이론(Social Learning Theory)은 폭력행동을 주위를 통해 관찰하고 배운 학습의 산물로 보는 관점(Bandura, 1973), 폭력의 세대 간 전승은 사회학습이론에서 관심을 끌어온 것인데 많은 경험적 연구결과들을 통해 뒷받침되고 있음
  - 자원이론(Resource Theory)은 폭력을 하나의 자원으로 이해하고 자원이 부족하거나 바람직한 반응을 얻고자 실패한 개인이 이를 충족시키기 위한 자원으로서 폭력을 사용하게 된다고 보는 관점(Mignon et al., 2002)
  - 갈등이론(Conflict Theory)은 지배와 복종, 경쟁적 목적에 의해 특징 되어지는 모든 집단과 조직에서 갈등이 불가피하다고 봄(Straus, 2005), 가족 구성원 간의 갈등을 관리할만한 다른 방안이 실패했을 때 폭력적인 방법으로 나타나는 것을 가정폭력으로 이해함
  - 사회교환이론(Social Exchange Theory)은 대인관계에서의 보상과 손실에 초점

을 두어 폭력이 발생하게 되는 이유를 설명(Mignon et al., 2002), Gelles(1993)는 교환과 사회통제이론(Exchange/Social Control theory)에서 상호관계적 보상의 교환과 중단의 개념을 통해 폭력이 지속되고 중단되는 이유를 설명함
- 가족체계이론(Family Systems Theory)은 가족을 목적추구와 적응의 사회체계로 보며 가정폭력을 체계의 산물로 간주, 폭력주기를 안정과 항상성의 개념으로 보고 개인이 폭력관계에 머무르거나 벗어나게 되는 흐름을 동태적으로 파악하고자 함(Gelles, 1993)

■ **사회문화적 이론(Sociocultural Theory)**
- 구조적 이론은 스트레스, 좌절, 그리고 박탈과 같은 폭력 유발요인의 차별적 분포에 초점을 두고 있음, 빈곤층, 인구밀집지역 등 특정 사회에서 폭력이 보다 빈번하게 발생하는데 이는 열악한 사회 환경의 구조에 있는 개인이 상대적으로 보다 큰 좌절을 경험하며, 좌절이나 박탈에 대한 반응으로 폭력을 자주 행사하게 된다고 이해함(여성가족부, 2007)
- 문화적 이론(Cultural Theory)은 가정폭력이 사회구조 내에 고르게 분포되어 있지 않고 가족의 사회경제적 위치에 따라 차별적 분포를 보이는 것은 폭력에 관련된 문화적 규범 및 가치의 기능 때문이라는 관점
- 페미니스트 이론은 성(gender)과 힘(power)에 초점을 두고 가정폭력 설명(Yllo, 1993), 가족내에서 발생하는 폭력을 가부장적 사회구조와 이데올로기 내에서 남성이 여성을 통제하고 지배하기 위한 수단으로 이해함(여성가족부, 2010가정폭력 실태조사, 요약본 참조)

4. 가정폭력 실태

2014년 경찰의 가정폭력 단속 실적을 살펴보면 가정폭력으로 인한 검거건수는 11,581건으로 전년 동 기간 11,325건에 대비하여 2.3% 증가 하였다(경찰청, 2014). 또한 여성가족부 실시한 가정폭력 실태조사에 의하면 2013년 한 해 동안 부부폭력 발생률은 45.5%에 이르며 이중 신체적 폭력(경한+중한) 7.3%, 정서적 폭력 37.2%, 경제적 폭력 5.3%, 성학대 5.4%, 방임 27.3%로 나타났다. 또한 전체 응답자 1,380명 중 46.1%가 지난 1년간 자녀에게 폭력을 행사하였고, 폭력의 유형은 신

체적 폭력(경한+중한) 18.3%, 정서적 폭력 42.8%, 방임 5.0%순으로 정서적 폭력이 가장 높게 나타났다. 65세 이상 노인 응답자 중 가족원으로부터 폭력 피해를 경험한 비율은 10.3%에 이르며 노인에 대한 폭력 가해자는 아들 47.1%, 며느리 20.5%, 딸 10.6% 순서로 나타났다. 그러나 조사결과 이처럼 가정폭력이 발생하여도 대체로 가족이나 친척, 친구 등 사적인 관계에 도움을 청하는 경우가 경찰이나 상담소와 같은 공식적인 지원체계에 도움을 청하는 경우보다 더 높은 것으로 나타나고 있다.

5. 가정폭력 범죄 처벌을 위한 법과 제도

(1) 가정폭력의 고소와 신고

가정폭력 피해자는 경찰에 신고함으로써 지원을 요청할 수 있지만 가정폭력에 관한 실태조사 결과에 의하면 우리나라의 피해자들은 경찰과 같은 공식적인 지원체계의 도움을 청하는 비율이 낮은 것으로 나타나고 있다. 이러한 현실을 고려하여 [가정폭력범죄의처벌등에관한특례법]은 가정폭력범죄를 알게 된 경우에는 누구든지 수사기관에 신고할 수 있도록 하여 국가공권력이 피해자를 보호할 수 있도록 하고 있다(제4조 1항). 또한 다음과 같은 직업 종사자들에게 직무를 수행하면서 가정폭력범죄를 알게 된 경우에는 정당한 사유가 없으면 즉시 수사기관에 신고하도록 의무를 부과하고 있다(제4조 2항).

① 아동의 교육과 보호를 담당하는 기관의 종사자와 그 기관장

② 아동, 60세 이상의 노인, 그 밖에 정상적인 판단 능력이 결여된 사람의 치료 등을 담당하는 의료인 및 의료기관의 장

③ [노인복지법]에 따른 노인복지시설, [아동복지법]에 따른 아동복지시

설, [장애인복지법]에 따른 장애인복지시설의 종사자와 그 기관장

④ [다문화가족지원법]에 따른 다문화가족지원센터의 전문인력과 그 장

⑤ [결혼중개업의 관리에 관한 법률]에 따른 국제결혼중개업자와 그 종사자

⑥ [소방기본법]에 따른 구조대·구급대의 대원

⑦ [사회복지사업법]에 따른 사회복지 전담공무원

⑧ [건강가정기본법]에 따른 건강가정지원센터의 종사자와 그 센터의 장

또한 [아동복지법]에 따른 아동상담소, [가정폭력방지및피해자보호등에관한법률]에 따른 가정폭력 관련 상담소 및 보호시설, [성폭력범죄의피해자보호등에관한법률]에 따른 성폭력피해상담소 및 보호시설에 근무하는 상담원과 그 기관장은 피해자 또는 피해자의 법정대리인 등과의 상담을 통하여 가정폭력범죄를 알게 된 경우에는 가정폭력피해자의 명시적인 반대의견이 없으면 즉시 신고할 의무를 부과하고 있다(제4조 제3항).

특히 가정폭력의 특징상 가정폭력 행위자가 배우자 또는 자녀의 법정대리인이 될 확률이 높기 때문에 [가정폭력범죄의처벌등에관한특례법]은 피해자의 친족이 이들을 고소할 수 있으며 가정폭력 행위자가 자신 또는 배우자의 직계존속 경우에도피해자가 고소할 수 있도록 하고 있다([가정폭력범죄의처벌등에관한특례법] 제6조).

(2) 경찰과 검찰의 조치

가정폭력 신고를 받은 사법경찰관리는 즉시 현장에 나가 응급조치를 해야 한다. 여기에 해당하는 구체적인 조치로는 ① 폭력행위의 제지,

가정폭력행위자·피해자의 분리 및 범죄수사 ② 피해자를 가정폭력 관련 상담소 또는 보호시설로 인도(피해자가 동의한 경우만 해당한다) ③ 긴급치료가 필요한 피해자를 의료기관으로 인도 ④ 폭력행위 재발 시 임시조치를 신청할 수 있음을 통보하는 것이다([가정폭력범죄의처벌등에관한특례법] 제5조).

그러나 이러한 응급조치에도 불구하고 가정폭력범죄가 재발될 우려가 있고, 긴급을 요하여 법원의 임시조치 결정을 받을 수 없을 때에는 직권 또는 피해자나 그 법정대리인의 신청에 의하여 긴급임시조치를 할 수 있다. 경찰이 취하는 긴급임시조치의 종류로는 ① 피해자 또는 가정구성원의 주거 또는 점유하는 방실(房室)로부터의 퇴거 등 격리 ② 피해자 또는 가정구성원의 주거, 직장 등에서 100미터 이내의 접근 금지 ③ 피해자 또는 가정구성원에 대한 「전기통신기본법」 제2조제1호의 전기통신을 이용한 접근 금지 등이 있다([가정폭력범죄의처벌등에관한특례법] 제8조의2). 사법경찰관은 긴급임시조치를 한 때에는 검사에게 지체 없이 임시조치를 청구해야 한다([가정폭력범죄의처벌등에관한특례법] 제8조의 3 제1항).

검사는 사법경찰관이 임시조치를 신청하였거나 가정폭력 범죄의 재발우려가 있다고 인정하는 경우 직권으로 임시조치를 청구할 수 있다([가정폭력범죄의처벌등에관한특례법] 제8조 제1항). 사건을 조사한 검사는 가정폭력행위자의 성행 교정을 위하여 필요하다고 인정하는 경우에는 상담조건부 기소유예를 할 수 있으며, 가정폭력범죄로서 사건의 성질·동기 및 결과, 가정폭력행위자의 성행 등을 고려하여 이 법에 따른 보호처분을 하는 것이 적절하다고 인정하는 경우에는 가정보호사건으로 처리할 수 있다. 특히 ① 피해자의 고소가 없거나 취소되었거나 ② 피해자가 처벌을 희망하지 아니한다는 명시적 의사표시를 하였거나 처벌을 희망하는 의사표시를 철회한 경우에는 가정보호처분을 할 수 있다([가정폭력범죄의처벌등에관한특례법] 제9조의 2 및 제9조).

(2) 법원의 판단

사법경찰관의 긴급임시조치 이외에 가정폭력 사건을 조사 심리하는 판사는 피해자 보호를 위하여 필요하다고 인정하는 경우 ① 피해자 또는 가정구성원의 주거 또는 점유하는 방실(房室)로부터의 퇴거 등 격리 ② 피해자 또는 가정구성원의 주거, 직장 등에서 100미터 이내의 접근 금지 ③ 피해자 또는 가정구성원에 대한 [전기통신기본법] 제2조제1호의 전기통신을 이용한 접근 금지 ④ 의료기관이나 그 밖의 요양소에의 위탁 ⑤ 국가경찰관서의 유치장 또는 구치소에의 유치와 같은 임시조치를 할 수 있다([가정폭력범죄의처벌등에관한특례법] 제29조).

가정보호 사건을 조사 심리한 판사는 ① 보호처분을 할 수 없거나 할 필요가 없다고 인정하거나, ② 사건의 성질·동기 및 결과, 가정폭력행위자의 성행, 습벽(習癖) 등에 비추어 가정보호사건으로 처리하는 것이 적당하지 아니하다고 인정하는 때에는 처분을 하지 아니한다고 결정한다([가정폭력범죄의처벌등에관한특례법] 제37조). 반면에 보호처분이 필요하다고 판단한 경우에는 가정폭력 행위자에게 다음과 같은 처분을 할 수 있으며, 감호위탁기관은 가정폭력행위자에 대하여 그 성행을 교정하기 위한 교육을 하도록 한다([가정폭력범죄의처벌등에관한특례법] 제40조).

① 가정폭력행위자가 피해자 또는 가정구성원에게 접근하는 행위의 제한
② 가정폭력행위자가 피해자 또는 가정구성원에게 [전기통신기본법]

제2조제1호의 전기통신을 이용하여 접근하는 행위의 제한

③ 가정폭력행위자가 친권자인 경우 피해자에 대한 친권 행사의 제한 : 이 경우 피해자를 다른 친권자나 친족 또는 적당한 시설로 인도할 수 있다.

④ [보호관찰등에관한법률]에 따른 사회봉사·수강명령

⑤ [보호관찰등에관한법률]에 따른 보호관찰

⑥ [가정폭력방지및피해자보호등에관한법률]에서 정하는 보호시설에의 감호위탁

⑦ 의료기관에의 치료위탁

⑧ 상담소등에의 상담위탁

그러나 보호처분 기간은 6개월을 초과할 수 없으며 특히 사회봉사·수강명령의 시간은 200시간을 각각 초과할 수 없다([가정폭력범죄의처벌등에관한특례법] 제41조).

6. 가정폭력 피해자 보호를 법과 제도

(1) 피해자 보호명령과 피해자 신변안전조치

판사는 피해자의 보호를 위하여 필요하다고인정하는 때에는 피해자 또는 그 법정대리인의 청구에 따라 결정으로 가정폭력행위자를 ① 피해자 또는 가정구성원의 주거 또는 점유하는 방실로부터의 퇴거 등 격리 ② 피해자 또는 가정구성원의 주거, 직장 등에서 100미터 이내의 접근금지 ③ 피해자 또는 가정구성원에 대한 [전기통신사업법] 제2조제1호의 전기통신을 이용한 접근금지 ④ 친권자인 가정폭력행위자의 피해자에 대한 친권행사의 제한 중 어느 하나에 해당하는 피해자보호명령을 할 수 있다([가정폭력범죄의처벌등에관한특례법] 제55조의 2 제1항).

또한 법원은 ① 가정폭력행위자를 상대방 당사자로 하는 가정보호사건, 피해자보호명령사건 및 그 밖의 가사소송절차에 참석하기 위하여 법원에 출석하는 피해자 또는 ② 자녀에 대한 면접교섭권을 행사하는 피해자의 보호를 위하여 필요하다고 인정하는 경우 직권으로 또는 피해자나 그 법정대리인의 청구가 있는 경우 검사에게 신변안전조치를 취하도록 요청할 수 있는데, 이 때 검사는 피해자의 주거지 또는 현재지를 관할하는 경찰서장에게 신변안전조치를 하도록 요청할 수 있으며, 해당 경찰서장은 특별한 사유가 없으면 이에 따라야 한다([가정폭력범죄의처벌등에관한특례법] 제55조의 2 제5항).

(2) 가정폭력 예방을 위한 교육

[가정폭력방지및피해자보호등에관한법률] 4조의 3에 의하여 초중고등교육법에 따른 각급 학교의 장은 가정폭력의 예방과 방지를 위한 교육을 실시해야 하고, 이를 시행함에 있어서 성교육, 성폭력 예방교육, 성희롱 예방교육, 성매매 예방교육과 통합할 수 있도록 규정하였다. 또한 [양성평등기본법]에서도 국가와 지방자치단체에게 가정폭력을 예방하고 피해자 보호를 위한 시책을 마련할 의무를 부과하고 있으며 가정폭력 예방을 위한 교육을 실시하도록 하고 있다. 나아가 가해자의 교정을 위하여 필요한 시책을 국가와 지방자치단체가 강구하도록 하고 있다(제30조).

(3) 가정폭력방지 및 피해자보호 등에 관한 법률의 피해자 지원

가정폭력 피해자나 피해자가 동반한 가정구성원이 주소지 외의 지역에서 취학할 필요가 있는 경우 취학이 원활히 이루어지도록 국가와 지방자치단체가 지원해야 하며([가정폭력방지및피해자보호등에관한법률] 제4

조의 4]) 여성가족부장과 특별시장·광역시장·도지사·특별자치도지사는 피해자의 신고접수 및 상담, 관련 기관·시설과의 연계, 피해자에 대한 긴급한 구조의 지원, 및 경찰관서 등으로부터 인도받은 피해자 및 피해자가 동반한 가정구성원의 임시 보호를 위하여 긴급전화센터를 운영하도록 하고 있다([가정폭력방지및피해자보호등에관한법률] 제4조의6).

또한 국가와 지방자치단체는 가정폭력 피해자를 보호하기 위하여 은 보호시설을 운영할 수 있으며 그 구체적인 보호시설의 종류는 다음과 같다([가정폭력방지및피해자보호등에관한법률] 제7조의 2).

① 단기보호시설 : 피해자등을 6개월의 범위에서 보호하는 시설
② 장기보호시설 : 피해자등에 대하여 2년의 범위에서 자립을 위한 주거편의(住居便宜) 등을 제공하는 시설
③ 외국인보호시설 : 배우자가 대한민국 국민인 외국인 피해자등을 2년의 범위에서 보호하는 시설
④ 장애인보호시설 : [장애인복지법]의 적용을 받는 장애인인 피해자등을 2년의 범위에서 보호하는 시설

이때 보호시설에 입소한 피해자나 피해자가 동반한 가정 구성원의 보호를 위하여 필요한 경우에는 ① 생계비 ② 아동교육지원비 ③ 아동양육비 ④ 직업훈련비와 같은 보호비용을 보호시설의 장 또는 피해자에게 지원할 수 있다([가정폭력방지및피해자보호등에관한법률] 제7조의5).

7. 남아있는 문제

여성에 대한 폭력은 단지 성별의 차이에 의한 남성 가해자와 여성 피해자의 문제에 국한되는 것이 아니다. 이러한 유형의 폭력은 좀 더

포괄적인 의미에서 다양한 형태의 약자를 폭력의 대상으로 하고 폭력을 통하여 이들을 통제 내지 억압하려는 상징적인 의미를 가진다. 특히 개인에게 가해지는 위해는 국가에 의해서 발생하기 보다는 개인과 개인의 가치관, 세계관의 충돌, 타자의 다름을 용인하지 못하는 잘못된 생각이 원인이 되어 폭력의 현상으로 나타나기도 한다. 특히 최근에는 사실혼 관계에 있는 자 또는 배우자 관계에 있었던 자, 사실상 양친관계를 포함하는 자 또는 배우자의 직계존비속 관계에 있거나 있었던 자, 계부모와 자의관계 또는 적모와 서자의 관계에 있거나 있었던 자, 동거하는 친족관계에 있는 자 등 가족구성원과 같이 [가정폭력범죄의처벌등에관한특례법]에서 규정하는 가정폭력의 범위에 포함되지 않지만 긴밀한 데이트 관계에 있거나 또는 과거 연인관계였으나 이제는 헤어진 관계 사이에서 폭력 발생이 상당히 자주 나타나고 있다.

경찰청 범죄통계에 따르면 애인을 살해한 혐의로 검찰에 송치한 피의자는 2011년 47명, 2012년 47명, 2013년 49명, 2014년 47명으로 매년 50명에 육박하고 있다. 애인에게 살해되는 희생자가 매주 1명씩 발생하는 셈이다. 애인을 살해하려다 미수에 그친 피의자도 최근 4년 동안 모두 252명에 달했다. 매년 60건 이상씩 벌어지는 셈이다. 성관계를 거부하는 여자친구를 강간하거나 강제추행하는 등 연인간 성범죄도 증가세를 보이고 있다. 경찰이 관련 범죄로 송치한 피의자는 2011년 388명에서 2012년 407명, 2013년 533명으로 늘었다. 지난해 483명으로 약간 줄어들긴 했지만 연간 500건에 육박하는 수치다. 애인의 은밀한 신체부위를 촬영하는 등 성폭력범죄의 처벌 등에 관한 특례법상 '카메라 등 이용 촬영' 등에 해당하는 성풍속범죄 피의자도 2011년 94명에서 2012년 159명, 2013년 233명, 2014년 269명으로 늘어 3년새 3배 가까이나 증가한 것으로 나타났다. 데이트 폭력 가운데 가장 많은 폭행, 상해, 협박 등 이른바 '폭력범죄' 피의자도 2011년 8256명, 2012년 8636명, 2013년 8203명, 2014년 7828명으로 집계됐다. 통상적으로 실제 발생한 범죄보다 신고 또는 적발된 범죄 건수가 적다는 점과 데이트 폭력의 특성상 사건 발생 후에도 피해 사실을 감추는 경우가 적지 않다는 점을 감안하면 데이트 폭력 피해 사례는 경찰의 공식 통계보다 훨씬 많을 것이라는 게 전문가들의 분석이다 (법률신문, 2015년 11월 10일).

특히 인터넷이 발달하면서 사이버 공간을 이용하여 헤어진 연인의 사생활을 침해하거나 사적인 부분을 고의로 유출하는 등의 방법으로 정신적인 피해를 입히는 폭력의 유형도 점차 확대되고 있다.

우리 법은 2012년 [경범죄처벌법]을 개정하여 이 법 제3조 제1항 41번에서 상대방의 명시적 의사에 반하여 지속적으로 접근을 시도하여 면회 또는 교제를 요구하거나 지켜보기, 따라다니기, 잠복하여 기다리기 등의 행위를 반복하여 하는 지속적 괴롭힘 행위를 하는 사람을 10만 원 이하의 벌금, 구류 또는 과료(科料)의 형으로 처벌하도록 규정하였지만 이 규정으로 지속적인 데이트 폭력을 규제하는 것은 어려우며 또한 원치 않는 상대의 명시적 의사에 반하여 지속적으로 집요하게 상대에게 만남을 요청하는 등의 스토킹 행위가 단지 경범죄 정도로 처벌되는 정도로 충분하지는 않다. 실제로 이러한 상대방의 행위가 피해자의 주는 정신적인 고통은 경미한 경범죄 수준을 넘어서는 것일 수 있기 때문이다. 스토킹 끝에 살해하는 사건 등 스토킹의 범죄성이 알려지면서 1999년, 2003년, 2009년 각각 [스토킹방지법(안)]이 국회에 상정되었으나 여전히 입법화되지 못한 상태이다.

특히 우리나라의 [가정폭력범죄의처벌등에관한특례법] 제2조 1항은 가정폭력의 행위자와 피해자를 사실혼 관계에 있는 자 또는 배우자 관계에 있었던 자, 사실상 양친관계를 포함하는 자 또는 배우자의 직계존비속 관계에 있거나 있었던 자, 계부모와 자의관계 또는 적모와 서자의 관계에 있거나 있었던 자, 동거하는 친족관계에 있는 자 등 가족구성원으로 규정하여 혈연 중심의 가족관계와 인척을 중심으로 파악하고 있다. 이에 비교하여 유엔인권위원회가 제정한 가정폭력에 관한 모범 입법안(UN Commission of Human Rights: A Framework for Model Legislation on Domestic Violence)에 의하면 가정폭력의 규제대상에는 아내, 동거 파트너, 전(前) 부인이나 전 동거인, 여성 애인(동거하지 않는 애인을 포함하여), 여성친족(여자 형제, 딸, 어머니 등을 포함하지만 이에 제한되지 않음). 그리고 여성가사노동자를 규정하고 있다. 이것에 비교하여 우리 [가정폭력범죄의처벌등에관한특례법]은 가정의 의미를 지나치게 좁게 규정하여 데이트 관계에 있는 연인들 또는 헤어진 연인관계에 있던 자들 사이에서 발생하는 폭력이 이 법으로 처벌이 가능한 것으로 보이지 않는다. 그러나 이러한 문제가 점차 심각해지고 있다는 점을 고려할 때 '긴밀한 관계'에 있는 자들 사이의 폭력 규제까지도 규제할 수 있는 입법적 정비가 요구된다.

생각할 문제

1. 대법원은 1999. 9. 21. 선고 99도2608 판결에서 그 장소에서 탈출하려고 하거나 소리를 질러 구조를 요청하는 등 적극적인 반항은 하지 않았고 피해자의 의사에 반하는 정도의 유형력을 행사하여 피해자를 간음한 것에 불과하고, 그 유형력의 행사가 피해자의 반항을 현저히 곤란하게 할 정도에 이른 것은 아니므로 피고인의 행위는 강간치상죄에 해당하지 않는다고 판단하였다. 또한 1990. 9. 28. 선고 90도1562 판결에서도 피해 여성이 적극적인 구조요청을 하지 않았다는 것을 기준으로 강간죄가 성립하지 않는다고 하였다. 이 판결을 중심으로 다음에 대하여 생각해 보시오.
   (1) 원하지 않는 성관계의 요구에 대하여 어느 정도로 여성이 적극적으로 저항하고 구조를 요청해야 강간죄로 성립될 수 있다고 생각하는가?

(2) 여성이 적극적인 저항이 없다면 성관계에 동의한 것으로 인정해야 하는가?
(3) 폭행에 의한 제압이 전혀 개입되지 않았으나 저항할 수 없는 상황에서의 성관계는 강간으로 인정되어야 하는가?

2. [성폭력범죄의처벌등에관한특례법]에서 규정하고 있는 공소시효의 예외는 어떤 것이 있는가?

3. [특정범죄자에대한보호관찰및전자장치부착등에관한법률]에 다라 전자장치 부착이 인정되는 조건은 무엇인가?

   대법원은 성적 표현행위가 위법성을 가지는지 여부를 판단하는데 어떠한 기준을 제시하고 있는가?

4. 대법원은 상대방의 성적 표현행위가 위법한 정도에 이르면 피해자에게 어떠한 권리가 침해된다고 보는가?

5. [남녀고용평등법], [국가인권위원회법], [양성평등기본법]은 각각 성희롱 가해자 주체의 범위를 어떻게 규정하고 있는가?

6. [남녀고용평등법], [국가인권위원회법], [양성평등기본법]은 성희롱을 하는데 있어서 지위를 이용하거나 업무와 관련하여 성적 언동이나 성적요구를 하는 방식으로 발생하였을 것을 요구하고 있다. 구체적으로 '지위를 이용하거나 업무와 관련하여' 라는 요건의 의미를 대법원은 어떻게 해석하는가?

7. 성적굴욕감 내지 혐오감이 존재하는지 여부를 판단하는데 대법원과 국가인권위원회가 각각 제시하는 기준은 무엇인가?

8. 가정폭력의 실태를 보면 심각한 폭력이 매우 많음에도 불구하고 그동안 국가 공권력이 가정폭력에 개입에 대해서는 매우 소극적인 입장을 취해왔다. 그 원인은 어디에 있는가?

9. [가정폭력범죄의처벌등에관한특례법] 제2조에 의하여 가정폭력으로 처리되는 관계의 범위는 무엇인가?

10. 가정폭력 범죄에 대한 신고가 있는 경우 사법경찰관이 취해야 할 조치는?

11. 가정폭력발생시 법원에서 취할 수 있는 임시조치의 종류는 무엇인가?

12. 최근 우리사회에서는 과거 연인관계에 있었던 자로부터 폭력 피해를 입는 여성이 증가하고 있다. 그 원인은 무엇이라고 생각하며 이를 규제하기 위한 방법으로 어떤 것이 가능할까?

제5부 차별의 가중요소로서 여성

제1장 장애여성의 인권과 이중차별

I. 장애여성의 인구학적 특성과 차별현황

2014년 장애인 실태조사에 의하면 우리나라 전체장애인은 249만 명, 이중 여성장애인은 104만 명(41.9%)으로 추정된다. 그러나 이들 장애여성은 학력 및 경제활동참가율이 비장애여성 및 장애남성과 비교할 때 상대적으로 매우 낮은 것으로 나타나고 있다. 학력과 관련하여 중졸 이상의 학력의 비율을 보면 장애여성의 중졸 이상 학력은 42.1%로 비장애여성과 장애 남성의 중졸 이상 학력이 각각 77.7%, 68.1%인 것과 비교하여 낮게 나타나고 있다. 또한 경제활동 참가율은 2011년도 장애인 실태조사에 따르면 장애여성의 경제활동참가율은 23.90%, 장애남성장애인 49.14%의 절반 정도에 그치고 있으며, 인구대비 취업자 비율도 여성장애인은 22.7%로, 남성장애인 44.8%의 절반 수준에 그치고 있다. 경제활동과 취업률이 저조하므로 월평균 수입에서도 취업 남성장애인은 월평균 수입이 167만원인데 반해 여성장애인은 81만원으로 남성장애인의 48.5%에 불과한 것으로 나타나고 있다.

2014년 장애인 실태조사에서 장애여성으로서 특히 어려웠던 점은 무엇인지에 대한 질문에 대하여, 가장 많은 장애여성이 취업 등 경제적 자립의 어려움(28.8%)을 지적하였고, 다음으로 자녀양육의 어려움(13.2%), 친구 등 동료교제의 어려움(11.3%), 사회의 편견과 무시, 이중차별(11.3%), 사회화 기회의 부족(10.5%), 전문프로그램 부족 등 여가생활 활용의 어려움(6.2%), 교육기회 부족(5.1%) 등 의 순으로 지적하였다. 이밖에도 임신, 출산의 어려움(3.1%), 결혼 후 시댁식구들의 학대 차별(2.8%), 성추행, 성폭행, 강간 등 문제(2.9%), 성장과정 중 가족으로부터의 따돌림(1.7%) 등을 어려움으로 지적하였다.

특히 임신이나 출산과 같은 문제는 장애여성에게 상당한 부담으로 작용하는 것으로 보인다. 2014년 장애인실태조사에서 만 49세 이하의 임신경험이 있는 장애여성을 대상으로 임신 기간 중 애로 사항으로, 임신시 가장 힘들었던 점은 무엇인지 알아보면, 자녀가 장애를 가질 것에 대한 두려움(28.5%)이 가장 힘들었다고 응답하였고, 자녀양육을 잘 할 수 있을지 두려워서(13.8%), 병원비 등 돈이 많이 들어서(11.9%), 집안 일하기가 힘들어서(10.1%), 병원 다니기가 힘들어서(6.6%), 출산과정에 대한 두려움(5.9%), 본인의 건강악화(3.5%), 임신·출산 관련 정보의 부족(1.3%)으로 나타났고, 이 밖에 가족들의 출산 반대로(0.8%), 병원의 시설설비 미흡(0.5%), 병원 내 의사의 여성장애인에 대한 차별(0.3%), 주의의 시설 때문에(0.2%) 등의 순으로 임신 시 힘들었던 점을 꼽았다.

또한 성희롱, 성추행, 성폭력 경험 여부는 '없다'는 응답이 98.6%로 전체적인 성희롱, 성추행, 성폭력 경험 비율은 매우 낮으나 장애유형별로는 다소 차이가 존재한다. 여러 장애유형 중 정신장애(10.7%), 언어장애(5.5%) 및 지적장애(4.9%)는 성희롱, 성추행, 성폭력 경험 비율이 다른 장애유형에 비해 상당히 높은 것으로 드러났다. 성희롱, 성추행, 성폭력 주가해자는 '모르는 사람'이 39.6%로 가장 많으며 다음은 '이

웃'(19.8%), '기타'(12.5%), '근친(가족)'(10.2%), '남자친구'(8.8%) 등의 순서로 드러났다. 성희롱, 성추행, 성폭력 대처방법은 '참는다'라는 응답이 51.5%로 가장 많고 다음은 '그 자리에서 항의'(16.9%), '몰라서 그냥 넘어감'(14.9%), '진정·고발 등의 조치를 취한다'(10.3%) 등의 순서로 조사되었다. 성희롱, 성추행, 성폭력시 상담하지 못한 이유는 '타인에게 알리기 싫어서'가 45.5%로 전체 응답의 절반 가까이를 차지하고 뒤이어 '효과가 없을 것 같아서'(20.4%), '가해자로부터 보복이 두려워서'(13.2%), '상담기관 등에 대한 정보 부족'(12.5%) 등의 이유가 제시되었다. 가정폭력 및 성폭력 관련 상담자 또는 시설필요 여부에 대해서는 장애인의 64.0%가 '매우 필요'하다고 응답하였다.

이처럼 장애여성은 교육, 경제활동 참가율, 취업 소득 면에서 장애남성에 비교하여 더욱 열악한 지위에 있으며 이와 관련하여 장애인 전체와 비장애인을 비교하면 장애인의 상황이 더욱 열악하다는 점을 고려할 때, 여성장애인은 일면 장애이기 때문에 비장애여성에 비교하여 차별을 경험하게 되며 동시에 여성으로서 장애남성과 비교해서도 차별적 상황에 처하는 이중차별에 놓여있음을 알 수 있다. 특히 임신 출산과 같은 모성권은 결코 차별의 대상이 되어서는 안 되는 기본적 인권의 내용임에도 불구하고 현실적으로 장애여성 스스로 자녀의 장애 여부에 대한 두려움과 경제적 어려움 및 출산과정의 어려움을 겪고 있으며 가족이나 주변으로부터 임신 출산에 대하여 긍정적이지 않은 반응을 경험하는 것으로 나타난다.

Ⅱ. 장애여성의 인권 보장을 위한 법

1. 장애인권리협약과 장애여성

2001년 제53차 유엔총회에서 멕시코 빈센트 폭스 대통령이 국제사회 차원에서 장애인의 존엄과 가치를 재확인하고 장애인에 대한 차별을 종식하기 위한 법적·제도적 장치 필요성 등을 담은 「장애인권리협약」을 제안하였다. 이후 2006년 12월 13일 제61차 유엔총회에서 회원국 192개국의 만장일치로 협약이 채택되었고 우리나라는 2008년 12월 협약을 비준하였다.

「장애인권리협약」은 장애인의 차별금지와 존엄성을 보장하는 것을 그 내용으로 포함하는데 특별히 장애여성이 가지는 특수성을 인정하여 이에 대한 독립된 조항을 두고 있다. 실제 여성 인권을 규정하고 있는 「여성차별철폐협약」이 성립된 당시에는 장애여성에 대한 차별과 인권 침해의 심각성에 대한 국제사회의 관심이 상대적으로 적었기 때문에 장애여성에 대한 독립된 조항을 포함시키지 않았다. 따라서 「장애인권리협약」의 장애여성에 관한 규정은 장애여성이 가지는 이중적인 차별의 구조를 인식하고 이들의 인권을 보장하기 위한 근거규정으로서 가장 실질적이고 중요한 의미를 가지고 있다. 「장애인권리협약」 제3조 일반 원칙에서는 남녀의 평등의 원칙을 규정하고 제6조에서는 장애여성에 대한 독자적인 규정을 두고 있다.

장애인 권리협약 제6조

1. 당사국은 장애여성과 장애소녀들이 다중적인 차별을 겪고 있음을 인정하고, 이러한 관점에서 장애여성과 장애소녀들의 모든 인권과 기본적 자유의 완전하고 동등한 향유를 보장하기 위한 조치를 취한다.

2. 당사국은 이 협약에서 규정된 인권과 기본적 자유의 향유와 이행을 보장하기 위해 여성들의 완전한 개발, 향상 및 역량강화를 위한 모든 적절한 조치를 취한다.

[장애인권리협약] 제6조 제1항에서 규정하는 바와 같이 장애여성이 경험하는 차별은 장애남성과 비장애여성 양자를 고려할 때, 단순히 장애차별로 정의하기 어려운 다중차별 구조를 가지고 있다는 점을 확인하고 있다. 따라서 [장애인권리협약]의 비준국인 우리나라는 장애여성 및 소녀들의 역량강화, 개발, 향상을 위하여 구체적인 조치를 취해야 할 의무가 부과된다. 특히 언급한 장애여성의 인구학적 특성에 나타나는 바와 같이 장애를 가진 여성들과 소녀들은 모든 유형의 폭력, 착취 등의 영역에서 위험에 노출되기 쉽고 임신·출산을 포함한 모성권 분야에서 비장애여성과의 평등한 권리를 보장받기 위해서 국가의 조치가 필요하다.

2. 장애여성의 인권 보장을 위한 국내법과 제도

2014년도 장애인 실태조사에 따르면 장애여성은 삶 전체에 있어서 경제활동 참여와 이로 인한 노동시장 참여 및 생활의 자립도, 교육, 모성권 및 폭력에 대한 분야까지 비장애여성과 장애 남성에 비교하여 열악한 지위에 있다. 때문에 장애인에 관련한 법제와 여성에 대한 법제는 이러한 다양한 차별을 규제하고 있다.

(1) 장애여성의 모성권 보호를 위한 법과 제도

우리 [헌법]은 제36조 제2항에서 국가가 모성의 보호를 위하여 노력하여야 함을 규정하여 여성의 모성권에 대한 국가의 의무를 규정하고 있는데 이때 국가의 모성보호의 노력은 장애여성과 비장애여성 모두에게 평등하게 적용된다. [헌법]과 [장애인권리협약]의 규정에 부합하여 [장애인차별금지및권리구제등에관한법률]은 국가 및 지방자치단체는 장애를 가진 여성임을 이유로 모든 생활 영역에서 차별을 하여서는 아니 된다는 원칙을 규정하고(동법 제33조 제1항), 구체적으로 장애여성에 대해 임신·출산·양육·가사 등에 있어서 장애를 이유로 그 역할을 강제 또는 박탈하는 것을 금지하고 있다(제33조 제2항). 이 법은 장애여성에 대한 일반적인 차별금지와 모성권에서의 차별금지를 규정하고 있다. 그리고 이러한 차별을 극복하기 위한 실질적 지원에 관해서는 [장애인복지법]에서 규정하고 있다. [장애인복지법]은 국가 및 지방자치단체는 임산부인 여성장애인과 신생아의 건강관리를 위하여 경제적 부담능력 등을 감안하여 여성장애인의 가정을 방문하여 산전·산후 조리를 돕는 도우미를 지원할 수 있도록 규정하고 있다(제37조 제1항). 나아가 임신 등으로 인하여 이동이 불편한 여성장애인에게 임신 및 출산과 관련한 진료 등을 위하여 경제적 부담능력 등을 감안하여 활동보조인의 파견 등 활동보조서비스를 지원할 수 있도록 특별 규정을 두고 있다(제55조 제2항).

그런데 일반적으로 비장애여성에 대한 국가의 모성보호 의무는 원하지 않는 출산을 하지 않을 수 있는 합법화된 권리와 임신이후 근로여성들이 직장 내 에서 임신을 사유로 차별당하지 않고 모성보호에 해당하는 권리를 자율적으로 구현할 수 있도록 보장하는 것을 중심으로 논의가 진행되고 있다. 그러나 장애여성의 경우 임신·출산 등의 재생산 행위가 직·간접적으로 제한되는 경험을 한다는 점에서 이들이 가지는 모성으로서의 재생산 권리를 확인하고 이를 자율적으로 행사할 수 있도록 지원하는 것이 중심사항이다.

우리나라의 [형법]은 제27장 낙태의 죄를 규정하여 낙태를 범죄의 하나로 처벌하도록 되어 있다. 반면 [모자보건법]에서는 일정한 사유가 있는 경우 인공임신중절을 허용하고 있다. 구체적으로 인공임신중절이 허용되는 사유로 [모자보건법]은 제14조에서 임신중절이 허용되는 사유로 본인 또는 배우자에게 우생학적 또는 유전적 정신장애 또는 신체질환이 있는 경우와 전염성 질환이 있는 경우를 규정하고 있다.

(2) 장애여성의 노동권

[장애인고용촉진및직업재활법]은 중증장애인과 여성장애인에 대한 고용촉진 및 직업재활을 중요시하여야 함을 규정하고 있다(제3조 제2항). 또한 장애인을 고용하거나 고용하려는 사업주에게 장애인 고용에 드는 비용 또는 기기 등을 융자하거나 지원할 수 있는데, 이 경우 중증장애인 및 여성장애인을 고용하거나 고용하려는 사업주를 우대하도록 하고 있다(제21조 제1항). 나아가 장애인의 고용촉진과 직업 안정을 위하여 장애인을 고용한 사업주에게 고용장려금을 지급할 수 있도록 하며(제30조 제1항), 그 고용장려금의 지급과 관련하여 중증장애인과 여성장애인에 대하여는 우대하여 정하도록 하고 있다(동조 제3항).

그러나 현실적으로 장애여성은 여성일반에 대한 노동시장에서의 채용단계에서부터의 차별을 비장애여성보다 더욱 많이 경험할 것이다. 비장애 및 장애여성 모두에게 해당하는 고용단계에 진입 자체에서 차별 문제를 극복하기 위하여 [남녀고용평등법]은 차별을 "사업주가 근로자에게 성별, 혼인, 가족 안에서의 지위, 임신 또는 출산 등의 사유로 합리적인 이유 없이 채용 또는 근로의 조건을 다르게 하거나 그 밖의 불리한 조치를 하는 경우 사업주가 채용조건이나 근로조건은 동일하게 적용하더라도 그 조건을 충족할 수 있는 남성 또는 여성이 다른 한 성

(性)에 비하여 현저히 적고 그에 따라 특정성에게 불리한 결과를 초래하며 그 조건이 정당한 것임을 증명할 수 없는 경우를 포함한다"고 정의하며 성별에 따른 채용단계부터의 차별을 금지하고 있다(제2조 제1호). 성별에 따른 노동시장에서의 차별을 금지는 장애여성과 비장애여성 모두에게 적용될 것이며 이 법에 의하여 차별에 따른 구제를 주장할 수 있을 것이다.

또한 [장애인차별금지및권리구제등에관한법률]은 '모집·채용, 임금 및 복리후생, 교육·배치·승진·전보, 정년·퇴직·해고에 있어 장애인을 차별하여서는 아니 된다'(제10조 제1항) 라고 규정하여 모집 단계에서의 차별을 극복하고 고용평등을 구현하고자 하고 있다.

[장애인차별금지및권리구제등에관한법률]은 장애여성근로자에 대한 차별금지와 이들이 1. 장애의 유형 및 정도에 따른 원활한 수유 지원, 2. 자녀상태를 확인할 수 있도록 소통방식의 지원, 3. 그 밖에 직장보육서비스 이용 등에 필요한 사항 등에 관련하여 정당한 편의제공을 거부해서는 아니 됨을 규정하고 있다(제33조 제3항). 동법 시행령9조는 1. 장애여성 근로자 자녀의 직장보육시설 우선 입소 지원, 2. 직장보육시설에 접근하거나 이를 이용하는 데에 위험이 없도록 장애물 제거, 3. 소속 장애여성 근로자의 장애 유형 등을 고려한 안내책자 비치, 4. 장애여성 근로자의 장애 상태에 따라 자녀와 원활하게 소통할 수 있도록 편의 제공, 5. 상담을 통한 직장보육서비스 이용 편의 제공 등을 하도록 규정하고 있다.

나아가 [경력단절여성등의경제활동촉진법]은 경력단절 여성 등의 경제활동 촉진을 위한 종합적인 시책을 세우고, 국가와 지방자치단체가 그 추진에 필요한 행정적·재정적 지원방안 등을 마련하여야 함을 규정하면서(동법 제3조 제1항), 경력단절여성 등의 경제활동 촉진에 관한 시책을 세우고 추진함에 있어서 여성의 생애주기, 모성 및 장애특성 등을 고려하도록 하고 있다(동조 제3항).

이처럼 장애여성의 노동권과 장애여성근로자의 육아지원을 위한 법제는 원론적으로 갖추어졌다고 볼 수 있으나 실제 [장애인고용촉진및직업재활법]의 장애 여성 관련 조항의 내용들은 장애여성의 취업결과에 대한 지원이 주를 이루고 있어 취업 전 노동과정에서의 기회보장과 지원 조치는 매우 미흡하고, 장애여성에 대한 직접적인 지원보다는 사업주에 대한 지원에 초점이 맞추어져 있어 노동공급 측면에서의 지원 정책은 매우 부족한 상황이다.

또한 [남녀고용평등법]은 임금노동시장에서의 여성 근로자에 대한 직접차별과 간접차별을 금지하며 [장애인차별금지및권리구제등에관한법률]은 모집·채용, 임금 및 복리후생, 교육·배치·승진·전보, 정년·퇴직·해고 전 영역에서 장애인을 차별을 금지하고 있으므로(제10조 제1항), 이론적으로 장애여성은 여성으로서 그리고 장애인으로서 차별을 금지하는 양쪽 법 모두에 의하여 보호될 수 있겠지만 도리어 [남녀고용평등법]은 장애여성이 가지는 장애의 특징을 반영하지 못하고 있으며 [장애인차별금지및권리구제등에관한법률]은 장애 남성과 비교되는 장애여성의 노동시장에의 접근의 이라는 특성을 적절히 반영하지 못하는 한계를 가지고 있어 이들의 이중 차별문제는 단일의 보호의제에서 배제되는 결과를 가져올 우려가 있다. 실제 이들의 경제활동 참가율과 취업률이 모두 비장애여성과 장애남성 어느 쪽과 비교해도 더 열악한 위치에 있다는 점을 보면 현재와 같은 법적 구조 보다는 장애여성의 노동권 보호를 위한 독립적인 위치에서 규정하는 노력이 필요할 것이다.

또한 [장애인차별금지및권리구제등에관한법률] 제33조 제3조항은 장애 여성의 근로를 전제로 모성보호 규정을 두고 있으며 이 법 제4조 제1항 제3호에 의하면 정당한 사유 없이 장애인에 대하여 정당한 편의 제공을 거부하는 경우 이는 차별로 보기 때문에 장애여성근로자에게 수유지원과 자녀 상태를 확인할 수 있는 소통방식 지원 및 그 밖에 직장보육서비스 이용 등의 편의제공을 거부하는 경우 이는 차별로 볼 수 있을 것이다. 그러나 [장애인차별금지및권리구제등에관한법률]은 금지된 차별행위를 하지 않음에 있어서 과도한 부담이나 현저히 곤란한 사정 등이 있는 경우 이는 차별로 보지 않으므로(동법 제4조 3항 제1호) 장애여성 근로자의 모성보호는 실질적 권리로서 구현되는 것은 사실상 한계가 있을 것이다.

(3) 장애여성에 대한 폭력

[장애인권리협약]의 장애여성에 대한 독자적 조항은 구체적인 폭력의 문제를 언급하고 있지 않는다. 그러나 [장애인권리협약] 제16조는 당사국이 가정내외에서 성별에 기반을 둔 형태를 포함하여 착취, 폭력과 학대로부터 장애인을 보호하기 위하여 모든 적절한 입법, 행정, 사회, 교육 및 기타 조치를 취하여야 함을 규정하고 있으며(제16조 제1항), 특히 장애인과 이들의 가족 및 개호인을 위한 적절한 형태의 성별과 연령을 고려한 보조 및 지원을 보장함으로써 모든 형태의 착취, 폭력과 학대를 방지하기 위한 모든 적절한 조치를 취하도록 하고 있다(제16조 제2호). 또한 [장애인차별금지및권리구제등에관한법률]은 제33조에서는 "교육기관, 사업장, 복지시설 등의 성폭력 예방교육 책임자는 성폭력 예방교육을 실시함에 있어서 장애여성에 대한 성인식 및 성폭력 예방에 관한 내용을 포함시켜야 하며, 그 내용이 장애여성을 왜곡하여서는 아니 된다"라고 하여 성폭력 예방을 위한 규정을 두고 있다.

구체적으로 장애여성을 성폭력 등으로부터 보호하기 위한 규정은 [성폭력범죄의처벌등에관한특례법]에서 찾을 수 있다. 이 법 제6조에서는 신체적인 또는 정신적인 장애가 있는 사람에 대하여 [형법] 제297조(강간)의 죄를 범한 사람은 무기징역 또는 7년 이상의 징역에 처하고, [형법] 제298조(강제추행)의 죄를 범한 사람은 3년 이상의 유기징역 또는 2천만 원 이상 5천만 원 이하의 벌금에 처한다(제1항 및 제3항). 또한 신체적인 또는 정신적인 장애가 있는 사람에 대하여 폭행이나 협박으로 ① 구강·항문 등 신체(성기는 제외한다)의 내부에 성기를 넣는 행위를 하거나 ② 성기·항문에 손가락 등 신체(성기는 제외한다)의 일부나 도구를 넣는 행위를 한 사람은 5년 이상의 유기징역에 처한다(제2항). 위계(僞計) 또는 위력(威力)으로써 신체적인 또는 정신적인 장애가 있는 사람을 간음한 사람은 5년 이상의 유기징역에 처하고, 추행한 사람은 1년 이상의 유기징역 또는 1천만 원 3천만 원 이하의 벌금에 처한다(제5항 및 제6항). 장애인의 보호, 교육 등을 목적으로 하는 시설의 장 또는 종사자가 보호, 감독의 대상인 장애인에 대하여 이러한 성폭력 범죄를 범한 경우에는 그 죄에 정한 형의 2분의 1까지 가중하도록 하고 있다(제7조).

그리고 성폭력 피해자가 정신적인 장애로 사물을 변별하거나 의사를 결정할 능력이 미약한 경우에는 피해자의 진술 내용과 조사 과정을 비디오녹화기 등 영상물 녹화장치로 촬영·보존하도록 하고 있다(제30조). 또한 검사 또는 사법경찰관은 성폭력범죄의 피해자가 13세 미만의 아동이거나 신체적인 또는 정신적인 장애로 의사소통이나 의사표현에 어려움이 있는 경우 원활한 조사를 위하여 직권이나 피해자, 그 법정대리인 또는 변호사의 신청에 따라 진술조력인으로 하여금 조사과정에 참여하여 의사소통을 중개하거나 보조하게 할 수 있으며(제36조 제1항), 법원은 원활한 증인 신문을 위하여 직권으로 또는 검사, 피해자, 그 법정대리인 및 변호사의 신청에 의한 결정으로 진술조력인으로 하여금 증인 신문에 참여하여 중개하거나 보조하게 할 수 있다(제37조 제1항).

또한 [성매매알선등행위의처벌에관한법률]은 사물을 변별하거나 의사를 결정할 능력이 없거나 미약한 사람 또는 대통령령으로 정하는 중대한 장애가 있는 사람으로서 성매매를 하도록 알선·유인된 사람을 성매매피해자로 본다(제2조 제1항 제4호). 여기서 대통령령으로 정하는 중대한 장애가 있는 사람이란 아래의 기준에 해당하거나 또는 이에 준하는 사람으로서 타인의 보호·감독이 없으면 정상적으로 일상생활 또는 사회생활을 영위하기 어렵고, 이로 인하여 타인의 부당한 압력이나 기망(欺罔)·유인에 대한 저항능력이 취약한 사람을 말한다([성매매알선등행위의처벌에관한법률시행령] 제2조). 또한 사물을 변별하거나 의사를 결정할 능력이 없거나 미약한 사람 또는 대통령령으로 정하는 중대한 장애가 있는 사람이나 그를 보호·감독하는 사람에게 선불금 등 금품이나 그 밖의 재산상의 이익을 제공하거나 제공하기로 약속하고 대상자를 지배·관리하면서 제3자에게 인계하는 행위를 성매매목적의 인신매매로 정의한다([성매매알선등행위의처벌에관한법률] 제2조 제1항 제3호).

[성매매알선등행위의처벌에관한법률]은 성매매 목적의 인신매매를 금지하고 있으며(제4조), 성매매피해자가 성매매를 하게 되는 경우에는 처벌하지 않으며 검사나 사법경찰관은 이들을 지체 없이 법정대리인, 친족 또는 변호인에게 통지하고, 신변보호, 수사의 비공개, 친족 또는 지원시설·성매매피해상담소에의 인계 등 그 보호에 필요한 조치를 하도록 하고 있다(제6조 제1항 및 제2항). 그리고 위계 또는 위력으로 사물을 변별하거나 의사를 결정할 능력이 없거나 미약한 사람 또는 대통령령으로 정하는 중대한 장애가 있는 사람으로 하여금 성을 파는 행위를

하게 한 사람은 1년 이상의 유기징역에 처하도록 하고 있다(제18조 제2항 제2호).

[성매매알선등행위의처벌에관한법률시행령] 제2조 별표

중대한 장애가 있는 자의 기준(제2조관련)

1. 지체장애인(肢體障碍人)
   팔다리 또는 몸통의 기능에 영속적인 장애가 있거나 그 일부를 잃어 주위의 도움이 없으면 일상생활을 영위하기 어려운 사람
2. 시각장애인(視覺障碍人)
   좋은 눈의 시력(만국식시력표에 의하여 측정한 것을 말하며, 굴절이상이 있는 사람에 대하여는 교정시력을 기준으로 한다)이 0.04 이하인 사람
3. 청각장애인(聽覺障碍人)
   가. 두 귀의 청력 손실이 각각 70데시벨(dB) 이상인 사람
   나. 두 귀에 들리는 보통 말소리의 명료도가 50퍼센트 이하인 사람
   다. 양측 평형기능의 소실 또는 감소로 두 눈을 뜨고 10미터를 걸으려면 중간에 균형을 잡기 위하여 한 번 이상 멈추어야 하는 사람
4. 언어장애인(言語障碍人)
   음성 기능 또는 언어 기능을 잃은 사람
5. 정신지체인(精神遲滯人)
   지능지수가 70 이하인 사람으로서 사회적·직업적 재활을 위하여 지속적인 도움이나 교육이 필요한 사람
6. 발달장애인(發達障碍人)
   자폐증으로 정상발달의 단계가 나타나지 아니하고 지능지수가 70 이하이며, 지능 및 능력장애로 인하여 주위의 많은 도움이 없으면 일상생활을 영위하기 어려운 사람
7. 정신장애인(精神障碍人)
   가. 정신분열병으로 망상·환청·사고장애 및 기괴한 행동 등의 양성증상 및 사회적 위축 등의 음성증상이 있고, 중등(中等)도의 이상의 인격 변화가 있으며, 기능 및 능력장애로 인하여 주위의 많은 도움이 없으면 일상생활을 영위하기 어려운 사람
   나. 양극성 정동장애(조울병)로 기분·의욕 및 행동·사고장애 증상이 있는 증상기가 지속되거나 자주 반복되며, 기능 및 능력장애로 인하여 주위의 많은 도움이 없

으면 일상생활을 영위하기 어려운 사람
다. 만성적인 반복성 우울장애로 망상 등 정신병적 증상이 동반되고, 기분·의욕 및 행동 등에 대한 우울증상이 있는 증상기가 지속되거나 자주 반복되며, 기능 및 능력장애로 인하여 주위의 많은 도움이 없으면 일상생활을 영위하기 어려운 사람
라. 만성적인 분열성 정동장애(情動障碍)로 가목 내지 다목에 준하는 증상이 있는 사람

장애여성에 대한 폭력을 규제하기 위한 법규범은 상당부분 세분화되어 정비되어 있으며 2014 장애인 실태조사에서도 나타난 바와 같이 성희롱, 성추행, 성폭력 경험 여부는 '없다'는 응답이 98.6%로 전체적인 성희롱, 성추행, 성폭력 경험 비율은 매우 낮은 것으로 나타나는 점은 매우 긍정적으로 볼 수 있을 것이다.

그러나 그동안 장애여성에 대한 성폭력의 문제는 상당 부분이 지적장애를 가진 여성에게서 심각하게 발생하며 그 대체 방식 또한 특수한 문제를 내포하고 있다는 점이 지적되어 왔다. 현행 [성폭력범죄의처벌등에관한특례법]에서 장애여성에 대한 성폭력을 규정하고 있으나 정신장애로 인한 항거불능의 개념을 해석하는 방식에 대해서 논란이 되고 있다.

즉 대법원은 (2004. 5.27, 선고 2004도1449 판결) 피고인이 1998. 9. 중순 21:30경 ○○ 시 소재마을회관 내 이장 집무실에서 지적장애 1급인 피해자 공소외인(여, 17세)을 1회 간음한 사실을 인정한 다음, 이를 [성폭력범죄의처벌및피해자보호등에관한법률] 제8조 위반의 죄로 처단하였던 원심의 판단에 대하여 동법 "제8조는 신체장애 또는 정신상의 장애로 항거불능인 상태에 있음을 이용하여 여자를 간음하거나 사람을 추행한 자를 강간 또는 강제추행의 죄에 정한 형으로 처벌하도록 규정

하고 있는바, 위 죄는 정신적·신체적 사정으로 인하여 성적인 자기방어를 할 수 없는 사람에게 성적 자기결정권을 보호해 주는 것을 보호법익으로 하고 있으므로, 여기에서 항거불능의 상태라 함은 심리적 또는 물리적으로 반항이 절대적으로 불가능하거나 현저히 곤란한 경우를 의미한다고 보아야 할 것이고, 이러한 요건은 [형법] 제302조에서 미성년자 또는 심신미약자에 대하여 위계 또는 위력으로써 간음 또는 추행을 한 자의 처벌에 관하여 따로 규정하고 있는 점에 비추어 더욱 엄격하게 해석하여야 한다(대법원 2000. 5. 26. 선고 98도3257 판결 및 2003. 10. 24. 선고 2003도5322 판결 참조)"고 해석하였다.

이에 의하여 "피해자는 지적장애아이기는 하나 7~8세 정도의 지능은 있었고, 평소 마을 어귀에 있는 요트 경기장 등을 돌아다니며 시간을 보내는 등 자신의 신체를 조절할 능력도 충분히 있었으나, 겁이 많아 누가 큰 소리를 치면 겁을 먹고 시키는 대로 하였던 점, 피해자 스스로 피고인이 나오라고 하였을 때 안 나가면 경찰차가 와서 잡아가므로 안 나갈 수 없었고, 옷을 벗으라고 하였을 때 벗지 않으면 피고인이 손바닥으로 얼굴을 때리므로 무서워서 옷을 벗지 않을 수 없었으며, 아버지에게 이르면 때려준다고 하여 아무에게도 이야기할 수 없었다는 취지로 진술하고 있는 점 등으로 보아, 피해자는 지적능력이 정상인에 미달하기는 하나 사고능력이나 사리분별력이 전혀 없다고는 할 수 없고, 성적인 자기결정을 할 능력이 있기는 하였으나, 다만 그 능력이 미약한 상태에 있었던 데 불과하고, 피고인이 피해자의 그러한 상태를 이용하여 가벼운 폭행과 협박·위계로써 피해자의 반항을 손쉽게 억압하고 피해자를 간음하게 된 것으로 볼 여지가 충분하므로… 피해자는 [형법] 제302조에서 말하는 심신미약의 상태에 있었다고 볼 수는 있겠으나, 성폭력특별법 제8조에서 말하는 항거불능의 상태에 있었다고 단정하기는 어렵다"고 판단하였다.

판례가 이처럼 "항거불능"의 상태를 심리적 또는 물리적으로 반항이 절대적으로 불가능하거나 현저히 곤란한 경우를 의미한다고 "항거불능"의 개념을 엄격하게 해석함으로써 신체장애뿐만 아니라 지적장애인들이 당하는 성폭력을 법이 규정하는 범죄로 처벌하는 것을 어렵게 하고 있다 (대법원 2000. 5. 26, 선고 98도3257 판결 ; 대법원 2003. 10. 24, 선고 2003도5322 판결 ; 대법원 2004. 5. 27, 선고 2004도1449 판결).

그러나 이후 2007년 대법원은 (2007. 7. 27. 선고 2005도2994 판결) '항거불능'의 개념을 다소 확장하여 해석하였다. 즉 [(구)성폭력범죄의 처벌및피해자보호등에관한법률] 제8조는 "신체장애 또는 정신상의 장애로 항거불능인 상태에 있음을 이용하여 여자를 간음하거나 사람에 대하여 추행한 자는 [형법] 제297조(강간) 또는 제298조(강제추행)에 정한 형으로 처벌한다."라고 규정하고 있다. 이는 장애인의 성적 자기결정권을 보호해 주는 것을 보호법익으로 하는 것으로서, 원래 1994. 1. 5. 법률 제4709호로 제정될 당시에는 단순히 '신체장애로 항거불능인 상태에 있음을 이용하여…'라고 규정되어 있던 것을 1997. 8. 22. 법률 제5358호로 개정하여 위와 같이 규정되기에 이른 것인데, 위와 같은 법률 개정은 장애인복지법에 명시된 신체장애 내지 정신장애 등을 가진 장애인을 망라함으로써 그 장애인의 범위를 확대하는 데에 그 개정 취지가 있는 것이다. 이러한 점을 고려할 때, 위 규정의 '신체장애 또는 정신상의 장애로 항거불능인 상태에 있음'이라 함은, "신체장애 또는 정신상의 장애 그 자체로 항거불능의 상태에 있는 경우 뿐 아니라 신체장애 또는 정신상의 장가 주된 원인이 되어 심리적 또는 물리적으로 반항이 불가능하거나 현저히 곤란한 상태에 이른 경우를 포함하는 것으로 보아야 할 것이고, 그 중 정신상의 장애가 주된 원인이 되어 항거불능인 상태에 있었는지 여부를 판단함에 있어서는 피해자의 정신상의 장애의 정도 뿐 아니라 피해자와 가해자의 신분을 비롯한 관계, 주변의 상황 내지 환경, 가해자의 행위 내용과 방법, 피해자의 인식과 반응의 내용 등을 종합적으로 검토해야 할 것이다."라고 하였다.

장애여성에 대한 폭력 문제는 이들의 인권보장의 가장 중요한 부분의 하나를 구성한다. 특히 장애인 실태조사에서도 나타나듯이 여러 장애유형 중에서도 정신장애(10.7%), 언어장애(5.5%) 및 지적장애(4.9%)는 성희롱, 성추행, 성폭력 경험 비율이 다른 장애유형에 비해 상당히 높은 것으로 나타나고 있다. 이것은 정신장애나 지적장애가 있는 경우 그 자체가 원인이 되어 상황의 맥락을 파악하기 어렵거나 언어장애의 경우 표현이 어려움으로 스스로를 방어하는데 더욱 취약하기 때문일 수 있다. 그러나 이러한 성희롱, 성추행, 성폭력 대처방법은 '참는다'라는 응답이 51.5%로 가장 많고 다음은 '그 자리에서 항의'(16.9%), '몰라서 그냥 넘어감'(14.9%), '진정·고발 등의 조치를 취한다'(10.3%) 등의 순서로 조사되어 60% 이상이 아무런 반응을 하지 못하는 것으로 나타나고 있다. 장애여성에 대한 폭력이 발생을 규제하기 위해서는 관련법의 해석에 있어서 장애에 대한 적절한 이해가 필요할 것이다.

생각할 문제

1. 장애인 실태조사에 따르면 임신을 경험한 장애여성 스스로도 자신의 자녀가 장애를 가질 것을 두려워하는 비율이 높게 나타나고 있는데, 현행 [모자보건법]은 제14조에서 인공임신중절이 허용되는 사유로 본인 또는 배우자에게 우생학적 또는 유전적 정신장애 또는 신체질환이 있는 경우와 전염성 질환이 있는 경우를 규정하고 있다. 이러한 규정 방식은 장애여성에 대한 차별로 볼 수 있는가? 긍정과 부정의 입장에서 각각의 근거를 제시해 보시오.

2. 비장애여성과 다르게 장애여성의 경우 임신·출산 등의 재생산 행위가 직·간접적으로 제한되는 경험을 한다는 점에서 이들이 가지는 모성으로서의 재생산 권리를 보장하는 것이 중요하다. 구체적인 방법으로 무엇이 가능할지 생각해 보시오.
   장애여성근로자에 대한 육아지원을 위하여 [장애인차별금지및권리구제등에관한법률]은 무엇을 요구하고 있는가?

3. [(구)성폭력범죄의처벌및피해자보호등에관한법률] 제8조 "신체장애 또는 정신상의 장애로 항거불능인 상태에 있음을 이용하여 여자를 간음하거나 사람에 대하여 추행한 자는 [형법] 제297조(강간) 또는 제298조(강제추행)에 정한 형으로 처벌한다"라고 규정하고 있었고 이 규정은 현행 [성폭력범죄의처벌등에관한특례법] 제6조 제3항에 따라 "신체적인 또는 정신적인 장애로 항거불능 또는 항거곤란 상태에 있음을 이용하여 사람을 간음하거나 추행한 사람은 제1항부터 제3항까지의 예에 따라 처벌한다"로 규정되었다. 대법원 판례는 이 규정의 '항거불능상태'의 의미를 어떻게 해석하고 있으며 '항거불능'을 판단하기 위하여 어떤 기준을 제시하고 있는가?

참고문헌

1. 단행본

고정갑희, 양현아, 원미혜, 조영숙 지음/이재인 엮음, 성매매의 정치학: 성매매 특별법 제정1년의 시점에서, 한울아카데미, 2006.

김상용, 가족법 연구 Ⅱ, 법문사, 2006.

김주수·김상용, 친족·상속법, 법문사, 2013.

김용한, 친족·상속법, 박영사, 2003.

김엘림, 남녀평등과 법, 한국방송통신대학교 출판부, 2013.

김종현, 영국 산업혁명의 재조명, 서울대학교출판부, 2006.

김태선·오정진·조은희·차선자, 법여성학, 세창출판사, 2011.

로즈마리 퍼트남 통/이소영, 페미니즘 사상, 한신문화사, 2000.

루이스 A.틸리, 조앤 W.스콧 공저/김영, 박기남 공역, 여성 노동 가족, 후마니타스, 2008.

박동섭, 친족·상속법, 박영사, 2013.

박병호, 가족법, 한국방송통신대학교, 1996.

박의경, 여성의 정치사상, 책세상, 2014.

백경영·이남희/한국여성연구소 엮음, 역사속의 여성과 일, 새 여성학 강의, 동녘, 2002.

윤후정·신인령, 법여성학 : 평등권과 여성, 이화여자대학교출판부, 1991.

아니타 알렌, "프라이버시, 앨리스" M. 재거·아이리스 마리온 영 / 한국여성철학회(역), 『여성주의 철학 1』, 서광사, 2007.

이경희, 가족법, 법원사, 2008.

이능화 저/김상억 옮김, 조선여속고, 동문선, 2009.

이상윤, 노동법, 법문사, 2015.
이석용, 국제인권법, 세창출판사, 2005.
이은영, 법여성학 강의, 박영사, 2006.
임종률, 노동법, 박영사, 2015.
조세핀 도노번/김익두·이월영, 페미니즘 이론, 문예출판사, 1999.
존 스튜어트 밀/서병훈, 여성의 종속, 책세상, 2006.
필립아이에스, 조르주 뒤비 / 전수연 역, 사생활의 역사, 제4권 프랑스 혁명부터 제1차 세계대전까지, 새물결, 2002.
최종고, 법학통론, 박영사, 2014.

2. 연구보고서

고려대학교 산학협력단, 가사사용인 실태파악 및 보호방안 연구, 고용노동부, 2011.
전남대학교 공익인권법센터, 장애인권리협약의 국내적 이행을 위한 실태조사, 국가인권위원회, 2010.
서울대학교 산학협력단, 돌봄서비스 산업육성을 위한 제도화 방안, 보건복지부, 2010.
한국노동법학회, 근로기준법 적용법위의 합리화 방안 연구, 2006.
한국노동연구원, 여성의 경제활동 참가 제고를 위한 정책과제, 2006.
한국노동연구원, 서비스 산업의 감정노동 연구 -판매원과 전화상담원을 중심으로-, 2012.
한국노동사회연구소, 한국 사회 감정노동 실태와 개선방향 연구, 2014.
한국보건사회연구원, 한국노인의 삶의 변화분석 및 전망, 2010.
한국여성정책연구원, 20세기여성인권법제사, 2001.
한국여성정책연구원, 여성 비정규직 근로자의 고용 및 근로여건 개선 방안을 위한 연구, 여성가족부, 2012.
한국여성정책연구원, 지속가능한 발전과 일가정양립정책 연구, 2009.
한림대학교 산학협력단, 비정규직 여성근로자 임금 실태조사, 국가인권위원회, 2013.

3. 논문

강남식, 여성인권으로 본 여성노동권과 여성노동정책, 아시아여성연구, 숙명여자대학교 아시아 여성연구소, 41호 (2002. 12).

강상희, 서양교육사에 나타난 여성관 및 여성교육론, - 플라톤, 루소, 울스턴크래프트의 논의를 중심으로, 교육철학, 제41집 (2008. 2).

김기선, [독일] 모성보호에 관한 유럽연합지침 개정안과 독일 내 모성보호에 관한 노동법 규정, 국제노동브리프, 한국노동연구원, 제6권 제11호 (2008. 11).

김경미, 조선후기 여성의 노동과 경제활동 : 18~19세기 양반여성을 중심으로, 한국여성학, 제28권 4호 (2012. 12).

김경현, 공화정 후기에서 제정 전기 사이 로마 상류층에서 여성해방의 실제, 서양고전학연구, 한국서양고전학회, 제11권 0호 (1997).

김근주, 일-가정 양립을 위한 영국의 유연근무제, 국제노동브리프, 한국노동연구원 (2013. 3).

김명숙, "민법 개정&판례를 통한 사법(私法) 형성": 부부재산관계에 대한 검토 ― 부부공동생활의 실태와 새로운 부의 창출에 대응하여, 고려법학 고려대학교법학연구원, 제56권 (2010).

김민정, 경제주평, 현대경제연구원, 제539호 (2013. 03).

김엘림, 여성노동관계법 60년사의 성찰, 노동법학, 한국노동법학회, 제47호 (2013. 09).

김영미, 복지국가의 일가족양립정책 개혁과 여성 사회건 : 영국, 독일, 네덜란드의 개혁을 중심으로, 사회보장연구, 제25권 제3호 (2009).

김용훈, 평등권의 미국 헌법상 논의 ― 미국 헌법상 성평등 논의와 우리 성별영향분석평가법에의 시사점을 중심으로 ― 美國憲法硏究, 미국헌법학회, 제24권 제2호 (2013. 08).

김정화, 역사속의 여성, ―기독교 성윤리의 중세 여성에 대한 여성, 인문학지 제28권 2호 (2004).

김정희, 한국주부의 가사노동 시간과 경제적 가치평가, 대한가정학회지, 제31

권 4호 (1993).

김현미/손승영, 성별화된 시공간적 노동 개념과 한국 여성노동의 유현화, 한국여성학 제19권 제2호 (2003).

문혜경, 플라톤의 [국가]에 나타난 여성상, 서양사학연구, 한국서양문화사학회, 제9집 (2003. 12).

박상현, 'KNOW를 활용한 감정노동 직업 특성 분석 및 정책적 시사점', 고용동향 브리프, 한국고용정보원 (2015. 10).

박의경, 프랑스대혁명과 근대기획 그리고 시민 여성의 희망과 절망: 울스톤크라프트(Wollstonecraft)의 소설을 중심으로. 韓國政治外交史論叢, 한국정치외교사학회, 제34집 1호 (2012. 08).

박종서, 남녀의 경제활동 특성별 가사노동 시간의 차이, 보건복지 Issue & Focus, 제156호 (2012. 09).

신성근, "민법과 교회법에 있어 혼인의 실질적 성립요건에 관한 비교," 『청주법학』, 청주대학교법학연구소, 제15권 (1999).

신동윤, 가사사용인의 권익보호에 관한 한국과 ILO의 태도. 법학논고, 경북대학교 법학연구원, 제44권 (2013. 11).

신영호, 한국부부재산제의 현상과 과제, 법학연구, 연세대학교 법학연구고, 제17권 3호 (2007. 09).

양운덕, 헤겔과 맑그의 노동개념, 현상과 인식, 한국인문사회과학회, 제13권 제4호 (1990. 02).

유은정, 평등권 침해여부의 심사척도에 대한 소고, 서울 [法學], 제20권 제1호 (2012. 05. 31).

윤자영, 자녀양육 시간의 경제적 가치, 월간 노동리뷰, 한국노동연구원, (2010. 07).

윤진숙, 존 스튜어트 밀의 자유주의 이론과 여성의 권리, 「서울法學」 서울대학교 법학연구소, 제22권 (2014. 05).

이동영, 국제장애인권리협약 국내비준에 따른 장애여성정책의 발전방안에 관한 연구: 관련법 내용분석을 중심으로, 한국사회복지조사연구, 연세대학교 사회복지연구소 제21권 (2009).

이영림, 근대초 프랑스에서 사적영역의 창출, -개인, 사회 국가, 사회와역사, 한국사회사학회, 제63권 (2003. 5).

이경직, 플라톤의 평등 개념, 기독교철학연구, 백석대학교 기독교 인문학연구소, 제10권 0호 (2008).

이상훈, 인권패러다임과 사회동학, 시대와 철학, 한국철학사상학회, 제16권, 제3호 (2005).

이영배, 요양보호사의 근로자성, 노동법학, 한국노동법학회, 제35권 (2010. 9).

이정우, "이혼여성을 위한 연금분할제도의 개선방안," 『사회보장연구』, 한국사회보장학회, 19권 2호 (2003).

이종근, 平等權 保障에 있어서의 違憲法律審査基準 - 美國에 있어서 嚴格審査基準의 최근의 이론적 동향을 중심으로 -, 公法學硏究, 한국비교공법학회, 제9권 제3호 (2008. 8).

이진기, 로마법상 여성후견, 아세아여성법학, 아세아여성법학연구소, 제3권 0호 (2000).

장지연, 돌봄노동의 사회화 유형과 여성노동권, 페미니즘연구, 한국여성연구소, 제11권 2호 (2011. 10).

조혜선, 성별분리와 가치 차별에 대한 다층분석, 노동정책연구, 한국노동연구원, 제2권 제3호 (2002).

피용호, 민권법상 성차별 고용행위와 진정직업자격(BFOQ)의 인정범위, 노동법논총, 한국비교노동법학회, 제15호 (2009. 4).

하갑래, 가사근로자의 법적지위에 관한 연구, 노동법학, 제37호 (2011. 3).

한상근, 감정노동의 직업별 실태, KRIVET Issue Brief, 한국직업능력개발원 (2013. 4).

한인상, "감정노동에 대한 소고", 월간 노사저널, 노사신문사, 894호 (2015. 5).

한인섭, 가정폭력 피해자에 의한 가해자 살해 : 그 정당화와 면책의 논리, 법학, 서울대학교, 제37권 제2호 (1996).

홍성표, 이혼 및 성범죄와 여성의 불평등론, 서양중세사연구, 한국서양중세사학회, 제3집 (1998. 2).

젠더와 인권법

인쇄 | 2016년 2월 1일
발행 | 2016년 2월 5일

저자 | 차선자
발행인 | 지병문
발행처 | 전남대학교출판부

등록 | 1981. 5. 21. 제53호
주소 | 61186 광주광역시 북구 용봉로 77
전화 | (062) 530-0571~2 **마케팅** 530-0573
팩스 | (062) 530-0579
홈페이지 | http://www.cnup.co.kr
이메일 | cnup0571@hanmail.net

값 15,000원

ISBN 978-89-6849-280-8 (93360)

이 도서의 국립중앙도서관 출판예정도서목록(CIP)은 서지정보유통지원시스템 홈페이지(http://seoji.nl.go.kr)와 국가자료공동목록시스템(http://www.nl.go.kr/kolisnet)에서 이용하실 수 있습니다.
(CIP제어번호 : CIP2016002725)